U0624111

基于中小学语文素养提升的阅读教学方法探究

祝新华◎著

吉林文史出版社

图书在版编目(CIP)数据

基于中小学语文素养提升的阅读教学方法探究 / 祝新华著. -- 长春：吉林文史出版社，2022.9
　　ISBN 978-7-5472-8785-9

　　Ⅰ. ①基… Ⅱ. ①祝… Ⅲ. ①阅读课－教学研究－中小学 Ⅳ. ①G633.332

中国版本图书馆 CIP 数据核字(2022)第 165070 号

JIYU ZHONGXIAOXUE YUWEN SUYANG TISHENG DE YUEDU JIAOXUE FANGFA TANJIU

书　　名 基于中小学语文素养提升的阅读教学方法探究
作　　者 祝新华
责任编辑 陈　昊
出版发行 吉林文史出版社有限责任公司
地　　址 长春市福祉大路 5788号
印　　刷 三河市华晨印务有限公司
开　　本 185mm×260mm 1/16
印　　张 11.75
字　　数 262 千字
版　　次 2023年 6 月第 1 版　　2023年 6 月第 1 次印刷
定　　价 52.00 元
I S B N　978-7-5472-8785-9

前　　言

随着教育改革的推进和落实，中小学教育中对学科核心素养的培养越来越重视，并且逐渐发现了学科素养培养的重要性和益处。阅读是中小学语文教学中较为重要的教学内容，通过阅读，中小学生能够巩固课堂学习内容，准确掌握语文知识的应用技巧，教师若能够妥善利用阅读教学，将学科核心素养渗透其中，就可以帮助中小学生奠定更牢固的语文学科基础。

鉴于此，笔者撰写了《基于中小学语文素养提升的阅读教学方法探究》一书，在内容编排上共设置七章：第一章作为本书论述的基础和前提，主要阐释语文素养的内涵界定、中小学语文素养的构成、中小学语文素养的现实意义；第二、三、四章分别从语文核心素养、语文人文素养、语文视觉素养三个方面探讨中小学语文素养的提升；第五、六章论述中小学语文阅读教学的内容构建、中小学语文阅读教学的方法；第七章突出实践性，围绕中小学语文阅读教学方法的优化与创新、中小学语文素养与教学实践的融合构想、基于阅读教学的中小学语文核心素养的培养方法、基于语文学科核心素养的中小学语文群文阅读教学实践等方面进行研究。

全书结构科学、观点新颖、论述清晰，力求达到理论与实践相结合，让读者在学习基本方法和理论的同时，注重阅读教学中逐步培养中小学生学科的核心素养，希望能够帮助更多中小学生热爱语文学科，发现文学的魅力，并且提升应用的能力。

笔者在撰写本书的过程中，得到了许多专家学者的帮助和指导，在此表示诚挚的谢意。由于笔者水平有限，加之时间仓促，书中所涉及的内容难免有疏漏之处，希望各位读者多提宝贵意见，以便笔者进一步修改，使之更加完善。

目　录

第一章　中小学语文素养概论

第一节　语文素养的内涵界定

"素养"是人在先天遗传的条件下，经过环境的影响、教育的培养以及自身的人生经历，长时间形成的稳定的内在心理品质，是关于知识、能力等智力因素与非智力因素之间和谐发展的结构，主要通过人的外在行为表现出来。素养是一种结果形态，同时也是一个形成过程。作为过程，素养的形成是一种内化的过程，并不是简单的组成过程；作为结果，素养指在学习过程中生成和养成的一种产物，是由多种"元素"内化而成的综合性结果。素养在形成过程中以一定的素质为基础，以修养为主要方法，以科学的事物为追求目标，以主动探索为动力源泉，以贯穿始终的顽强意志为支柱。

"语文素养"一词是《全日制义务教育语文课程标准》中的一个核心概念，《全日制义务教育语文课程标准》认为语文素养作为新课程的核心概念，统领着课程目标和阶段目标。《义务教育语文课程标准》（2011 年版）认为："培育热爱祖国语文的思想感情，正确理解和运用祖国语文，引导学生丰富语言积累，培养语感，发展思维，使他们具有适应实际生活需要的识字写字能力、阅读能力、写作能力、口语交际能力。语文课程还应提高学生的品德修养和审美情趣，使他们养成良好的个性和健全的人格，使德智体美和谐发展。"这段话与语文素养关系甚为密切，可见，热爱祖国语文，正确地理解和运用祖国语文，实际上就是指"识字写字、阅读、写作和口语交际"，也就是我们一直所说的语文能力；"丰富的语言积累"，就是指"字词句篇，文学知识的积累"，属于语文知识；"语感"指对语言的有关判断，属于语文能力；剩下的均指情感态度价值观，属于人文要素。

新课程改革要求语文教师在教学中要做到知识和能力、过程和方法、情感和态度三个维度相融合，采用"语文素养"这一概念是三个维度的综合体现。语文素养从三个维度出发，细化为具体的语文知识、能力、过程、方法、情感、态度，最后再回归于这三个维度，而回归后的三个维度相比之前是有质感和分量的，因为此时已经内化为学生语文方面特有的素养了。语文素养是一个人在语文学科特有的整体素养表现。

在语文学习过程中，中小学生通过识字写字、阅读、写作和口语交际获得语文知识和语文能力，掌握良好的语文学习方法，将其转化为在生活中对语文的应用，内化自己的语文情感态度，形成稳定并适应社会发展的知识、能力、方法、情感、态度，使自己在语文方面达到一种自我建构的新价值水平。其中，学生语文素养是以语文知识为基石，语文能力为核心，以培养学生语文学习的情感态度价值观为目标。

第二节　中小学语文素养的构成

《义务教育语文课程标准》（2011年版）中语文素养内涵是以语文能力为核心，同时不断培养与提高学生的语文知识和语言积累、掌握有效的语文学习过程和方法，培养对语文学科特有的情感，提高学习语文的兴趣，从内心真正喜欢学语文。语文素养是学生综合能力的全方位体现，包含着知识和能力、过程和方法、情感和态度三个维度，这是语文素养纵向的隐形呈现；识字和写字、阅读、写作、口语交际是语文素养横向的显性呈现。纵向和横向之间相互渗透、相互融合，共同形成学生语文素养。

一、中小学生语文素养构成的横向内容

（一）识字写字素养

汉字不同于字母文字，它是音、形、义融为一体的表意文字，蕴含着丰富的文化底蕴，展现了中华文化的独特魅力。学生时期是培养识字写字素养的关键期。识字写字是学习语文的基础和前提，具体要素有以下方面：

（1）识字数量。每学段认识一定数量的常用汉字，会写一定数量的汉字。

（2）识字能力。具体考查学生可以读准字音，认清字形，理解字义。

（3）识字方法。学生学会在不同学习阶段运用不同的识字方法，主要有音序检字法、部首检字法、笔画检字法的。

（4）识字的兴趣和态度。考查学生对汉字是否有浓厚的兴趣，有独立的识字能力和主动识字的习惯。

（5）写字能力。考查学生是否能正确工整地书写汉字，并有一定的速度。

（6）写字的兴趣和态度。考查学生是否有正确的写字姿势和良好的书写习惯，并能在书写中体会汉字的优美。其中第一条、第二条和第五条是关于知识与能力，第三条是关于过程和方法，第四条和第六条是关于情感态度。

（二）阅读素养

阅读素养主要包含以下三个方面：

（1）阅读能力。阅读能力主要包括认读能力，理解能力，鉴赏能力。阅读素养的形成和发展与具体的词语理解、句子理解、段落理解以及文章的整体理解分不开。

（2）阅读方法。阅读方法包括朗读、默读、精读，略读。朗读是学生需要掌握的最基础阅读方式，要求学生用普通话正确、流利、有感情地朗读课文是朗读的总要求，具体可以从语音、语调等方面进行综合考查。默读主要从方法、速度和习惯等方面进行考查。精读主要考查学生对词句的理解、文章内容的理解、主题思想的理解等。略读主要指浏览能力，可以快速把握阅读文章的大意，从阅读中快速获取重要信息。

（3）阅读情感和态度。学生热爱阅读，愿意分享自己在阅读中获得的知识，能从阅读中体验到无限的乐趣。

（三）写作素养

写作水平是学生知识水平、思想水平和写作能力的综合体现，是衡量学生语文素养的重要指标之一。写作素养主要有以下方面：

（1）写作水平。一篇完整的作文应该语言通顺连贯，结构条理清晰、逻辑性强，紧扣中心，主旨突出，表达真实感情。

（2）写作方法和过程。写作不仅是最后作文的完成，更要重视写作材料的准备过程，考查学生写作材料的来源，让学生通过观察、阅读、思考等多种途径搜集生活中的材料，使它们成为写作的源泉，最后写作出来的作文才是具有生命力的。掌握好的写作方法也是很关键的，在写作中重视对作文的修改，学生修改作文的能力是写作评价中不可忽视的内容。学生之间通过自改、互改修改作文中的标点符号、错别字、病句等问题，使作文完整通顺。

（3）写作情感和态度。乐于书面表达，并主动与别人分享习作的快乐。

（四）口语交际素养

学生的口语交际素养一般比较难测试，书面测试只能衡量学生口语交际内容的组织水平，真正的测评必须在具体的真实情景中让学生承担交际任务，这样才能综合评价学生的口语交际素养，它的主要要素有以下方面：

（1）听和说的能力。听明白对方讲话的主要内容并能提取中心要点，根据说话者的语音、语调等判别说话人的言外之意。说的能力指表达出来的内容要紧扣主旨，有重点和逻辑性。根据不同的场合和对象，选择恰当的表达方式，运用不同的语音、节奏等加强表达效果。

（2）口语交际的方法和过程。在与人交流过程中要把握哪些话应加重语气，哪些话应放缓语速，同时根据说话语境运用眼神、表情、手势等体态用语，做到用词准确、口齿清楚、思路条理清晰，在潜移默化中提高说话技巧。

（3）口语交际的情感和态度。能做到有礼貌、自信地与人交流，在复杂多变的情境中，理解对方的观点，及时调整自己的表达方式，并勇于发表自己的意见。

二、中小学生语文素养构成的纵向规律

（一）语文知识与能力

语文知识包含汉语拼音知识、词汇知识、句法知识、篇章知识、修辞知识，这是学生必须掌握的基础语文知识。丰富的语文知识离不开语言积累，语言积累分为课内积累和课外积累。课内积累的主要来源是语文教材，掌握常用字词、品析优美语句、背诵优秀的课文段落。课外积累主要是通过广泛的课外阅读，从阅读中积累语言。语文基础知识的掌握和丰富的语言积累可以规范中小学生的言语实践，强化中小学生对言语的理解，最终内化为中小学生语文素养的表现。语文基础知识和语言积累是语文素养的基础，没有扎实的语文知识和丰富的语言积累，语文素养就变得空洞。但语文基础知识和语言积累并不是语文学习的最终目标，它只是构成中小学生语文素养的重要内容之一。

语文能力指参与语文活动和完成语文任务的能力，学生的语文能力具体指识字写字、阅读、写作、口语交际的基本能力。在语文学习中应该培养学生认真写字、主动查字典、朗读、默读、写作、表达等基本能力，让学生学会运用多种阅读方法，根据不同的场合选择使用。语感也是一种语文能力，语感是学习过程中本能的条件反射，是半意识的语文能力，是对语言文字的本能反应，具体表现在听说读写中可以迅速感知文字背后蕴含的内在含义。与过去相比，新课标的语文知识和能力在要素构成、侧重点和评价方式上有所不同。在知识和能力方面提出的具体要求包括：对"识字写字"提出"能借助汉语拼音认

读汉字，能用音序和部首检字法查字典，学习独立识字"；对"阅读"提出"理解词句不脱离语境，联系上下文和自己的积累，推想课文中有关词句的意思，体会其表达效果"；对"写作"没有提出淡化文体的要求，作文可以多种文体。因此，评价语文学习的"知识和能力"要考查学生掌握语文知识的"量"，掌握语文知识的"质"，运用语文知识的能力。

（二）语文学习过程与方法

要让学生掌握最基本的语文学习方法，养成良好的语文学习习惯，如书写整洁的习惯、主动查找工具书的习惯、不动笔墨不读书的习惯、认真听讲的习惯、善于思考和质疑的习惯，等等。语文素养的形成是一个潜移默化的过程，它不只是学生语文基础知识的累积，也不是单纯的语文能力的提高，而是语文学习过程的体现，需要学生在语文学习过程中通过自己的方法咀嚼吸收，然后内化为语文素养。因此，语文学习方法和过程是中小学生语文素养的重要构成要素之一。

语文学习不仅是结果，也是一个过程，离开了过程也就离开了语言的运用，就很难使语文知识内化为语文能力，难以提高语文素养，语文学习是过程和结果的统一。"过程和方法"的评价，实质是衡量学生是否"学会怎么样学习"。《义务教育语文课程标准》（2011年版）在过程与方法方面对学习内容提出了要求，如识字写字的方法和习惯，书写速度和质量；对"阅读"提出"感受写作中优美的语言，对阅读内容有自己的想法"；对"口语交际"提出能用普通话顺畅交谈，清楚表述自己的想法。

（三）语文情感与态度

语文情感与态度同样是中小学生语文素养构成要素必不可少的内容之一，情感和态度是内心情感流露的一种表现，只有发自内心地喜欢，才会以享受的姿态去学习它、接近它、完善它。语文课程应该培养学生热爱语文的感情，让学生把对语文的学习当作一种愉快的体验，主动去学习语文。语文中蕴藏着博大精深的中华文化，因此在语文教学中应该培养热爱祖国语言文字的情感；培养学生热爱阅读，在阅读中吸收优秀文化；培养学生乐于表达，在写作和口语交际中展示我国的文化智慧，让中小学生在语文学习的快乐体验中逐渐提高自身的语文素养。

《义务教育语文课程标准》（2011年版）在情感态度方面的要求是，对"识字写字"提出"喜欢学习汉字，有主动识字的愿望"。对"阅读"提出"喜欢阅读，感受阅读的乐趣"。对"写作"提出"愿意将自己的习作读给别人听,分享习作的快乐"。"口语交际"方面提出"有表达的自信心",与人交流能尊重、理解对方。因此,评价语文学习的情感态度要考虑学生语文学习的兴趣,在情感体验中提高语文素养。

第三节　中小学语文素养的现实意义

一、全面提升当前语文教学的质量

虽然随着课程改革的不断深入,许多新的教学方法和科研成果相继出现,但是没能从根本上解决语文教学长期存在的问题。"在语文教学内容的分析与传授上中学语文教师依旧以语文教学参考书为依据。"①

中小学语文素养要求我们的语文教学必须摒弃重知识传授、轻情感熏陶的狭隘教学观,注重在知识传授的同时对学生情感态度的熏陶与感染;摒弃传统无趣刻板的语文课堂,倡导开放而富有活力的语文课堂;摒弃过去的单一教学手段,以现代化的教学手段来促进教师的教与学生的学。"语文素养"是语文课程"工具性"和"人文性"的具体体现,对于教师转变教学观念、改进教学方式、提高语文教学手段具有重要的意义。

二、有效促进学生学习品质的提升

传统的中小学语文学习方式以教师讲授为主,学生被动接受,过分强调教师的权威。这样不仅影响了学生学习的主动性、创造性,还导致学生厌学、弃学情绪的滋生。在语文学习过程中,有的学生甚至轻视语文课程的重要作用,认为学与不学无足轻重,语文成绩还是停留在原地没有提高。即使是语文学习成绩较好的学生,也基本上说不出来语文学习成功的方法和途径。另外,学生没有理出学习语文的头绪,认为学习语文难以有大的进展,从而造成了学生的语文学习质量的无效。

语文素养要求中小学生必须养成良好的学习习惯和方法,重视"语感"的养成,强调"自主、合作、探究"的语文学习方式。语文教育开始关注人的需求与发展,要让学生成为学习的真正主人。关爱他们的求知欲和好奇心;激发他们的主动意识和进取精神;最大

---

① 李林华. 中学生语文素养的现状与对策 [D]. 延安:延安大学, 2014: 14.

限度地发掘他们的学习潜能，让他们爱上学习、学会学习、创造性地学习，这无疑是给长期低迷的语文学习一道绚丽的曙光。过去呆板机械、照搬临摹的语文学习方法被时代所淘汰，取而代之的是高效自主、合作探究的语文学习方式。让学生爱上学习，产生学习语文的巨大兴趣，从而自主、自愿、主动地学习语文，并且在合作探究学习过程中，开发学生的潜力，培养学生的合作意识和创新思维，提升学生的综合能力。因此，"语文素养"的提出对提高学生的语文学习质量具有强大的推动作用。

三、突破走出应试教育的限制

应试教育下的语文课堂只重视知识掌握的结果，却忽视知识掌握的过程；只重视知识的本身，却忽视学生的经验和情感、感悟的生成，这样就使得我们学生的情感态度、学习能力以及分析、解决、处理问题的能力和创新意识等的综合素质偏低。

语文素养要求我们的语文课程必须关注学生的主体地位，面向全体学生，改变以应试为目的的评价模式，注重学生整体素质的养成。以"语文素养"为核心的语文教学，不仅遏制和扭转了应试教育的弊端，为语文教育指明了方向，还能引导和带领广大的一线中学语文教师走出应试教育的限制，更好地开展语文教学活动，为培养高质量、高素质的全面发展的一代新人服务。

四、助于学生学好其他基础课程

众所周知，语文课程是学习其他课程的基础和必要准备，所有的课程都需要运用语言文字进行表达，它为中小学生学习其他课程创造了条件。"语文素养"要求中小学生必须具备扎实的识字写字能力，高度的理解力、表达力以及高效的学习能力和解决问题的能力。这在一定程度上提高了学生的理解运用水平，夯实了学生的文化知识底蕴，促进了学生高效自主学习方式的养成。这无疑为其他课程的学习提供了便利的知识储备。好比数学，就算学生对所有的公式算法熟记于心，推理逻辑能力应用娴熟，但是对文本的理解能力不佳也无法成功解决问题。学生只有具备较强的文本解读能力，才能促使数学功底的有效发挥。再者，中学语文教材中也涉及一些关于历史、文艺等其他课程的内容，在教学中提高学生语文素养的过程，必然加深了学生对其他课程知识的了解和掌握程度，为其他课程的学习打下了基础，有利于其他课程的学习，所以说"语文素养"的提高对于中小学生学好其他课程具有重要的奠基作用。

五、利于学生终身发展与全面发展

随着知识经济、信息时代的飞速发展，以及现代教育技术的高效发展，要求我们的学生必须具备多方面的知识和能力。语文课程作为基础学科，不仅要立足传统也要关注当下，它以开阔的视野、开发的心态、创新的思维致力于对学生语文应用能力、审美能力和探究能力的培养，促进学生的个性发展，努力为学生的终身发展和全面发展服务。"语文素养"将知识、技能、情感态度、审美能力和价值观等方面综合在一起，全面体现了语文课程的综合性特征，进一步反映了语文课程对学生终身发展和全面发展所做出的努力。"语文素养"无论是从语言技能掌握的角度来看，还是从情感、态度、价值观的培育来看，学生在学校语文教学过程中所形成的基本素养，都将对他们的终身发展产生积极的推动作用。语文素养给中小学生提供了社会生存和发展所必需的技能和品质，促进了中小学生的健康成长与成才。

第二章　中小学语文核心素养的提升

第一节　语文核心素养的核心分析

核心素养由知识、能力、态度综合化而来，具有高迁移性与高生长性。语文课程核心素养的外延理应包括知识体系中的核心知识、能力体系中的核心能力、态度体系中的核心态度。核心知识包括关键的陈述性知识、程序性知识与策略性知识；核心能力从类型上说主要是阅读能力与交流能力，从生长角度说主要是思维能力；核心态度主要是认同度与热爱度。

就其本体性而言，核心素养是"学生通过实践获得的发展性的知识、能力和态度的一种综合性的东西，具有在未来社会各个领域中都能发挥作用的高迁移性，在人的发展与成长中被其他要素需求的高生长性"[①]。

如何在语文课程中有效培养学生的核心素养，就要抓住核心素养中的核心，根据知识、能力和态度三个维度予以解剖，语文课程核心素养的外延理应包括知识体系中的核心知识、能力体系中的核心能力、态度体系中的核心态度，三者之间相互交融、相互促进、相互影响。

一、语文核心素养的核心知识

要让学生具有未来社会发展需要与自身发展需要的识字写字、阅读、写作、口语交际的能力，缺少了必备的知识基础支撑是不可能实现的。《义务教育语文课程标准》（2011年版）对"语文知识体系"的教学表述不多，只在第三部分"实施建议"的"具体建议"中指出在阅读教学中，为了帮助理解课文，可以引导学生随文学习必要的语文知识，但不能脱离语文运用的实际去进行"系统"的讲授和操练，更不应要求学生死记硬背概念、定

---

① 程先国. 语文核心素养的核心是什么 [J]. 语文教学通讯·B刊, 2016 (5): 11.

义；关于语法修辞知识，要避免脱离实际运用，围绕相关知识的概念、定义进行"系统、完整"的讲授和操练，在关于阅读的评价中强调语文知识的学习重在运用，其概念不作为考试内容。

知识是课程最直接的一级制约因素，没有一定知识作为基础的素养应该是不牢固甚至是不完整的，在核心素养引领下的新一轮课改中，语文课程应该让知识教学适度回归。其出路之一是借用认知心理学重新分类所有的语文知识，从陈述性知识、程序性知识与策略性知识的知识外延，建立并完善一套有利于学生能力形成和素养提高的新的知识结构系统。在陈述性知识、程序性知识与策略性知识的新知识系统中，当然有其核心知识存在，其核心知识是指陈述性知识中最有迁移性的概念知识、程序性知识以及元认知知识中有助于指导学习者进行自我程序与策略建构的基础性知识。

（一）陈述性知识

陈述性知识主要指静态而客观的知识，包括语言知识、文章知识、文学知识、文言知识、文化常识等。学生了解、识记、理解这些知识，虽然并不一定会提高语文能力，但却是认识语文学科本质、获得语文技能的起点。在这些陈述性知识中，核心知识包括这样一些内容：

第一，语言知识：3500个常用汉字的音形义；词语选用与搭配、句式选用与修辞格选用的基本常识。

第二，文章知识：各种文章体裁的特点；主题与题材、段落与篇章、结构与思路、文体与语体、表达方法、文章技法、风格等文章知识概念。

第三，文学知识：文学体裁的分类与特点；表象、意象、意境、形象、真实、虚构、隐喻、叙述视角等概念。

（二）程序性知识

程序性知识主要指人运用语言的知识，包括言语知识、查阅工具书的知识、标点符号的知识等。其核心知识主要有这样一些内容：

第一，言语领会与表达的知识：语用规则知识，语境知识，阅读技法知识，文体阅读知识，文学解读知识，简明、连贯、得体的知识，选材构思知识，文章修改的知识等。

第二，查阅工具书的知识：正确使用音序查字法、部首查字法的知识。

第三，标点符号的知识：正确运用与书写常用标号和点号的知识。

（三）策略性知识

策略性知识主要指语文学习与运用的方法性知识。学习策略包含两个方面的内容：一是个体作用于客观对象的，旨在理解、记忆和应用知识的认知策略；二是个体作用于自己认知过程的反省、监控和调节的元认知策略。对语文学习和运用而言，需要重点掌握以下方面的策略知识：

第一，阅读策略知识：概括信息的策略，确定重要信息的策略，推理信息的策略。

第二，写作策略知识：主要是思维的质量问题，包括打开思路的策略、分析综合的策略、发散思维的策略、批判性思维的策略。

第三，口语策略知识：言语得体策略，清晰突出策略，迂回避让策略，虚实转换策略。

第四，元认知策略知识：计划策略，监控策略，调节策略。

二、语文核心素养的核心能力

核心能力可从两个方面思考：一是从能力类型上看，主要指阅读能力与交流能力；二是从能力生长上看，主要指思维能力。

（一）从能力类型上看阅读能力与交流能力

传统的语文能力主要是指听、说、读、写四个方面，后来又有人加上"思"。从新课标的学段板块来看，又可表述为识字写字能力、阅读能力、写作能力、口语交际能力、实践运用能力等。在诸多的能力中，影响个人一生的核心能力莫过于阅读能力与交流能力，这也符合信息的输入与输出。阅读主要是信息的输入，交流主要是信息的输出。

1. 阅读能力

阅读能力主要包括三个方面：读文本的能力、读人的能力、读现象的能力。

（1）对文本的阅读，要能准确地提取出作者重要的信息与读者需要的重要信息，并据此质疑推演创造出新的语义信息。

（2）读人，是阅读从文本走向生活的延伸。语文学习的外延与生活的外延相等，读人的能力就是要能够认识到社会中形形色色的单个人的人性与人品，能识别其高尚与卑劣，提高自己涤荡污浊、从善如流的能力。

（3）读现象，是阅读从文本走向世界的延伸。读现象的能力，就是要在各种真伪莫辨的信息事件面前，能够有效地分析与综合，独立、冷静地判断，能够比较准确地识别真善美。

2. 交流能力

交流能力，主要包括口头表达能力与书面表达能力，也即听说能力与写作能力。听说能力与写作能力的强弱，直接影响着一个人在社会上发挥作用的大小，影响着自身取得社会认同可能性的大小，影响着观点、思想传播度的大小。交流能力强则个人与社会双赢，交流能力弱则对个人与社会均会有不利影响。

（二）从能力生长上看思维能力

能力不是天生就有的，而是从后天的实践中生成的。阅读能力也好、交流能力也罢，都有一个从无到有再从有到强的生长过程。在这个生长过程中，起核心作用的是思维能力。新课标总目标强调要在发展语言能力的同时，发展思维能力。

思维能力是核心素养的核心，而思维能力的核心包括创造力和想象力。基础教育阶段的学生正处于思维能力发展，尤其是创造力和想象力发展和培育的关键期，错过这一关键时期，思维发展不仅会受到限制，甚至可能遭受不可逆转的损失。再加上，在知识经济时代，创造力与想象力还是未来支持学生个体在各个领域内积极发展创造出社会价值的重要抓手。我们需要培养的不是世界步伐的追随者而是引领者。

问题解决能力是思维能力运作的表征，是思维能力的外化结果。特别要强调的是，学习的意义和价值就在于解决问题，因此学习应该以问题为基本线索，所有的学习活动都应该是为了寻找解决问题的途径，包括理论问题和实践问题。基础教育阶段，学生的问题解决能力包括两个方面：一是运用所学知识解决实践问题的能力；二是运用知识创造性地解决问题的能力。

教师要做的不仅是让学生学会知识，而是让学生自己去领会新的知识，培养学生的思维能力，让学生勤于问问题，而不仅是牢记现成的结论。老师除了要求学生掌握必要的字、词、句外，还应该让学生将自己悟出的道理讲出来，启发学生的思维，让学生学会思考，这样他们会受用终身。

三、语文核心素养的核心态度

态度是个体对特定对象（人、观念、情感或者事件等）所持有的稳定心理倾向，这种心理倾向蕴含着个体的主观评价以及由此产生的行为倾向性。作为语文核心素养的态度维度，其关键要义就是对语文的态度，其核心态度主要包括认同度与热爱度。

（一）认同度

认同度主要指对国家、社会、家庭主流价值观的认同。教育在其本质上是为了解决培养怎样的人才问题，核心素养的提出与实践探索，也是为了更好地解答这个问题。在这个全球化、信息化时代，我们的教育实践应该对"培养的人"注入新的内涵，要培养出具有国际视野的优秀人才来，要培养出具有国际竞争力的高素质人才，为国家、为人民服务。

（二）热爱度

热爱度既包括品质上的对国家的大爱与对自己的自尊自爱，又包括语文学科上热爱祖国的语言文字、热爱语文学科的学习。新课标在"课程基本理念"中强调应该重视语文课程对学生思想情感所起的熏陶感染作用，注意课程内容的价值取向，要继承和发扬中华优秀传统文化和革命文化，体现核心价值体系的引领作用，弘扬以爱国主义为核心的精神和以改革创新为核心的时代精神，培养良好的思想道德风尚，这里突出强调了品质上的热爱。新课标又同时强调语文课程应激发和培育学生热爱祖国语文的思想感情，培育热爱祖国语言文字的情感，这突出强调了对语文学科的热爱。由此可见，无论是对国家的大爱，还是对自己的自尊自爱，或是对祖国语文的热爱，都要通过学生自己的语文学习行动来实现，关键的关键是学生热爱语文学科的学习。因此，在热爱度中，对语文的学习兴趣，即学习动机素养又是核心中的核心。

第二节 中小学语文核心素养的课程分析

一、中小学语文核心素养的课程性质

理解中小学语文核心素养课程的性质应把握几个关键词：基础性、综合性、实践性、工具性、人文性、工具性与人文性的统一。

（1）基础性。语文课程致力于培养学生的语言文字运用能力，提升学生的综合素养，为学好其他课程打下基础；为学生形成正确的世界观、人生观、价值观，形成良好个性和健全人格打下基础；为学生的全面发展和终身发展打下基础。中小学语文学习是学习者学习各科知识的基础，是学习做人的基础，是将来工作的基础。中小学语文学习是人们发展的基础，必须扎扎实实打好这个基础。

（2）综合性。语文课程综合性指语文课程的目标、内容不是单一的、孤立的，而是综合的、丰富的、相互联系的，语文课程的实施也必须体现其综合性。语文学习应注重听说读写的相互联系，注重语文与生活的结合，注重知识与能力、过程与方法、情感态度与价值观的整体发展。

（3）实践性。语文课程是实践性课程，应着重培养学生的语文实践能力，而培养这种能力的主要途径也应是语文实践。语文课程是学生学习运用祖国语言文字的课程，学习资源和实践机会无处不在、无时不有。因而，应该让学生多读多写，日积月累，在大量的语文实践中体会、把握运用语文的规律。

（4）工具性。语言文字是人类最重要的交际工具和信息载体，是人类文化的重要组成部分。语言文字的运用，包括生活、工作和学习中的听说读写活动以及文学活动，存在于人类生活的各个领域。中小学语文的工具性表现为四个方面：一是中小学生进行思维的工具（这从内部言语说）；二是交流思想的工具（这从外部言语说）；三是中小学生学习科学文化的工具；四是将来从事工作的工具。

（5）人文性。"人文性"指作为文化载体的语言文字蕴含着并表现了思想文化与人文精神，语言文字本身就是祖国优秀文化的组成部分；表现为中小学语文课程使学生在语言学习与发展的同时，接受了百科文化知识，接受了中华文化的熏陶。中小学生学习与运用汉语言文字，就潜移默化地接受着传统文化独特的心理特征、思维方式和文化精神的影响与制约。

（6）工具性与人文性的统一。工具性是语文学科的"本质属性"，人文性是语文学科的"特有属性"，两者是不可分割的。在中小学语文教学中，应把语言文字的工具训练和人文教育结合起来。

二、中小学语文核心素养的课程目标

中小学语文核心素养的课程目标是预期的学生课程学习的结果。我国的课程目标是由国家（有关部门代表国家）制定的，体现在课程标准或教学大纲中。理解课程目标应该明确课程目标的两个维度：广度与深度。

（一）目标的广度

1. 目标分类的观点

中小学语文课程的目标指向是全面提高学生的语文核心素养，有明确素养的分类，才好去具体落实核心素养的培养工作。对目标进行分类是很复杂的工作。主要有以下不同分类方法：

（1）著名心理学家潘菽教授主编的《教育心理学》把学习结果分为四类：知识的学习，技能和熟练的学习，心智的、以思维为主的能力的学习，道德品质和行为习惯的学习。

（2）当前国际上公认的教育学目标分类框架是布鲁姆等人于20世纪五六十年代提出的目标分类框架，被称为教育目标分类学。布鲁姆将教学目标分为三个领域：认知领域、心因动作技能领域、情感领域。动作技能前面加上"心因"二字表示动作技能是学习的结果，非天生而会的动作。

（3）加涅将学习结果分为五种类型：言语信息（能用言语表达的知识）、智慧技能（亦称智力技能、心智技能，是运用符号做事的能力，主要是运用概念和规则做事的能力）、认知策略（含元认知，是运用规则或程序调控自己的认知活动过程的能力）、动作技能（用规则或程序支配自己的肌肉协调的能力）、态度（个人对人、对事、对周围世界持有的一种持久性与一致性的倾向，由认知成分、情感成分和行动成分三者构成），这五种学习也可以分为三个领域：认知领域、动作领域、情感领域。因此，加涅与布鲁姆的分类大框架是完全一致的，只是名称不同。

（4）把人类的学习结果分为认知、情感和动作技能三个领域几乎成了一切学习心理学家和教育心理学家的共识。由于学校教学目标也就是预期的学生学习结果，因此这一学习结果分类对教师确定教学目标也有直接的指导意义。

（5）"德、智、体、美、劳"是我国教育学关于教育功能的最一般的概括。但把教育目标归结为"德、智、体、美、劳"只是习惯的和常识性的说法，不宜作为教学设计的教学目标分类的框架。而且，体育目标中有部分目标不是学习的结果，而是"养育"的结果。

2. "三维目标"问题思考

"三维目标"的提法，最大的问题是把"过程与方法"作为与"知识与技能""情感态度与价值观"并列的目标。例如，以自由快速的阅读方法整体感知内容，运用小说三要素梳理情节；在读中品味语言，在读中"质疑、探究"，这里涉及教学过程，未涉及学习结果。教师出现这样的教学目标分类问题，当然与课程标准中提出的"三维目标"有关。重视"过程与方法"是没有问题的，问题在于把它看作与"知识与能力（技能）""情感态度与价值观"并列的另外一类目标，因此，可从以下四个方面来理解：

（1）课程论中的"过程与方法"是与"概念原理"相对的，而不是与知识相对的，他们同属于学科知识。

（2）"学习或掌握××方法"属于目标是无疑的，但它属于知识与能力（或技能）目标，而不是与"知识与能力"并列的另外一类目标。

（3）"运用××方法学习"这显然属于"教学方法"中的"学法"而不是教学目标。如果是教学设计，这方面内容应该在教学设计的"教学方法"部分总说明，在"教学过程"部分具体落实，而不应写在教学设计的"教学目标"中。

（4）所谓"过程与方法目标"的"行为动词"，指向的仍然是知识、技能（能力）或情感，它不是另外一类目标。

教育部基础教育司组织编写的《走进新课程——与课程实施者对话》一书中列举了"过程与方法"目标的"常用行为动词"：经历、感受、参加、参与、尝试、寻找、讨论、交流、合作、分享、参观、访问、考察、接触、体验等。该书列举的语文课程的"过程与方法"目标的行为动词有：感受、尝试、体会、参加、发表意见、提出问题、讨论、积累、体验、策划、交流、制订计划、收藏、分享、合作、探讨、沟通、组织等。可以看出，这些动词或学生活动都是有对象或目的的，它们指向的仍然是知识、技能（能力）或情感——新课改所最看重的是情感。

教学目标分为结果性目标与体验性目标两类。其中结果性目标包括知识与技能目标。其中体验性目标分为三级水平：经历（感受）水平、反应（认同）水平、领悟（内化）水平。所谓经历（感受）水平，包括独立从事或合作参与相关活动，建立感性认识等，这一级水平的行为动词与教育部基础教育司组织编写的《走进新课程——与课程实施者对话》一书中列举的"过程与方法"目标的"常用行为动词"是完全一致，换言之，所谓"过程与方法"目标也就是体验性目标中第一级水平的目标。如果把这里所谓的"体验性目标"与教育目标分类学中的"情感领域的目标"相比较，可见它们所指的是同一类目标。克拉斯沃尔、布鲁姆和马西亚等1964年出版的《教育目标分类学》第二分册《情感领域》，将情感教育目标分为：接受、反应、价值判断、组织、价值观念或价值复合体的个性化等五个层次。上述"体验性目标"与"情感领域目标"尽管所分层次不一样，但它们是同一类目标。它们的最高层次不是一步达到的，每一课的学习、每一课中有关的学习活动，都不可能一次就使情感目标达到最高层次，但它们却是指向最高层次的，它们仍属于情感目标，而不能把它们称为与情感目标并列的另外一类所谓的"过程目标"。

课程目标不是一步达到的，目标有大有小，有远有近，大目标、总目标或远期目标是由小目标或分目标、近期目标、中期目标等逐步汇聚而成的，如课程总目标是由课时教学目标、学段课程目标逐步达成的。但小目标、近期目标等是与大目标或远期目标、总目标等相对的，是根据其达成的顺序、层次等不同划分的，它们都涉及或者指向知识、能力、情感等方面，而不是与知识、能力、情感等并列的另外一类目标。

总而言之，掌握"过程与方法"的知识是每个学科（或课程）学习不可缺少的目标；知识、能力、情感目标的达成都要经历一定的过程。人们应该重视学生的学习与体验过程，重视有关方法的学习及采用正确的方法进行学习，且把它们看作课程或教学目标。但这些内容仍然属于知识、技能（能力）或情感目标（当然有的已属于课程实施或教学过程、教学方法中的内容），而不是并列于知识、技能（能力）或情感目标的另一类所谓"过程与方法目标"。把"过程与方法""知识与技能"和"情感态度与价值观"作为并列的一类目标是不科学的。知识、技能（能力）、情感目标足以涵盖"过程与方法目标"的内容。

（二）目标的深度

课程目标不是一步达到的。设置课程目标当然要考虑目标的远近与深度（层次）。课程标准中的总目标、学段目标，以及每篇课文（课题）的教学目标，可以看作语文课程或教学的远期目标、中期目标和近期目标。

语文课程的总目标与学段目标一般由国家（代表国家的有关部门）制定，体现在语文课程标准或教学大纲中，每一课题的具体目标一般体现在教材（的课后要求）中或由教师确定。

第三节　中小学语文核心素养的构成与提升路径

一、中小学语文核心素养的确定、构建与表述

（一）语文核心素养的确定依据

1. 社会发展对于语文核心素养的需求

语文核心素养是时代发展的产物，它的建构只有立足于社会发展需求，才能从根本上

满足和顺应现代社会发展对语文课程的价值诉求。现代社会需求与学科教学的中介是人才培养的要求，社会需要怎样的人才，学科教学就培养怎样的人才。现代社会发展所需的人才所要具备的核心素养中，哪些是语文学科育人价值的体现，哪些就指向语文核心素养。

作为母语教育的语文学科主要作用于"文字沟通"这一素养，即"能在社会生活世界中运用第一语言进行交流，包括听、说、读、写，并能听懂或读懂各种媒体的语言"①。语文学科主要培养中小学生说与听、词汇、写作、阅读的能力，是通过语言学习来发生作用的，培养人的语言文字沟通能力。

2. 现有的语文核心素养研究成果

随着核心素养研究热潮的掀起，人们对语文核心素养的框架提出了不同的看法，如语文核心素养的二维框架：语言能力和人文修养。其中人文修养包含三个维度，一是情感、态度、价值观；二是审美情趣；三是文化底蕴。语文核心素养的三维框架，第一种认为是语感、语文学习方法和语文学习习惯；第二种是思维力、阅读力和表现力；第三种是学习素养、交往素养、人格素养；第四种是从核心知识、核心能力、核心态度三个维度来概括语文核心素养的。语文核心素养的四维框架：一是必要的语文知识；二是较强的识字写字、阅读与表达（包括口语与书面语）能力；三是语文学习的正确方法和良好习惯；四是独立思考能力与丰富的想象力。

综上所述，语言素养在各个框架中都有重要的位置，包括语感、识字写字能力、阅读表达能力、沟通交流的能力，等等。此外还有审美、文化、思维以及语文学习方法、习惯等要素。语文学习方法与习惯是隐含在任何一个要素之中的，没有正确的语文学习方法与习惯不会形成语文核心素养；反过来，语文核心素养形成了也就必定具有了正确的语文学习方法与习惯，所以没有必要作为要素列入语文核心素养框架中。

目前而言，认可度最高的便是语文核心素养的四维表述，即语言建构与运用、思维发展与提升、审美鉴赏与创造、文化传承与理解，这四个维度的指标：语言、思维、审美、文化，几乎涵盖了语文教育所有的内容，有很大的借鉴价值，但也正是这种近乎求全的描述，却难以体现语文核心素养的精神要义。首先，四个指标概括全面，但核心不够突出；其次，四个指标的表述存在一些问题，例如"审美鉴赏与创造"，鉴赏本身就包含在审美范畴内；再次，各个指标之间的关系是孤立的还是联系的，也需要进一步探讨；最后，在实际操作层面，思维、审美、文化这三个要素是如何养成的，其重点是哪些内容。只有厘清了这些问题，才能防止语文核心素养成为纯粹的"口号操作""文字游戏"。另外，要

---

① 林崇德. 21世纪学生发展核心素养研究 [M]. 北京：北京师范大学出版社，2016：43.

有深入的研究和清楚的解读，才能避免给人以文字游戏之感。

所以，语文核心素养的结构系统要真正体现"核心"二字，要求各个指标之间的关系清晰、每个指标的表述明确，才能够为一线语文教师的教学提供"抓手"。

（二）语文核心素养的构建路径

语文核心素养的构建路径有多种，下面重点探讨其中两种：

（1）基于语文教育学理论从语文核心素养三个维度的表现上，选取居于核心地位的要素，从而构建体系。根据《义务教育语文课程标准》（2011年版）提到的关于知识、技能、态度三个维度的要素，对这些构成要素加以研究、细分、归类，总结出语文核心知识、语文核心技能、语文核心态度，进而归结出可以培养成哪些必备品格和关键能力。

（2）基于语文学科本身和重要的教育文件，从语文教学任务中选取应当重点培养的主题内容，进而构建语文核心素养体系。如果将"语言"作为重要的主题内容，那么它在语文核心素养中对应的就是"语言建构与运用"，这种建构方式突破了知识、技能、态度的系统划分，探究的结果为语文教学中核心的主题要素。

（三）语文核心素养的表述方式

语文核心素养指标的命名与各指标内涵的界定是构建语文核心素养要面临的基本问题。语文核心素养的提炼要立足于学科本质及其育人价值，要素的命名不能不考虑语文课程内容。各个学科都有各自的核心素养，此学科之所以不同于彼学科，主要取决于课程内容的差异，否则很难避免雷同和泛泛而谈。例如，"思维发展与提升""审美鉴赏与创造""文化传承与理解"放在语文学科来考虑就知道指的是哪些内容，置于基础教育课程体系中去考虑，就难以分辨出是语文学科的核心素养还是其他学科的核心素养了。

在比较不同的国际组织、国家或地区的核心素养框架之后，结合语文学科自身的特点，在指标的命名方式上，我们采用功能型与专题型综合的命名方式，即素养既建立在某种主题之上，又建立在某种功能之上。例如选取"语言"这一专题，再加上对其功能的表述"运用"，就形成了"语言运用"这样的表述。在对各个指标的内涵进行阐述时，将采用对指标所期待的行为结果进行描述。以学生为主体，较为明确地将语文核心素养的目标以行为的方式表达出来。

二、中小学语文核心素养的构成要素

（一）语文核心素养构成要素的甄别

语文学科的根本是语言，语文教育是以语言发展为基础的教育，其他任何价值都是从语言这片土壤上培植出来的，语言是核心、是焦点。现在把这一焦点放大，甄别与语言相关的要素，准确把握语文教育中学生应该具备的素养。

1. "思维" 不属于语文核心素养的构成要素

语言与思维存在密切的关系，语言是思维的载体，是其物质外壳，人类的抽象思维都是在语言的基础上进行的。语文教学主要是语言教学，在这一过程中，不可能不培养学生的思维能力。

学生由对母语的感性认识上升到理性认识这一过程中，随着听、说、读、写水平的提高，思维品质也在不断地提升。在语法规则训练中，学生的抽象思维得以发展；在辨析语言运用中的矛盾现象时，学生的辩证思维得以发展；在文学作品的品读中，学生的联想和想象得以发展。在语文学习过程中，学生的分析、比较、归纳能力都有所发展，思维的灵敏性、深刻性等品质也有所提升。

基础教育阶段的课程都在作用于学生思维的发展，例如数学学科，对学生的数学抽象、逻辑推理、直观想象都有较高的要求。物理学科发展学生的科学思维，生物学科发展学生的理性思维，信息技术发展学生的计算思维等，而我们的语文学科对思维的贡献却较难界定。我们的语文学科不能再 "大包大揽" 了，借此核心素养提倡之机，我们要卸掉自身的包袱，语文能做好语文自己就已经达成自己的使命了。

2. "审美" 与 "文化" 可列入语文核心素养

在语文学习的过程中，学生通过阅读优秀的文学作品，品味其语言艺术，能够感受到语言美、形象美、情感美，基础教育阶段的学生应该具备一定的欣赏文学作品的能力。在这一过程中也蕴含着丰富的情感，学生能体会到祖国语言文字独特的美，激发学生对语言文字的热爱之情。鉴赏和评价文学作品，形成自己的审美体验，既能促进语言运用能力的形成，又是具有良好的语言运用能力的表现。所以，基础教育阶段的语文教育应该使学生具备这一素养。但 "审美" 内涵丰富，对这一指标要界定到语文学科领域，才能突出语文学科的育人价值。

语言承载文化，从语言至文化，运用语言来洞察人类文化的过去和现在；从文化至语言，通过人类文化来掌握人类语言特性。通过语言文字来熟悉和把握传统文化是最方便有效的，所以让学生了解、继承和弘扬文化是基础教育阶段语文教育的任务之一。但"文化"包罗万象，对这一指标要加以限定，对这一素养指标达到的水平也要进行具体的阐述，不然我们的语文还会面临"泛语文""非语文"的审问。

（二）语文核心素养构成要素的表述

1. 语言运用

语文核心素养关照的主体是学生，所以应该揭示学生学习语言的规律。学生语言能力的培养不是一蹴而就的，而是经过一个循序渐进的过程。最初是通过积累而形成了语感，即在丰富的语言材料和言语活动经验的基础上，学生凭借直觉感悟和归纳在应用中形成了良好的语感，所谓语感是指包括语音感、语义感、语法感，在心理上表现为一种感受、直觉、心智技能、审美能力，在本质上为一种能力。在此基础之上，通过理性分析和演绎形成规律性认知也就是语言运用的规律，我们称之为语理，包括语法、逻辑、修辞等内容。掌握语理不是目的，而是帮助学生建构自己的语言系统的必要条件。然后可以在特定的语境中凭借语感和语理进行交流，这种交流可以通过口头语言的形式也可以通过书面语言的形式来达成。最后将自己获得的言语活动经验和策略，在实践中灵活地运用，具备语言运用能力，解决现实中存在的问题。

语文核心素养表述成"语言建构与运用"，指向过程是可以的，表述成"语言运用"指向最终结果也无可厚非。其内涵是指学生在语言实践中，积累语言材料和言语活动经验，掌握祖国语言文字的特点及规律，丰富语言个性，在具体的语境中有效地运用祖国语言文字进行交流与沟通。总而言之，这一素养凸显了语文学科的本质，根本任务也是独当之任。

2. 文学审美

在语文学习中，学生通过阅读、鉴赏优秀的文学作品，品味其语言的艺术，进而激发审美想象，感受思想魅力，同时获得丰富的情感体验，学着用语言去表现美，形成审美意识和审美能力，养成高雅的审美情趣，是语文核心素养形成和发展的重要表现。

3. 文化理解

语言文字既承载人类文化，又是人类文化的组成部分，在语言文字的学习过程中，可以受到优秀文化的熏陶感染。学生在语文学习过程中，借助语言文字，能够了解博大精深、源远流长的中华文化，积累一定的文化常识；继承优秀的中华文化，提高自身修养；

理解中华文化，增强文化自信；参与文化传播和交流时，提高文化自觉和文化意识。有一定的文化积淀，也能够促进学生对祖国语言文字的学习、理解和热爱。此外，语文学习过程中也会涉及许多来自其他地域的优秀文学作品，学生也要对这些作品背后所蕴含的优秀文化持以包容和尊重的态度，吸收借鉴人类文化的精华。

基础教育阶段的学生在学习语言文字的过程中，能够积累一定的文化常识，理解并认同语言文字背后的中华文化，是语文核心素养的又一重要表征。并且把这一指标表述为"文化理解"，其内涵是指学生在语文学习中，积淀、继承、理解优秀语言文化的能力及品质。

三、中小学语文核心素养的提升路径

中小学语文核心素养培育的首要任务是理解中小学语文核心素养的内在含义。语文的核心素养，综合概括主要有四大板块，即语言建构与运用、思维发展与提升、审美鉴赏与创造、文化传承与理解。在语言建构方面，要求学生掌握基础的生字含义和语法句式，并得以熟练运用于现实交际中；对于思维的发散，则需要学生具备基本的文学思维，学会以语文的独特学科视角来看待事物；审美与鉴赏是指学生应当具备读写结合能力，在阅读与写作的不断转换练习中提升语文综合水平；文化传承与理解则是指学生通过语文综合阶段的学习，达到继承并弘扬优秀传统文化的最终目的。

（一）培育中小学语文核心素养的必要性

中小学语文核心素养的培育，是学生勇攀语文高峰的奠基阶段。换言之，学生只有形成基本的语文素养，才能在以后的语文学习中稳扎稳打，一步一个脚印地走向语文进阶之路。在中小学阶段，学生只有掌握最基础的句式语法、学科思维、读写能力与文化自觉，才能在接下来的语文学习中全面发展、综合提升。

（二）中小学语文核心素养的培养路径

1. 增强师生交流，推动家校沟通

在教师的工作实践中，有时候适当放缓知识输入的速率，给予机会并耐心聆听学生对同样问题的独特看法、对疑难问题的不解之处，相比于始终动机式的一味输入，往往会获得更好的效果。广开言路才是教师教学中的当取之道，闭目塞听犹如掩耳盗铃，只会使教学效果在温水煮青蛙的安逸中逐步退化。因此，在教学实践中，教师应当做好称职的"桥

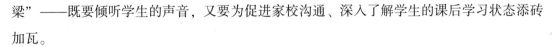

梁"——既要倾听学生的声音，又要为促进家校沟通、深入了解学生的课后学习状态添砖加瓦。

2. 注重读写沟通，促进读写结合

读写本一体，阅读的积累促进写作的精进，写作的熟稔又将反作用于阅读的体悟，二者是相辅相成的共赢关系。因此，在教学中，教师不应当任意倾向于某一方面，使二者有所偏废；也不可片面地讲究先后，在某一阶段额外重视某一方面。另外，中小学语文阶段的阅读与写作，应当在阅读练习时以续写故事、随堂练笔等形式鼓励学生进行限时的写作练习，既能巩固学生的阅读练习效果，又可磨炼写作技巧，使写作流畅自然。

3. 重视因材施教，采用差异化教学

因材施教就是指教师应当尊重学生的个体差异，以学生为本位，根据学生不同的认知水平与学习能力灵活变通，采用相适应的教学方式，以达到促进学生全面发展的效果。例如，教师在教学工作中可以通过统计分析学生的日常课堂表现、作业完成情况、课外积累情况、家长反映情况以及课程兴趣表现等方面给出最为全面的综合评价，然后根据不同类学生的自身情况，制订出个性化的教学与发展计划。

4. 发扬传统文化，培育文化自信

中华传统文化源远流长。作为千年来的精神支柱与文化纽带，以汉字及传统儒家思想为代表的传统典籍、汉学诗篇等濡养滋润了中华文明博大精深的肥厚沃土，支持中华文明在五千多年的风雨飘摇中屹立不倒。在教学实践中推动文化传承，既是新课标赋予语文教学工作者的艰巨任务，又是学生语文学习的终极目标。为实现这一目标，教师应当在教学（尤其是文言类篇目）中辅以历史讲解、影视感化、实地参观等方式，点燃学生内心文化自信的星星之火，从而使学生在语文学习中深切体会到中华优秀传统文化的内涵与真谛，进而自发萌生内心的文化自豪感，树立并践行弘扬传统文化的伟大目标。

第三章 中小学语文人文素养的提升

第一节 中小学语文人文素养的有效性教学

所谓人文素养，就是指通过立言以育人，弘扬和培养学生的人文精神，使他们受到优秀文化的熏陶，塑造热爱祖国和中华文明、献身人类进步事业的精神品格，形成健康美好的情感和奋发向上的人生态度。在开设新形式的语文课程的实践活动中，教师应该充分的引导，最大限度地调动孩子们的兴趣，让他们主动参与进来，与大自然亲密的接触，更加细致深入地了解自然、感受生活。

加强人文素质教育，是以人为本在教育上的贯彻与体现。如何对人文素养进行有效性教学，就要先从人文素养着手。人文素养在语文教学中应该是通过对语文这一科目的学习而影响学生的内在思维、精神、思考模式与方向，使学生朝着正确、积极、高尚的精神境界发展，塑造学生的人文内涵，使学生成为有思想、有个性、有作为的人才。

人文素养的有效性教学，在中小学的语文课堂中，其实人文素养的教学是处处体现着的，而学生的接受与教师教学内容的传输在很多时候并没有一个很好的衔接，而注重人文素养的有效性教学就是在课内外的教与学中着重在人文素养的有效性，即学生能深刻领悟并形成自己的思想的教学。

中小学语文人文素养的有效性教学主要有以下策略：

第一，更新教学观念，挖掘教材因素。"教师应不断更新教学观念，在当下的教学环境中，教师普遍存在教学观念难以转变的问题，大部分教师依然以学生的学习成绩说话，很难说重视学生的成绩是错误的，但是过于注重学习成绩是对人文性与人文素养教育的抹杀，在纯知识点教学的同时进行人文素养的有效教学是十分重要的，从当前不同的使用或试用的教材版本来看，其所选入的不同文体的课文都是典型且经典的文章或诗歌或其他题材的文字，皆具有深刻的人文性"①。

第二，注重人文交流，彰显课堂魅力。注重师生的人文对话，不仅是课堂上的师生问答，而是在知识点讲解之上的学术交流、人文交流、类似于春秋时期孔子的弟子与孔子的对话或是禅师大家们与徒弟们的智慧交流，在挖掘、传授教材中的人文性之后，教师只有用心地与学生进行人文对话，学生才会对所谓的人文性有更多的感悟与体验。

第三，依托先进网络，拓展阅读资源。阅读是将学生个体个性与其语文能力相串联的一种活动，阅读的内容可以丰富学生的素材积累，扩大学生的知识面。同时，学生通过阅读对阅读素材的理解会对内容涉及的某些方面形成新的认识、新的思想，所以，教师着重对学生阅读素材进行筛选、研究，会对学生的人文精神培养起着内在的导向作用。在语文教学中重视学生的课外阅读，可以让学生充分感受到阅读文学作品能带给自己特有的愉悦感。以阅读进行美的熏陶和情的感染，学会在文学作品中感悟自己，反思过去，与文学大师对话。

综上所述，中小学语文人文素养的有效性教学是不同时期语文教学的永恒课题。人文精神的培养是符合我国现阶段的教育国情的，是对传统文化精神的一种继承与发扬的方式。在语文教学中着重进行人文精神的培养不仅是为了提高学生的考试分数，更是为了以语文这一学科为国学的载体而对未来之才进行心理、心智、价值观和思想内涵与思维方式的教育扶植。

第二节　中小学语文教学中人文素养的培养

传统的中小学语文教育更加注重培养学生的心智，而对学生的精神文明建设则有所忽略。当代的中小学语文教育更加注重对学生人文素养的培养。教师通过不断地改革教学手段和教学模式，在为学生进行授课时，除了注重基础知识的学习，更加注重引导中小学生的精神文明建设的发展。

在中小学语文的教育教学过程中，人文素养的培养是一项非常重要的内容。语文影响着一个学生的一生，尤其是中小学时期的语文学习，对学生言行举止起引导的作用，为学生树立正确的人生观和价值观打基础，有效地提高了学生交流、沟通能力，加强了中小学

---

① 刘建双. 中小学语文人文素养有效性教学［J］. 才智，2016（18）：147.

生的精神文明建设。中小学阶段的语文课程教学，不仅可以让学生学到基础知识，而且可以帮助学生培养良好的品质。中小学时期是一个人学习的开始阶段，在这期间他们的思维方式比较简单，处理和解决问题的能力也不够成熟，所以中小学语文的重要性更加突出。作为教师，只有踏踏实实地让学生走好每一步，才能为学生日后的成功奠定基础。因此，中小学语文教学中人文素养的培养主要有以下方法：

第一，细化中小学语文教材，加强对学生的人文引导。中小学语文是一门教育性很强的重要学科，不仅可以培养学生优良的品质，而且对学生的思想起到了很好的教育作用，能提高整个学校的人文水平。语文课本中蕴藏着多元化的教学内容，大多数内容可以还原生活，与生活中的人或事物息息相关。在中小学语文教学中，教师必须加强学生人文素质的培养。除了书本上的知识，从小培养学生读书的兴趣也是非常重要的。教师可以为学生推介适合中小学生课外阅读的书籍。例如，教师在为学生讲授课《屈原》时，可以扩展讲解一下屈原的爱国事迹，提高学生对屈原的探索欲望。授课快结束时，教师可以为学生推介《离骚》这篇文章，让学生通过自主阅读去更好地、全面地了解屈原，这将在潜移默化中培养中小学生的爱国主义情怀，激发学生强烈的爱国意识。教师通过这种方式也从侧面进行了人文素养的培育。

第二，对教材内容进行深入研究，提取教材中的人文情怀因素。中小学语文教材中蕴含着多元素的语文知识，可以对学生进行良好的思想素质教育。但是如何将语文知识巧妙地应用到对学生的培养中去，是每一位中小学语文教师都应该思考的问题。中小学语文教师在日常的备课过程中，要学会深入发掘教材中蕴藏的知识，并且要做好知识的外部延伸，这样才能够让学生学到更多的知识，也更加利于教师对学生更好地开展人文教育。例如，教师在为学生讲授《我爱祖国》时，可以提前准备好万里长城的投影和中国地图、五星红旗等物品，通过这些来更好地进行授课。虽然《我爱祖国》是一首诗，并且是通过儿童的角度来抒发情感的，但是这更能激起学生的共鸣，让学生在学习诗歌的过程中轻松地形成爱国主义情怀。教师利用教材内容，让学生对爱国故事产生更加强烈的学习欲望，这也体现了授课内容中想要表达的人文情怀。在课后，教师可以为学生布置一个课后作业，让学生查阅文献，找出关于长城的记载，并自行进行学习。在下一节语文课上进行提问，看大家谁了解得更全面。教师通过这种多元化的教学手段，让学生拥有积极的学习态度，养成良好的阅读习惯。

第三，提倡课外拓展活动，延伸人文素养教育。教师在进行语文授课过程中，往往会觉得一节课的时间不够用。那么，要达到人文素养的教育目的，教师应该鼓励学生开展课外拓展活动。例如，为学生安排课外品鉴活动、课外语文阅读活动，让学生通过互联网查阅相关资料等。通过一系列的课外扩展活动，可以让学生感受到浓厚的文化气息，也能够让学生的心态变得不同，让学生从自己的角度出发去了解语文想要表达给他们的情感，从而达到人文素养培养的目的。例如，在进行《只有一个地球》的授课过程中，教师可以为学生布置一个课外拓展活动，让学生以"只有一个地球"为主题，充分发挥自己的想象，制作一些关于保护地球的小手工和小发明。可以将学生的这些发明摆在教室的一角进行展览，供大家学习，这种方式让大家对《只有一个地球》的学习更加深刻，也增强了学生对爱护环境、保护环境的认识。

综上所述，中小学语文教育在人文素养的培育方面确实起到了巨大的作用。教师在开展语文教育活动时，要不断地进行总结、钻研，将在教学过程中遇到的各种问题一一克服，充分发挥教师的主导地位。教师就像是一盏明灯，在学生中小学时期的学习生涯中起到引路、照明的作用，给中小学生提供健康成长的人文环境。

第三节　中小学语文教学人文素养的提升策略

语文是促进人的发展、促进经济与社会发展的一门基础性学科，是人类重要的交际工具，也是人们学习、工作和生活的重要工具；它是人类文化的重要载体，也是人类文化的重要组成部分。它特有的人文品格传递着价值观念、人际和谐、社会责任观念等。语文教学的主要目的是传授语文知识，培养语文能力，培养学生的健全人格健康个性和人文精神。

人文素养指学生对初中语文知识的学习从而由这些知识内化在他们身上所表现出来的气质修养，具体而言包括强调普遍的人类自我关怀。

一、在文学作品的学习中涵养学生的人文素养

（一）培养文学作品中人文素养的语言感知

语言是文化的载体，是人类文化的重要组成部分，语言本身就富含人文内涵。人文素养的培养首先应先从语言开始。

1. 挖掘语言中的人文内涵

汉字不单是一种符号，它本身是集形、音、义于一身的象形文字，汉字的构成就充分地体现了我们祖先的聪明和智慧。汉字是感悟的文字，完全可以引导中小学生感悟语言文字的美，感悟蕴含其间的人性的美。语文教育以语言文字为凭借，给我们提供了一个蕴涵丰富的人文世界。伴随着语言文字的听说读写训练，语文教学渗透着认知教育、情感教育和人格教育。带领学生感知语言，就是要感悟语言中蕴含的人文内涵。

民本，虽是生活中让人耳熟能详的词，但"以民为本"的真正含义，并不是每一个学生都很了然的。其实这个词的关键就是"本"。倘若用汉字的造字法来解释，则会让人一目了然：把楷体的"木"写成小篆，然后特意强调最后加上的一笔，告诉学生，"本"是一个指事字。指事在最后的一点上，本意是"树根"，可以引申为根本。还可以就字的形状做一个譬喻：如果社会是一棵天翁郁的参天大树，那么，"民"就是树根。去掉了根，整棵树也就要枯萎了，这样学生顿时就明白了什么是"本"。理解了"本"的含义，学生在文本中涉及"民本"的思想，理解就透彻了，如学习《孟子》，就比较容易理解孟子的"民本"思想；学习《勾践灭吴》就会明白，勾践在与吴国作战失利的情况下施行的对内对外政策，其核心就是"以人为本"。

2. 培育学生热爱母语的意识

语言是人类文明最初的记忆，是地方文化的活化石。语文最重要的就是让学生非常热爱祖国的语言文字，母语教育是用中华优秀文化、用人类的优秀文化来哺育我们的孩子成长，这个学科的育人作用是任何学科不能替代的。汉语言文字是人类文化的一部分，是世界上最古老、最丰富、最准确、最简洁、最优美的语言文字之一。因此，注意利用这类题材在教学过程中培养爱国意识。

例如，学习法国作家都德的短篇小说《最后一课》，可以引导学生从人物的行动、语言、神态、穿着等方面，深刻感受主人公的亡国之痛，感受母语的深层含义：每一个语种，都是灵感的源泉、创造力的钥匙，是文明的承传载体，失去一种语种就意味着断送一种文明。明白母语是祖国的代名词，母语是维系文化的纽带和精神支柱。

3. 品味作品中的文化底蕴

语文既是人类交际的工具，又是人类文化的载体，它负载着丰富的情感、深邃的思想和人类绵绵不绝的文明。语文学科的人文性不是凭借简单直白的说教文字承载的，而是借助于一篇篇融自然美、生活美、情感美、艺术美、语言美等于一体的文学作品。人教版新教材七年级第一册中，朱自清的《春》带来了醉人的满眼春色；《金黄的大斗笠》一文以诗一般的语言赞美手足之情；《散步》在和谐的家庭生活图景之中蕴含着哲理般的思索；《金盒子》主人公一次又一次伤痛的泣诉反复提示着人们对现在幸福生活的珍视，等等。

另外，文学的目的就是使人变得更加美好，文学教育的基本任务就是唤起人对未知世界的一种向往、一种想象力、一种浪漫精神，给人以精神的底子。可见，文学教学在传递文学知识外，更重要的是让中小学生结合作品的社会背景、文化背景和作者的生活遭遇等，知人论世，透彻领悟作品中的人、事、景、情，深刻品味作品的文化底蕴。

（二）拓展文学作品中人文素养的阅读分析

1. 拓展文本空间

语文为我们提供了一个蕴含丰富的人文世界，那里面有着对整个人类过去、现在、将来的关注与责任。语文教学就是要最大限度地挖掘语文之趣、语文之美、语文之灵性、语文之厚重，潜心开掘其中的人文内涵。现在的所谓大语文，其实指的就是一种广范围，就是一种厚重感，就是一种大气。用大语文的意识丰富语文教学的内容，拓展教学空间，联结课堂内外，就会增强语文教学的趣味性及实践性，加深语文教学内涵，提高语文教学单元时间的效度。

"文化"一词，是我们都熟悉的，然而，初读汪曾祺先生的《胡同文化》，学生对"文化"的感觉就颇为抽象了。教学设计可以这样做：首先，是感性文化眼光的培养。与学生共同学习冯骥才先生的《文化眼光》，让他们先站在巨人肩头来领略什么是文化；能从平时大都熟视无睹的居住方式、建筑格局中，领略北京胡同的建筑文化以及由此衍生的民俗文化。其次，是知识视界的拓展。给学生出示一些图片，如上海的胡同、山西平遥古城、闽西客家土楼、江南的小桥流水人家、纳西族丽江民居等，引导学生感性地穿越历史、穿越地域，用自己的文化眼光拓展出一个新的境界，然后从感性再达到对文化的理性认识。最后，是理性文化意识的提升。回到汪曾祺的文化眼光，讨论如何对待胡同文化的问题，这样学生的认识境界又达到了一个更高的层次。

文本学习空间的拓展，点拨了学生思维，点燃了学生的思想。学生开始有意识地把自己的眼光投向环境，投向生活。有的把文化探寻的眼光投向邮票，在周记（语文学科的常规作业）中附了各地民居的邮票，透过一枚枚小小的邮票，他们可以继续探寻民居"文化"的内涵，继续丰厚他们的"文化"积累。而他们这种用"文化"眼光去发现文化，正是我们要熏陶培养的啊。

例如，《归去来兮辞》一文，如果仅从浅层次来解读，我们得到的只是通过陶渊明寓情诗酒、崇尚自然的描写，反映作者厌恶官场、鄙弃功名的超脱态度。但这还远未触及这篇文章的内核。教师在文本拓展中，可以与从传说中的许由，先秦时代的接舆、庄周及至清代的随园主人袁枚等人的人生态度对接，找出他们明显的承继关系，就会理解陶渊明那种无拘无束、自由自在的人生态度和精神需求，从某种意义上看，其实包含着强烈追求思想自由和个性解放的人文意识，这是一种圣洁、飘逸、浪漫、悠游的隐士遗风，这样就把传统中隐士文化所追求的一种精神和心态推向一个新的认识维度。

2. 拓展阅读空间

阅读是一种吸收，古今中外优秀作家的作品是人类文明的传承，大多蕴含着崇高的思想和积极、美好的情感。在大语文意识下的语文教学，阅读、吸收、积累是提高人文素养非常重要的环节。例如，把阅读运思的四维空间概括为八个字"解文、知人、论世、察己"，即通过阅读作品，使自身的知识经验得以扩充，观点认识得以改变，思想情感得以升华，方法技术得以迁移：实现自我在量度上的增加，在本质上的提高，在价值上的飞跃，在能力上的练达。我们提倡中小学生多读书，把阅读从课内延伸到课外，目的就是要让学生在大量阅读中感悟、体验，多一点吸收、积累和提高，扎实深厚的人文底蕴。

（1）拓展阅读范围。语文学习不能仅仅读"课本"。教师可以围绕"课本"为中小学生进行课内外阅读"链接"，范围可包括语文读本，学生手头的各种健康报纸杂志，如《语文报》《少年智力开发报》《读者》《青年文摘》《中国青年》《演讲与口才》《青年文学》等，中外文学名著以及时代精品文章、书籍等。另外是网上阅读，给学生网址，或者直接下载好，供学生自由阅读、下载，或者用电子邮件发给学生。

（2）丰富阅读形式。拓展阅读空间的另一个好办法，是围绕教材做专题式拓展。对于专题式阅读拓展，除了文本阅读外，也可以辅助各种影视作品，来增进学生的感性认识，让他们从中更深切地体会生活、体味社会和人生。例如，关于亲情专题，就可以推荐电影如《回家》《刮痧》《生死速递》《背着爸爸上学》《下辈子还做母子》等。因此，学生会被影片中的情节、人物感动，用影视作品作为桥梁，帮助学生对亲情的理解从感性认识走向理性感悟。

（3）鼓励常规阅读。常规阅读是阅读积累的保证，因此，要特别注意学生的常规阅读安排。给学生阅读书目，尤其是可以在网上做链接的优秀读物，这样他们阅读的空间就增大了。

（4）培养阅读兴趣。有常规的阅读书目，也要照顾到学生的阅读兴趣。例如，茅盾文学奖获奖作品、小小说、时下的优秀散文、诗以及《智慧背囊》《虚掩的门》等类学生喜欢读的书。

对中小学生的阅读要求还要与他们的实际情况相结合。尽量通过多种途径与方式，及时、经常地向学生推荐经典优秀的视听材料，让学生与视听信息零距离接触，打破时空界限，引领学生经常与仁人志士、智者哲人、语言大师进行精神的对话、心灵的沟通，学生就会在阅读中与作品中的人物产生思想共鸣，同喜同悲；获得对人生的有益启示，热爱自然，关心社会，同情弱者，向往和追求美好的理想。

（三）体味文学作品中人文素养的意象

"意象""意境"是中国传统美学的重要范畴。中国诗文（词）以表现意境为最高境界。因此，感悟中国诗文的美可以从体味意境开始。意象——意象是文学作品中渗透了审美主体的审美思想和审美情感的物象。一篇真正具有审美价值的艺术作品，特别是抒情性极强的诗歌和散文，无一不是一组组的审美意象，按照审美规律构成的艺术整体。意境——文本往往言在此意在彼，写景则借景抒情，咏物则托物言志。如果说文本的所写之"景"、所咏之"物"，即为客观之"象"；借景所抒之"情"、咏物所言之"志"，即为主观之"意"。那么，概括而言，则客体为境，主体为意，主客合一即为意境，意境就是一种情景交融的诗意空间。

1. 转化意象

把意象的概念自动转化为视觉形象，这是有一定难度的一个过程，这个过渡，可以在课堂学习和早读逐步完成。指导中小学生阅读时，顺便就带着他们品味诗的意象。

2. 品味意象

充分利用意象，尝试让学生自己挖掘、品味形神兼备的艺术形象，领会作品的意蕴。例如，《我的空中楼阁》，我先布置预习任务是每个人给小屋画一幅画，然后大家用实物投影来欣赏评价，学生的兴趣和热情一下子就调动起来了。有的甚至还写了作画说明——如同李乐薇作品一样很美的文字；我趁机在课堂上引导学生们找出作品的意象，这样，就可以把作品还原为作者在不同的时间、不同的观察点而摄制的一幅幅画面，学生们用发现的眼睛一下子就找到了美的所在。他们用找到的意象给小屋命名：山之屋、树之屋、云之屋（霞之屋）、花之屋、梦之屋等，命名的过程就是感受和领悟的过程，是在他们的心中搭建空中楼阁的过程。

可见，意象点化是成功的。穆旦的《赞美》叙事性较强，作者相对于传统诗歌的圆润、凝练、追求的是更大面积的辐射度和更广阔的包容性，力图用密集的意象群对所见所闻所感做出整体宏阔的把握，语句长短错落，篇幅很长。学生读了之后不易理清头绪，感觉很茫然。教师可以引导学生从意象切入主人公形象，用意象还原生活，找出文本中的主人公——农夫的生活轨迹，从而把握作者复杂深刻的感情。

3. 超越意象

"意"是作家对客观事物的主观评价，包含着作家浓郁的感情。体味了意象之"意"，作品的意境才能开拓得更为深远。因此，优秀的作品总是用完美的"意"与"象"的融合，扣住读者的心弦，激起他们的艺术联想，从而进入艺术的境界。例如，王维的《山居秋暝》"空山新雨后，天气晚来秋"只一个"空山"，就在读者眼前打开了一个幽境：山中树木繁茂，掩盖了人们活动的痕迹，秋高气爽，天空格外高远，恰逢一场秋雨刚过，洗净了碧空、洗净了山峦，润湿了流动的空气，也涤荡了人的内心，山因明净而空空，心因纯净也空空。"空山"二字点出此处有如世外桃源。可以想见山雨初霁，万物为之一新，又是初秋的傍晚，空气之清新，景色之美妙。难怪作者接着有"随意春芳歇，王孙自可留"的描绘。这样在"象"中求"意"，也自然达到了"象"外：我们既明白了它之所以成为山水名篇，也对诗情画意之中寄托着诗人高洁的情怀和对理想境界的追求了然于胸。

（四）置身文学作品中人文素养的情境

语文教学的理想境界不是知识的提高，而是受教育者人文情怀的建立和人生境界的提升。在教学方法方面，情境教育和情感教学是语文教学实现理想教学目标应当努力的一个方向。

"情境"，实际上是带进感情的心境，"情"在"境"中起了重要作用。教学，指的是教和学相结合或相统一的活动。情境教学就是教师从教学的需要出发，依据一定教学目标，创设特定的环境，以激发学习主体的兴趣、情感和思维，达到教与学最佳效果的一种教学活动。至于手段可以或虚拟画面、呈现形象；或朗读激情，展开想象；创设问题情境，造成悬念，等等。语言的描绘、文字的表述、图像的演示、动画的模拟、音乐的渲染等各种手段的或单一、或综合运用，为学生创设一种具有生动形象的教学气氛，激发学生的兴趣及学习热情，使学习主体由置身文本之外到进入文本之内，物我合一，达到学习的最佳境界。

1. 用多媒体辅助教学

用多媒体辅助教学，就是从动态生成的高度，焕发生命活力的最好形式。现代心理学认为，青少年认识和感知事物，是有一定的过程和规律的，它往往是由感性到理性、现象到本质、直观到抽象等；青少年心智发展的根本原因是一种内在的认知需要，而这种认知需要往往是由感知事物的直观现象首先引发的。利用多媒体教学图、音、文交互的特点，把形象生动、色彩逼真的画面，配上悦耳的乐曲和生动的解说等，这样化静为动，化抽象为具体，容易再现文本的生活场景和情境，容易激发学生的求知兴趣，走进文本情境。

例如，沈从文小说《边城》，是20世纪三四十年代湖南凤凰那个山明水秀的边远小城的故事，无论是生活的时代还是生活环境，和现在都相去甚远。先给学生放映《山城》的影片，就可以帮助他们把人物和情节还原到历史生活中去，从感性认识上走进作品。鲁迅的文章，教材中一直占有较大的比例，但学生学起来的确有隔阂感。而《祝福》《阿Q正传》《孔乙己》等影视作品的播放，是走进作品的捷径。多媒体辅助教学拉近了作品和学生的时空距离，帮助学生理解作者及作品反映的生活和社会基础，理解特殊的历史背景、人文环境，等等；拉近了学生和作者的认识差距，搭建了一个走进作品的平台。

任何一个文本都是作者独具特色的心灵感受的产物，的的确确存在着难以言传、不可言传之处。情境教学有利于保留文本的丰富意蕴，也给老师和学生直接提供了切入文本的契机。例如，讲授戏剧单元中的课文，因为戏剧是一门综合艺术，学生对课文的学习兴趣和内容理解就不能仅仅满足于教师的单向讲解。因此，为了创设一个戏剧氛围，为了使课文的书面语言转化为富于个性的口头语言，使人如听其声；为了使戏剧的场景一目了然，使人如临其境；为了用背景音乐渲染戏剧气氛等，集语言、音乐、图画等于一体的多媒体技术就可以带学生进入戏剧氛围，入情入理。

2. 设置问题情境

设置问题情境，激发学生情感，是情境教学的一个重要方面。例如，学起于思，思源于疑，疑能使心理上感到困惑，产生认知冲突，进而拨动思维之弦。要使学生生"疑"，教师就要不失时机地激"疑"。而激"疑"比较好的办法就是设"疑"。

设置悬念是设疑的一种重要方式，"悬念"作为一种心理活动，本指欣赏戏剧、电影或其他文艺作品时，对故事发展和人物命运的关切心情，是由于对所解决问题未完成因而不满足所产生的。悬念是引起人们对事物关注的情境，置身于这种情境，学生渴望获得"是什么""为什么""怎么样"的答案，产生非知不可之感。课堂教学中若能巧妙设置悬念，则可诱发学生强烈的求知欲望，点燃思维火花。根据不同的教学内容可以在不同的时间采用不同的方式设置悬念。良好的开端是成功的一半。语文教学亦是如此，设置悬念最多的机会是一节课的开头，悬念设于新课，可以抓住学生的注意力，激发思维，把精力引向教学中心。

问题情境，还可以由教师建立一系列有难度的问题，活跃学生的思维，激发学生的求知欲望，从而营造一种强烈的课堂求知气氛。也就是说利用一定的问题刺激、激发学生的思维。而所谓一定的刺激就是靠近学生的最近发展区，让学生能"跳一跳，摸得着"，从而引发学生学习需要由潜在状态转入活动状态，即当学生处于"愤"和"悱"的状态时，教师再进行启发、诱导，在这样的情境之中学习，以收到最佳效果。

3. 诵读

诵读，虽是传统的教学方式，也是与作品产生共鸣的一种行之有效的教学手段。语文教学是"言语教学"。"言语"就是对语言的运用，是语言的动态实践过程。无论是在言语表达过程中还是在言语接受过程中，当言语主体与言语对象达到一种完全和谐状态的时候，言语主体所获得的不仅是一种信息，而且是一种完完全全的审美享受。诵读，追求的就是言语主体与言语对象的一种完全和谐的状态。

（1）通过诵读体味情感。例如，教材《滕王阁序》《前赤壁赋》等这类写景抒情的名家名作，其文绘声绘色，传情传形，凝练含蓄地表达了作者的人格和情操。不读，不足以充分地理解和感受文字所营造的意境。课堂上，借助朗读、听录音、范读、自读，可以带领学生融入作品的艺术境界之中，获得美的感受，陶冶情操。早读、上课时间，要让教室传出琅琅书声。

（2）通过诵读走进情境。教学过程，准确地说，是促进学生自我发展的变化过程，故曰生成。教学过程只有通过学习者本身的积极参与、内化、吸收才能实现。教学的这一本质属性决定了学生是教学活动的主体，学生能否主动地投入，成为教学成败的关键。学生主动投入，在于能在学习中投入情感。在求知的过程中，情感过程与认知过程总是相伴而行，情感越强烈，认知的动力也就越强，在教学过程中，用诵读带领学习者走进作品情境，使认识过程由浅入深地展开。

4. 移情

文本中的"情"是作者的主观感情，文本中的"景"是客观存在的自然风物。主观的"情"与客观的"景"化合为物态化的"情景交融"的文本，情感——景物——作品，这样情与景相交融的中介就是"移情"。

审美的移情作用就是人在观察外界事物时，设身处在事物的境地，把原来没有生命的东西看成有生命的东西，仿佛它也有感觉、思想、情感、意志和活动。同时，人自己也受到对事物的这种感觉的影响，多少和事物发生同情和共鸣。简言之，它是把审美活动中凭借情感的牵引将自己移入观赏对象从而物我合一，接受特定情境中的刺激信息，以获得具体的审美喜悦的过程。

对于课文的处理，倘若课文中本身就是"移情"的描写，教师宜充分利用文本资源，对学生加以点拨，以引导学生理解体验，从而获得情感上的共鸣。更重要的是，教师要在语文课堂教学中创造性地运用"移情"手法，言志、传道、抒情。

在教学中常用的"移情"手段就是角色扮演。角色扮演，是创设一些既带有情感色彩又可供学生动脑、动手、动口的特定情境，是让学生在预定文本表演中担当一定的角色，使学生主动投入或参与教育、教学过程。在情境教学实践中，让学生扮演教材中所确定的角色，途径或过程可概括为：进入情境—担当角色—理解角色—体验角色—表现角色—自己与角色统一。由于角色的转换，可以引发热烈的情绪，学生在角色意识的驱动下，全部地投入，全面地活动起来，忘我地由"扮演角色"到"进入角色"，由教育教学的被动角色跃为主动角色，这样"移情"的目的就能达到。分角色朗读和角色扮演是常用的形式。

（1）分角色朗读。不断深入理解作品，揣摩人物性格，反复琢磨人物的内心世界，才能在朗读的语气和语调中，塑造出比较合乎作者笔下人物的形象来。例如，《变色龙》一文，就非常适合于分角色朗读。作品中的人物用朗读进行创造性演绎，把诵读者的情感自然地融入于故事情节之中，置身于故事发生的现场进行思考和行动。越是出色的朗读和表现，学生的角色进入程度就越深。虽然不同时代的作品与现代生活远隔着时空的距离，但学生能够进入角色朗读，就能进入作品的情境，对小说中人物形象、性格的认识以及小说主题的领悟，也就找到了很好的切入点。

（2）角色扮演。角色扮演，是对课本进行的创造性表演。通过扮演角色，让学生结合自己的生活体悟和感受，表演出自己心目中的那个哈姆雷特，能够从更深的程度上进入文学作品的更高境界。角色扮演要求学生转变生活与文本之间的角色，真正从所扮演的角色的角度去考虑问题并采取行动。例如，《皇帝的新装》《雷雨》等，都是极好的可以作为角色扮演的文本。担当文本中的角色，学生第一步就是揣摩人物的生活环境和性格特征，进入角色的心理世界，去感受情节，亲历"自己"的喜与悲；运用体态、表情与语气、语调等来整合表演，塑造一个栩栩如生的新形象。因此，角色扮演可以使学生逐渐学会站在他人立场思考问题，学会思考问题和解决问题的方式、方法，这对于培养学生对其他生命的尊重、关心和爱护的情感是非常有利的。

另外，采用情境教学的目的，可以用李吉林所描述的：情感弥散渗透到儿童内心世界的各个方面，作为相对稳定的情感态度，价值取向逐步融入儿童的个性之中，这里包含两个方面：一是情感本身的积淀内化和升华成为一种比较稳定的、具有一定价值取向的高级情感，如理智感、道德感、审美感等；二是指通过情感的弥散作用，沟通学生人格的各个领域，促使学生人格的全面生成。

以情感为纽带，以激发学习兴趣为动因，以体验为目的，以感悟为结果的情境教育，极大地提高了学生学习的兴趣，而教师的任务之一就是如何激发、维持和强化学生阅读的兴趣，在疑难处帮助，在关键处点拨，于无声处中使学生步入课文的情境，融入课文的意境，使学生的心灵得以满足，精神得以慰藉，情感得以丰富。

二、在非文学作品的学习中涵养学生的人文素养

《义务教育语文课程标准》（2011 年版）强调，阅读科技作品，注意领会作品中所体现的科学精神和科学思想方法；阅读简单的议论文，区分观点和与材料，如道理、事实、数据、图表等，发现观点与材料之间的联系，并通过自己的思考，做出判断。因此，语文教学中除了文学类作品中注意挖掘人文内涵之外，对非文学作品，如议论文和说明文等，也不应该放弃对学生人文素养提升的努力。议论文本身就是要阐明道理的，如果处理得好，每一篇都可以让学生有内在的提高。中小学阶段说明文所占比例也不小，说明文是客观地说明事物的一种文体，目的在于给人以知识：或说明事物的状态、性质、功能，或阐明事理，所以教学重点通常是说明顺序、说明方法、说明语言。但说明文的人文内涵也非常丰富，相当份额的说明文，尤其是科技作品，不仅传播着大量前沿科技信息，还包含着丰厚的人文底蕴。例如，科普小品，就蕴含着极其宝贵的人文资源。因此，注重人文内涵的渗透同样是中小学语文教学的一项重要任务。

（一）展示文本中的人文内涵

先以八年级上册《中国石拱桥》为例。迄今保存完好的大量古桥，是我国古代灿烂文化中的一个组成部分；赵州桥的栏板，卢沟桥的石狮等都以艺术珍品而闻名于世；这种艺术传统，对于现代石拱桥装饰也还存在着深刻的影响。因而，《中国石拱桥》虽然是一篇介绍石拱桥知识的说明文，但作者于简朴的说明中，处处流露出对劳动人民的智慧和力量的赞美，对祖国悠久文化和新社会制度的歌颂，文章简朴淡雅，理贯辞达。

又如，《苏州园林》把绘画和园林建筑联系起来，包含着极其丰厚的审美意蕴，如文章指出，苏州园林绝不讲究对称，"东边有了一个亭子或者一道回廊，西边决不会来一个同样的亭子或者一道同样的回廊"，因为园林不是图案画，而是美术画，要求自然之趣，这样的分析说明完全吻合传统的画论，增加了行文的情趣和魅力，能丰富读者关于园林建

筑的知识，启迪读者的智慧，陶冶读者的心灵。

教学过程中教师还可以从网络中找到典型的图片资料甚至是专题影视片作为辅助教学的手段，对学生进行感性的渗透和熏陶，引导学生发掘、欣赏，以美激情、以美求真。

（二）把握科学技术发展趋势

当今时代科学技术的发展呈加速化趋势。科学技术应用周期也不断缩短，现在，科技成果一旦取得，几乎同时就开始物化，如基因组技术、超导技术、纳米技术等本属于基础研究的成果，在中间成果阶段就申请了专利，有些甚至迅速转化为产品走进生活。

作为第一生产力，高科技极大地提高了物质文明，引起了人们生活方式、思维方式的变化，促进了社会的变革。同时，现在科学的发展也越来越从自然界逼近了人类本身，如克隆人问题，它深刻地触及人类的伦理、道德和法律以及心灵，引发人类道德伦理观的变革和更新。如何确立并完善现代社会伦理道德价值观，使之既能保证科学技术的发展，又能适应科学技术的进步，理性而德性地运用科学之剑，使之为人类造福，同时又让人类真正享受并体会到科学带来的幸福，这将是现代社会必须面对和探讨的问题。因而老师的引导非常重要。

（三）加强学生接受挫折的能力

科技创新之路充满艰辛，人类在为科技的发展不断付出沉重的代价。科普小品侧重介绍创新成果及开发利用，但对其产生、发展，谈得甚少。因此，给学生补充相关内容，避免经历比较简单的学生产生科技创新是一蹴而就的天真的看法，以增加受挫力的熏陶。

在科技高速发展的今天，如何和谐而完美地在科技中将人文素养渗透到学生的成长之中，仍然是我们需要认真研究的问题和使命，这也是作为教师将不断探索的问题。

三、搭建中小学语文教学人文素养的师生"对话"平台

教学从本质上说是一种"沟通"与"合作"活动，因此，可以被理解为一种谱言性沟通或备言性活动，其中"对话"[①] 是教学活动的重要特点。

最早提出"对话"概念的是俄国文艺理论家巴赫金。在巴赫金看来，对话可以从广义和狭义的不同层次上加以理解。从广义上来看，对话包括不同范围、不同层次的言语相互

---

① 沈素玲. 在语文教学中提高学生人文素养的目标和策略 [D]. 石家庄：河北师范大学，2005：37.

作用的形式：第一，人与人之间现实的、面对面直接大声的言语交际。第二，书籍、报刊所包含的语言交际因素。第三，书籍、报刊等印刷出来的言语行为。从狭义来看，对话是说话者与对话者之间言语相互作用的形式之一。由此可见，人类生活本身就是对话性的。不过，对话不是一个新生的事物，古希腊有苏格拉底对话，中国春秋战国时期有百家争鸣。对话不但涉及人类生活的各个领域，而且贯穿在不同时代的思想感情和行为活动的全过程中。

对中小学教育教学而言，对话是指教育者与受教育者在相互尊重、信任、平等的基础上，以语言等符号为文本而进行的精神上的双向交流、沟通与理解。从不同的场合来看，对话有日常对话和教学对话，对话也不一定完全是通过言语来进行。对话是思维碰撞、思想交流感情沟通的主要方式。搭建平等对话的平台，可以使教师与学生、学生与学生之间能够相互交流、互学互助，建立民主开放的教学体系。在这种氛围的交流和对话中，学生可以学会尊重他人，学会关注他人，学会关心和帮助他人；树立平等意识，培养开阔胸襟和个性自由等品质；有利于深度激发学生探究、合作、自主学习的愿望，也有利于培养学生求真务实的品格，有利于提高学生的多种人文素养。

（一）在文本阅读中建立对话场

1. 建立文本、教师、学生的对话场

《义务教育语文课程标准》（2011 年版）指出："阅读教学是学生、教师、教材编者、文本之间的多重对话，是思想碰撞和心灵交流的动态过程。"课堂之中这样多重复杂的对话关系，并不是并列的，而是以每个学生个体作为阅读主体与作者的对话为出发点与归宿，其他的对话——教师与学生的对话、编者与学生的对话、同学之间的对话，都是为了给学生个体的对话营造一个良性的言语环境，提供某种条件，而不能代替学生自己的阅读。

教学过程不是上演充分准备好的"教案剧"，更多的是即兴创作，注重临场的发挥，注重与学生及时有效的互动。课堂对话过程不只是一种单纯的认识过程，它是生命意义的发生、创造与凝聚的过程，是生命力量的发生与发展的过程，是主体对于生命内涵的体验过程。对话性沟通超越了单纯意义的传递，具有重新建构意义、生成意义的功能。从某个角度上来看，把中小学生作为对话的主体，进行真诚友善的交流和沟通，是成功的语文教育的母体。

2. 建立自主、合作、探究的对话场

学习方式是指学生在完成学习任务过程时基本的行为和认知的取向，自主性、探究性和合作性是学习方式的三个维度。

学生是学习和发展的主体。中小学语文课程必须根据学生身心发展和语文学习的特点，关注学生的个体差异和不同的学习需求，爱护学生的好奇心、求知欲，充分开发学生的主动意识和进取精神，倡导自主、合作、探究的学习方式。教学内容的确定、教学方法的选择、评价方式的设计，都应有助于这种学习方式的形成。

所以，如何贯彻新的教学理念，使课堂真正成为学生成长与生长的生命课堂，教师在教学方法和学生的学习方式上应做切实的探索和努力。现行教材的编排，把学习方式作为学生能力和人文素养培养的一个重要方面。如语文课程的教材安排，都设计了综合性学习的课题。同样，几乎教材每一篇都涉及开放性的习题，这样的练习题设计，有利于学生或自主学习、或合作探究。

3. 建立宽容的对话场

语文教学应在师生平等对话的过程中进行，对话、交流包含了对人的尊重、认可，它关注的是人的现实需求，强调的是个人对文明、文化的亲身体验和个体化发展。语文教学的对话、交流，有助于师生相互间的了解和沟通，更有助于避免学生主动放弃"话语权"，使他们更积极地参与教学过程，从而获得进步，浸润出一种健康的个性和人格。学生的生活经验、知识积累，性格爱好等不同，对相同的事物感觉一定不同，因而决不能求全责备。也应该尊重他们的不同，允许他们犯错误，给他们充分表达自我的空间与机会。学生即使在对话中出现不同于一般的结论或见解，教师也应该从正面引导，帮助他们达到认识的新境界。

此外，培养全面发展的个性的技巧和艺术就在于，教师确实善于在每个学生面前，甚至在最平庸的在智力发展上最有困难的学生面前，为他打开精神发展的领域，使他能在这个领域里达到顶点，显示自己，从人的自尊感的泉源中吸取力量，感到自己并不低人一等，而是一个精神丰富的人。要实现真正意义上的对话和交流，需要教师们改变传统的学生观，不忽视学生真实的情感和思想，重视学生的主动性和创造性的调动，宽容学生探索路上的幼稚甚至错误，真正做到"以学生为本"。

（二）在演讲中建立对话场

1. 读书与演讲

为了培养学生读书的兴趣和习惯，鼓励他们在读书中思考，在思考中表达，丰富他们的精神空间，让学生的精神成长与知识的增长同步，可以安排一些语文实践活动。课前5分钟演讲是学生最乐于参与的语文活动之一。

演讲，是对话和交流的绝好形式。演讲中学生在倾听，演讲之后有答有问有辩论。学生在倾听中思考，在思考中表达，在辩论中明理，在明理中成长。

2. 时事与演讲

教师应该鼓励学生关注社会动态，让学生们在读书、演讲、时事、生活等多项交叉的对话网中交流互动，这有利于培养学生在众多信息面前始终保持独立思考和判断、辨伪存真的素养和能力。另外，要培养学生关注社会、关心时事的意识，可以培养他们趋向真善美、揭露假恶丑的社会良知，增强社会责任感。

第四章　中小学语文视觉素养的提升

第一节　中小学语文教学中的视觉素养

一、新课程改革与视觉素养分析

第一，视觉素养是新课程改革中学生的必备技能。"新课标下教材使用了更多的符号或图像来代替问题，翻阅当前的中小学课本尤其是语文课本，就会明显地感觉到视觉文化在其中的渗透"[1]。新课程改革极力推崇视觉素养教育，开发学生右脑和创新性思维。学生看图只是第一步，最关键的是能够看懂图，只有经过系统的教育培训，才能够帮助学生去有效学习新教材中的图像，才能够正确组织视觉信息，形成有意义的知识体系。

第二，视觉素养教育是一种综合实践活动。开展视觉素养教育的目的就在于丰富学生自身视觉文化体系，提高学生识别和理解图像或符号信息的能力，并能够在此基础上形成创新性的、有意义的思维方式，最终将其塑造成自身修养的一部分，实质上这也正是国家实施新课程改革的目的之一。视觉素养教育是一种综合实践活动，它不仅需要国家编制更多优秀教材，还需要在日常的教学工作中注重视觉文化的渗透。

第三，语文教学手段信息化需要中小学学生具备视觉素养。随着多媒体技术的不断发展，图像或视频教学已经成为当前重要的教学手段之一，而且在实际应用过程中，极受广大师生欢迎，中小学语文教学早不再是传统语言讲授，有效"读"高效"写"才是中小学语文教育的主方向，既要提高学生对视觉语言的理解能力，又要提高对视觉语言的编辑能力。另外，中小学语文教学渗透视觉文化有助于学生右脑和创新能力的开发，尤其是对于学生写作能力的提高非常明显。

---

① 李玉山. 浅析中小学语文教学视觉素养教育 [J]. 课程教育研究，2014（7）：49.

二、中小学语文教学中视觉素养的培养条件

新课程改革已经在中小学语文教材中加入了适当的符号和图像资料，而且从学校层面上提高了对视觉文化的认同，这为中小学语文教学中视觉素养培养提供了非常有利的物质和实践条件。

（一）中小学语文教材中的视觉图像

现阶段中小学语文教学中使用的教材都加入了大量符号和图片，而且这些视觉资料按照不同层次分类，以适应不同年级学生的需要。

（1）装饰形态插图。所谓装饰形态插图，即教材中为提高视觉效果，吸引学生注意力而出现的符号或图像，这些视觉资料与教材本身内容关系不大，在实际语文教学中主要是起引导作用。传统语文教材基本以文字为主，只有少数黑白插图渗透其中，视觉感官上没有所谓吸引可言。国际上教育模式先进的国家，他们在中小学语言类课程教材设计上较我国先进许多，很早就开始注重视觉吸引方面的研究，这一点是值得我国中小学语文教材设计学习和借鉴的。

（2）认知形态插图。认知形态插图主要是用来描述教学内容以及与内容相关的其他知识而设计的图片或符号，它存在的意义必须基于课程教学内容，并为教学进程服务。另外，视觉和听觉是人类获得信息最多的两种方式，而且图片和符号更有利于记忆。因此，在教材中，针对教学内容设计图片或者符号更有利于学生理解和记忆。

（3）启思形态插图。启思顾名思义，即启发思维的意思。启思形态插图在教材中的主要作用就是启发学生思维，培养学生的创造性。追溯人类认知世界的起源，就是从认知图像开始的，加之人类对各种图像自身的发散性思维，带动着人类文明向前发展。同样，国际上教育模式较先进的国家，已经在母语教学中开始利用图片或者符号来培养并锻炼学生的认知、创造、发散能力。我国新课程改革后，在中小学语文教材中也加入了适当的启思形态插图，开启在语文教育中培养学生识图和创新能力。

（二）中小学语文课教学中视觉语言

中小学学生上课较容易走神，思维较活跃，所以在中小学语文课教学中运用视觉语言具有一定的实践条件。据实际调查发现，中小学语文教学涉及的视觉语言主要是教材中插入的符号和图片、教师在课堂上所使用的各种视频图像或图示等。很多教师只是将这些插

图看作是一种兴奋剂和装饰品，用来激发课堂气氛，调动学生学习积极性，并不认同插图对学生理解教学内容有帮助。此外，调查中我们还发现，教师所使用的视觉语言资料非常有限，主要原因是教师没有时间或能力，自己去开发和设计视觉资料，这些不足虽然在一定程度上阻碍了视觉语言的发展，但从某种意义上来看，却提供了更好的实践机会。

三、中小学语文教学中视觉素养的基本策略

第一，创设视觉情景导入教学，培养学生视觉感知力。视觉感知力是人本身就具有的一种能力，就是通过眼睛来感知世界的能力，看到的东西经过神经传输，在大脑中进行处理，它既是一个从外到内的信息接收过程，同时也是一个主动发现的过程，人可以通过不断的学习来提高自身的视觉感知力。所以，我们在培养学生视觉素养时，应该从提高学生视觉感知力角度出发，努力引导他们去感知多看到的事物。教师可以根据教学内容设计与其有关的视觉情景，吸引学生注意力，激发学生学习兴趣，活跃课堂气氛，这里要注意视觉情景设计一定不能过多加入与课程内容无关的元素，以免使学生学习热情调动起来后，却分散了学生注意力，无法更好地灌输本节课程所需要教授的内容。

第二，借助视觉图像讲解内容，培养学生视觉解读能力。视觉解读能力是视觉素养的基本能力，通过培养和教育帮助学生掌握视觉解决能力，让学生能够根据视觉形象去理解深层次的课程内容。教师要引导学生观察与课程教学内容有关的视觉图像，并将其与相应的文章文字联系起来，帮助学生更好地去理解课程教学内容。教材中插图只是内容上的组成部分，它不可能把教学内容完全地表达出来，很大程度上需要教师引导学生发散思维，去创新、去想象，观察力和想象力即是视觉解读能力。

第三，运用视觉图像复述课文，培养学生视觉表达能力。视觉素养中较高层次的能力就是视觉表达能力，如何通过视觉信息来讲述教师的想法和情感，准确有效地表达出来，这都需要具备很高的视觉解读能力。中小学语文课主要培养的是学生语言表达能力和文字理解能力，对这个阶段的学生而言，通过复述来提高他们的语言表达能力是一种非常有效、非常好的方式。教师在实际教学过程中，可以利用视觉信号来辅助学生记忆课程教学内容，帮助他们如何将文字和图像结合起来，以更好地复述课程内容。

第四，借助信息技术，创设视觉化的学习资料。信息技术的发展给我们提供了更好的视觉资料设计技术，现在几乎所有的文字信息都可以利用信息技术视觉化。新课程改革后中小学语文教材中插入了很多符号和图片，但对于视觉素养的教育还远远不够，教师必须借助信息技术设计更多生动高质量的视觉图像，静态和动态视觉信号对学生视觉感知力的

影响具有不同效果。所以，教师使用各种信息技术的能力也是视觉化学习资料设计的关键。

第二节　中小学语文教学中视觉素养的运用

当下中小学语文写作教学的重点，就是凭借广受学生热衷的视觉图像来激活他们的视觉思维，随后提供有针对性的引导方案，令大家自然而然地将各类图像转化为详细动人的文字。长此以往，必将大幅度提升学生群体的口语表达和综合写作技能，为他们日后学会使用语言来表达对人生、社会、生态等看法奠定基础。

一、中小学语文教学中视觉素养运用的意义

在中小学语文教学中，开展视觉素养教育有着重要意义，一方面，能够帮助语文教师提高语文教学质量；另一方面，有利于促进学生获得全面发展。

第一，通过视觉素养教育有利于促进学生全面发展。现阶段，随着社会的快速发展，人们的思想意识与过去发生了一定的转变，尤其是在多媒体快速融合的大背景下，人们越来越注重信息技术的获取及利用，然而因大部分人依赖科学技术的发展能够快速提高获取信息或者是处理问题的效率，所以缺乏对生活的思考。因此，在获取信息较为便捷的状况下，人类的思维方式相对单一。如果我们不能及时改变这种状态，那么人们可能会忘记思考与交流。中小学生对各种新鲜事物具备一定的新鲜感，只有在对于高科技具有较高兴趣的前提下才能够保证具有一定的判断力，所以我们必须正确吸引学生在学习过程中的兴趣，从而使学生具备一定的语文能力，帮助学生学会思考并加强沟通，从而提高学生的总体水平。

第二，通过视觉素养培养，有利于锻炼学生创新能力。目前，学生处于大脑思维发展的重要时期，因此通过大脑思维的有效拓展有利于提高学生的学习水平，然而传统的教学方式导致学生在学习的过程中出现抵触情绪，只是一味地被动接受知识，并不能真正地帮助学生掌握知识，导致学生知识应用能力培养受到阻碍，语文教学质量达不到预期目标，然而通过对学生进行视觉素养的培养，有效地将学生的左右脑进行全部开发，这对锻炼学生的创造性思维能力而言至关重要，从而能够促进学生获得全面发展。

第三，通过视觉素养培养，有利于激发学生学习兴趣。我国传统文化博大精深，在语

文教学的过程中，教师必须意识到将语文知识与文化底蕴紧密地结合在一起，从而使学生感受到我国文化的魅力。但是在过去应试教育的氛围下，教师常常运用单一的教学模式并不能够体现语文的魅力。因此，教师可以利用多媒体等基础手段帮助学生，及时地学习相关知识，激发学生学习的兴趣，从而引发学生共鸣，最终加强学生对知识的理解并学会灵活运用，促进学生树立正确的价值观念。

二、中小学语文写作教学中视觉素养的运用策略

（一）借助视觉感知技能，指导学生观察

视觉感知初始阶段普遍应用在美术领域之中，旨在锻炼学生的视觉感知技能，方便他们日后在作品中更好地表达个人情感。而融入中小学写作教学之中，则倾向于令学生结合内心去感知和收获对客体的特别体验。结合现代义务教育语文新课标对比分析，现代语文写作教学主张多引导学生观察周边世界，令他们在养成视觉感知习惯之后，在平常写作活动中自然而然、贴切合理地表达观察后的感想。至于这部分观察的对象，则包括生活中多元化的人物与案例、语文教材中的一系列插图等，视觉感知水平较高的个体，可以实时性和完整性地在大脑中存储观看后的图像，随后依次归类为具备概况性的形象，确保今后可以基于各类写作主题进行针对性提取和拓展表述。

（二）结合视觉解读技巧，激活学生词汇系统

视觉解读和写作教学有机结合的价值，还体现在学生视觉图像解读和写作逻辑润色能力的锻炼上。教师要做的，就是凭借丰富的视觉资源去指导学生理解熟悉一些生涩的写作方式，令他们可以在平常写作时多借鉴一些影视资源中经常出现的表达技巧。

例如，在《缩写故事》习作教学中，教师可引入民间故事的影像素材，也可让学生课下去收集和整理，教会学生快速把握图像中的重点部分，确保他们在描绘不同形象时可以直接借鉴并做到有话可说。而借助视觉素养来强化学生写作能力，最为重要的环节就是激活他们的词汇系统，归根结底，就是及时将一些非言语系统中的意象码准确性地转化成言语系统中的词汇码，就是所谓的参照加工。

（三）配合视觉图像使用，教会学生写作内容

中小学生的作文通常都会涉及小动物。例如，在《我的动物朋友》习作中，将小动物

作为关键词，再鼓励学生陈述和相关动物有关的事件，能够丰富他们的写作素材，进一步令他们联想起过往看过的种种动物，激发写作的欲望。可现实是，许多中小学生成日处于城市之中，很少有机会接触到自然，对于动物的敏感度不高，更不要说生动描写不同小动物了。基于此，教师就需要多使用多媒体来播放相关视频或是图片，以丰富学生的感知印象和有关认识。如教师可以多为学生拍摄和呈现出不同动物的画面，或是直接带领他们到公园观摩体验，并在回来后进行所观所感的总结分享。经过互换和积累后，学生便可以明确小动物的特征，例如知道在写熊猫的开头时，可以先描述熊猫的眼睛。

（四）开发视觉感知能力，保证学生思维拓展

在新时代发展的背景下，人们一味地依赖高科技，因此会出现各种错别字现象，越来越多的学生打字水平较高写字能力却较差，因此，相关的教育部门必须要引起重视。针对这种现象，在中小学语文教学的过程中教师可以充分利用视觉材料，重视多媒体教学手段的有效应用，在教学的过程中利用多媒体展现汉字组成结构等，这对于激发学生学习兴趣而言至关重要，有利于加强学生对汉字的记忆及理解。同时，教师可以对汉字所涉及的成语故事等运用动画形式来进行展现，保证学生思维拓展能力的有效开发，让学生感受汉字自身存在的魅力，并重视学生视觉表达能力的提高。

在中小学语文教师开展语文教学的过程中，其主要的目标是希望学生能够将学习的知识灵活地运用到生活中，并重视旧知识与新知识之间的紧密结合，因此这对教育工作者提出了一定的要求，所以在开展语文教学时，教师必须注重视觉材料的有效表达，帮助学生能够运用多元化的方式来进行记忆。通过视觉将画面及时地引导学生输入到大脑之中，并使学生能够通过大脑对知识加工，用方法进行表达，从而能够实现师生之间互相分享的目标，使学生加深对知识的印象和理解，锻炼学生的综合能力，增强学生学习的信心。

（五）创设浓厚学习氛围，调动学生学习兴趣

在中小学语文教学中，培养学生的视觉素养要求教师必须改变传统的教学观念及方法，通过运用多元化教学模式调动学生学习的兴趣，从而培养学生自主学习能力。因此，在教学中教师可以运用游戏活动或情景创设等各种形式优化教学手段，营造良好的学习氛围，帮助学生实现互动交流，从而能够促进学生共同发展和进步，培养学生实现全面发展的能力。同时，教师也要注重多样化教学手段及方法的有效运用，这对提高语文教学质量而言至关重要。中小学语文教师要运用灵活的手段，给予学生创新思考的时间及空间，这

对鼓励学生进行探索和展现自我而言至关重要，通过运用多元化的信息手段从而为学生提供方便快捷的学习平台，保证学生综合素养的提高。除此之外，借助视觉图像讲解内容来提高学生的解读能力。

在中小学语文教学过程中，教师通过有效培养学生的视觉素养，一方面，能提高学生的视觉解读能力；另一方面，能够使学生通过对视觉形象记忆相关的知识点，并达到深层次的理解。因此，教师必须在教学中引导学生对视觉图像深入观察，加强与文章汉字之间的紧密结合，有效地理解文章内容关于书本的相关图像，我们也要重视与教学内容的紧密结合，从而通过引导挖掘学生创造力等来提高学生的解读能力。

如今，在中小学语文教学中全面推广视觉素养教育虽然是一项较为困难的工作，但是学生的思维相对灵活，想象力丰富，教师要帮助学生理顺逻辑，丰富学生的社会经验，针对学生成长的特点给予学生更多的机会，给予学生表达和创造的机会和自由等，从而利用自身的能力及丰富的视觉材料为学生提供丰富多彩的学习环境，这是当前教学改革的重点内容。"教师要注重在培养学生视觉素养的过程中，激发学生学习语文的兴趣，锻炼学生的视觉思维能力，通过创设视觉情景和借助视觉图像等多元化的方式给予学生视觉冲击，保证语文视觉素养教育目标的实现"①。

随着科技的更新和发展，视觉文化也同步繁荣起来，一时间令广大民众的生活和思维模式深受影响。而对中小学生进行视觉素养培养，有助于实时性强化他们的视觉体验、理解、分析等技能，确保在观察各类情境和材料之后，及时将眼前的视觉形象转化为以文字为核心的逻辑思维，为日后写作的选材立意、构思润色、逻辑表达等提供指引，确保中小学生们在作文中真正有话想说且可说。中小学语文教师要结合自身教学的经验，重视对视觉素养教育培养路径的有效探讨，为我国语文教学质量提高做一定的努力，从而培养学生的全面素养，实现教育事业的发展。

第三节　视觉素养对中小学语文教学改革的促进

一、视觉素养对中小学语文教学改革的促进作用

"读图时代"的到来，给以语言文字为基础的语文教学带来了巨大的冲击与挑战。基

---

① 高检容. 视觉素养在小学语文写作教学中的价值与运用研究 [J]. 学苑教育, 2020 (31): 22.

于时代发展的要求，新课改背景下的中小学语文教学中也越来越多地融入了视觉元素。然而，由于方式各异、效果不一，使得教育界对于以多媒体及图像资源为代表的视觉元素在教学中的使用产生了疑问。从事实来看，"图""文"之间并不存在绝对的对立关系，教学效果的好坏，也往往并不直接取决于视觉元素本身，很大程度上取决于对视觉元素的运用。只有合理地利用视觉素养，将视觉元素有效地融入中小学语文教学之中，方可最大限度地发挥视觉素养在中小学语文教学改革中的积极作用。关于这一点，可以从理论上进行说明，也可以从现实层面上分析。

（一）从理论层面看视觉素养对中小学语文教学改革的促进

在中小学语文教学中运用视觉素养是对语文教学的一种革新。然而，文字文本和视觉文本是迥然不同的，一个抽象、一个具体；文字文本注重培养学生的逻辑思维能力、视觉文本注重培养学生的形象思维能力。因此，在中小学语文教学中如何运用视觉素养，具体从以下方面论述：

1. 双重编码理论在中小学教学改革中的促进

美国认知心理学家艾伦·佩维奥是双重编码理论的提出者，他认为在信息的贮存、加工与提取中，语言与非语言的信息加工过程是同样重要的。他将长时记忆分为两个系统，即表象系统和语义系统。表象和语义是两个既相平行又相联系的认知系统，表象系统是以表象为基础的加工系统，语义系统是以语言文字为基础的加工系统。表象系统专门表征和加工非语言的物体和事件，它由相互具有联想关系的意象表征组成，而语义系统表征和加工言语信息，由相互联系的言语表征组成。认知就是通过这两个特殊表征系统支持的，这两个系统来自经验，并且在表述和加工关于非语言的实物、事件的信息和语言信息上有明显的区别。

例如，如果在很短的时间里给被测试者呈现一系列的图画或字词，那么被测试者能够回忆起来的图画的数目远多于字词的数目。由此可见，大脑对于表象材料的记忆效果和记忆速度要优于对语义材料的记忆效果和记忆速度。那么，如果大脑同时使用表象系统和语义系统来处理语言和非语言两种信息，将降低语义系统的认知负荷，加速思维的发生，记忆也将变得更容易。因此，对于双重编码理论最重要的原则就是，可通过同时用视觉和语言的形式呈现信息来增强信息的回忆与识别。

中小学语文教学虽然是一种以语言文字为基础的教学，但是包含着大量不可忽视的视觉元素，例如插图、视频、图表等。如果在教学过程中，根据双重编码理论，把这些视觉元素（非语言文本）与语文学科的教学内容（语言文本）有效地结合起来，即同时使用大脑中的表象系统和语义系统来完成教学，将更有利于学生对知识的理解和记忆，促进中小学语文教学水平的提升。可见，在中小学语文教学中运用双重编码理论，对其改革有着积极的作用。而双重编码理论的积极效应的实现离不开视觉元素的合理运用，视觉元素的合理运用又离不开视觉素养的作用。换言之，为实现双重编码理论在中小学语文教学积极效用，则不得不重视视觉素养的运用。因此，在中小学语文教学中运用视觉素养有利于双重编码理论积极效应更好地发挥，它是利用双重编码理论促进教学的题中之意。

2. 左右脑分工理论在中小学教学改革中的促进

美国心理生物学家斯佩里博士通过著名的割裂脑实验，证实了大脑不对称性的"左右脑分工理论"。人的大脑两半球存在着机能上的分工，对大多数人而言，左半脑主要负责逻辑理解、记忆、时间、语言、判断、排列、分类、逻辑、分析、书写、推理、抑制、五感（视、听、嗅、触、味觉）等，思维方式具有连续性、延续性和分析性。右半脑主要负责空间形象记忆、直觉、情感、身体协调、视知觉、美术、音乐节奏、想象、灵感、顿悟等，思维方式具有无序性、跳跃性、直觉性等。斯佩里认为右脑具有图像化机能，如企划力、创造力、想象力；与宇宙共振共鸣机能，如第六感、透视力、直觉力、灵感、梦境等；超高速自动演算机能，如心算、数学；超高速大量记忆，如速读、记忆力。右脑善于找出多种解决问题的办法，许多高级思维功能取决于右脑。把右脑潜力充分挖掘出来，才能表现出人类无穷的创造才能。

对正常人而言，大脑左右两半球的功能是均衡和协调发展的，既各司其职又密切配合，二者相辅相成，构成一个统一的控制系统。若没有左脑功能的开发，右脑功能也不可能完全开发；反之，无论是左脑开发，还是右脑开发，最终目的是促进左右脑的均衡和协调发展，从整体上开发大脑。在这个原则下，适当地多加运用右脑会取得非常惊人的效果的。仅从记忆来看，右脑的存储量是左脑的 100 万倍，因此右脑的开发就具有极大的价值。然而，由于接受过统一、规范的学校教育，出现了左脑使用过度，而作为创造力源泉的右脑使用不足的现象。如果能够适当地减少左脑的兴奋程度，开发平时很少用的右脑，让左右脑协同均衡活动，全脑的总能力和总效应将增大到原来那个较强的左脑的 5 倍~10 倍甚至更多，那么人的学习能力和创造能力将有一个极大的提高。

以字词教学为主的语文教学，虽然有助于学生左脑的开发，但是忽视了学生视觉思维和想象力的发展，导致学生右脑开发不足，从而出现了左右脑发展不平衡的现象，将对学生的未来发展造成一定的负面影响。因此，在语文教学改革的背景下，教育界应该意识到这一问题的严重性，同时借鉴左右脑分工理论对教学内容、教学方式等进行适当的调整。在语文教学中运用视觉素养，正体现了左右脑分工理论在语文教学中的运用：一方面，它可以通过视觉素养的培养来提升其形象思维能力，达到开发右脑的效果；另一方面，它又可以在一定程度上改善语文教学过多培养学生的逻辑思维能力，过分注重开发左脑的现象。两者的结合，不仅可以促使学生的左右脑都得到发展，避免学生左右脑发展不平衡的现象，而且还有助于提高学生语文学习的效率。因此，从某种程度来看，在中小学语文教学中运用视觉素养有助于左右脑分工理论在教学改革中的实现。

3. 多元智能理论在中小学教学改革中的促进

传统智能理论认为语言能力和数理逻辑能力是智能的核心，智能是以这两者整合方式而存在的一种能力。针对这种仅徘徊在操作层面，而未揭示智能全貌和本质的传统定义，从 20 世纪 70 年代开始，人们从心理学的不同领域对智能的概念进行了重新界定，其中最有影响的当属耶鲁大学的心理学家罗伯特·斯滕伯格所提出的三元智能理论（分析性智能、创造性智能、实践性智能）。到了 20 世纪 80 年代，哈佛大学认知心理学家加德纳又提出多元智能理论，将智能定义为人在特定情景中解决问题并有所创造的能力，并指出每个人都拥有九种主要智能：言语—语言智能、逻辑—数理智能、视觉—空间智能、身体—运动智能、音乐—节奏智能、人际—交往智能、自我反省智能、自然观察智能和存在智能。在他看来，每个人都或多或少拥有九种不同的智能，这九种智能代表了每个人不同的潜能，这些潜能只有在适当的情境中才能充分地发挥出来。

多元智能理论是对传统的"一元智能"观的强有力挑战，契合了新课程改革对于综合素质的要求。传统意义上的学校教育，大多只强调学生在言语—语言智能和逻辑—数理智能两方面的发展，但这并不是人类智能的全部。学校教育应该注重学生多元智能的发展，促进教育改革和学生素质的全面提升。因此，在新课改的背景下，教育界应该认识到多元智能理论对于语文教学改革的重要意义，将发展学生的多元智能作为一种理念贯彻到语文教学中。虽然以语言文字为基础的语文教学，侧重于开发学生的言语—语言智能，但是这并不意味着在语文教学中不能发展学生的其他智能。中小学语文教学中可以通过想象和画面进行思考，通过电影、插图、想象性游戏等来满足学习的需要。而电影、插图这类视觉元素的合理使用离不开视觉素养的作用。可见，在中小学语文教学中，运用视觉素养科学合理地使用视觉元素将有助于学生的视觉—空间智能更好地开发，从而促进语文教学在学生智能开发方面更加趋向全面化。

4. 认知发展理论在中小学教学改革中的促进

认知发展理论由著名发展心理学让·皮亚杰提出，被公认为20世纪发展心理学上最权威的理论。他把认知发展视为认知结构的发展过程，以认知结构为依据区分心理发展阶段，分别是感知运动阶段（0岁至2岁左右）、前运算阶段（2岁至6岁、7岁）、具体运算阶段（6岁、7岁至11岁、12岁）和形式运算阶段（11岁、12岁及以后）等四个阶段。在这一阶段内，学生的认知结构由前运算阶段的表象图式演化为运算图式。具体运算思维的特点：具有守恒性和可逆性、去自我中心注意和进行群体运算。

在中小学语文教学改革的背景下，中小学语文教学有必要在认知发展理论的指导下，根据本阶段学生认知的特点组织教学。一般而言，中小学生大多处于具体运算阶段，虽然本阶段是其逻辑思维发展的重要阶段，但是其思维活动仍离不开具体内容的支持，即形象思维的辅助。而形象思维所反映的对象是事物的形象，也就是由眼睛所看到的。具体而言，在中小学语文教学中，应该通过视觉文本来辅助文字文本的学习，即通过中小学生形象思维来培养其逻辑思维。值得注意的是，视觉文本的合理使用离不开视觉素养的影响，就某种程度而言，视觉素养的高低决定着视觉文本使用合理性的高低。因此，在中小学语文教学中运用视觉素养将有利于视觉文本对文字文本的辅助效果，进一步提高认知发展理论对中小学语文教学的积极作用。

（二）从现实层面看视觉素养对中小学语文教学改革中的促进

在中小学语文教学中运用视觉素养有助于相关理论在语文教学中的合理运用，具体到中小学语文教学中，视觉素养产生的积极作用，大致体现为以下方面：

1. 顺应读图时代的要求，凸显语文教学的时代特征

随着科学技术的不断进步和人类社会的不断发展，当代人们的生活方式也日新月异。电视、电影、广告、图片等各种视觉文本逐渐取代传统的文字文本。即使是以文字阅读为主的传统印刷品，无论是杂志、报纸，还是学生的课本或课外读物，图片所占的比重都在急剧上升。总而言之，通过图像进行传播已经发展到了空前的规模。一切视觉的表达方式正在侵入每一个人的世界，正在渗透到全部的现代生活方式。

此外，美国学者阿尔文·托夫勒在其著作《第三次浪潮》中说道，随着社会与科技的发展，人类社会将会产生"文字文化文盲、计算机文化文盲和视觉文化文盲"。由此可见，生活在"读图时代"的当代人，不仅要具备文字读写能力，还要具备对视觉文本的解读与应用等能力，即视觉素养。只有这样才能适应这个时代的生存环境。因此，如何培养个人

的视觉素养，已成为"读图时代"最重要的研究课题之一。虽然关于这方面的研究，由于国外起步较早而远远超过国内，但是国内外的研究都意识到视觉素养培养与基础教学结合的重要性。

与此同时，在"读图时代"下，视觉化的教学资源、教学方式、教学手段等早已用于日常教育教学的之中。可见，日常的教育教学工作已具有鲜明的时代特征。在中小学语文教学中，这一特征更加明显，如插图、视频等视觉化的教学资源，幻灯片、白板等视觉化的教学手段，还有绘本等其他视觉化的教学辅助工具，频繁地运用于教学中。因此，在中小学语文教学改革的背景下，在中小学语文教学中运用或培养视觉素养既符合时代发展的要求，同时又能够更加充分地利用各种视觉化的教学资源、手段等，凸显中小学语文教学的时代特征。

2. 突破中小学语文教学"图文"现象，实现"图文"互补

在人类文明的发展过程中，"图"和"文"都发挥着重要的作用。但是，很长一段时间以来，"文"占据着主导地位，而"图"则处于从属地位。随着"读图时代"的到来，"文"与"图"之间的这种主从关系在一定程度上得到了缓和。不过，在当前的语文教学中，仍然存在着过分重视"文"（文字文本），而忽视"图"（视觉文本）的现象，这一现状很大程度上源于"图""文"在表意特征方面的差异，一般而言，视觉文本以其直观性和具体性见长，但这一特征也会限制学生的思维和想象。例如，部分学生不愿看书，而愿意看根据原著改编的电视剧或电影；不了解《西游记》中关于孙悟空形象的描写，脑海里却能浮现电视剧《西游记》中孙悟空的形象，并对此深信不疑。而文字文本以抽象性和联想性为特征，可以唤起读者无限丰富的联想和想象，文字文本中所呈现的画面，必然与视觉文本所呈现的画面有所不同。但视觉文本所展现的画面只是某个人或某个群体的解读结果。正因为视觉文本有时会使艺术形象固定，从而限制了人们的想象力，所以，在以语言文字为基础并旨在激发学生想象力的语文教学中，它往往处于边缘地带。

另外，文字文本和视觉文本可以算作是一对孪生姐妹，它们只是在表达思想、描情状物等具体呈现方式上所有不同，但是它们之间还存在着互补的关系，例如在时间与空间、抽象与具象、理性与感性等方面的互补。而这种互补关系在语文教学中完全可以实现：一方面，学生在学习语言文字的丰富内涵时，可以借助相关的视觉文本来理解；另一方面，学生可以利用自身的语言文字知识来解读语文学习中看到的视觉文本。例如，在进行古诗歌教学时，利用课本中的插图或一些其他的视觉文本来创设诗歌情境，让学生在这一情境中理解诗歌内容、记忆诗歌内容。在这一基础上，可以让学生根据诗歌内容说说所设情境

有哪些优缺点。两者的结合，既能够帮助学生完成语文知识的学习，又有助于打破语文教学中"图文"不平衡的现象，实现"图文"互补，推动中小学语文教学改革的发展。值得注意的是，文字文本和视觉文本的结合，离不开视觉素养在这之中所发挥的潜移默化的作用，离开了视觉素养，文字文本与视觉文本的结合效果可能会受到较大的负面影响，这正体现出视觉素养在中小学语文教学中对实现"图文"互补的作用。

3. 优化语文媒体的运用，辅助语文的教与学

语文媒体是指可以运用于语文教学中，对语文的教与学活动起到辅助作用的各种工具、材料、模型、资源、景物等媒介。按其形式大致可以分为电教媒体和数字媒体两种基本类型。电教媒体包括幻灯机、投影仪、录音、广播、挂图、模型等，数字媒体主要有文字、图形、音频、动画、视频等。而随着时代的发展与科技的进步，语文媒体也越来越受广大教师和学生的青睐，尤其是在中小学语文教学中。因为从语文媒体所包含的类型来看，大部分是属于视觉系的，通过"看"即可完成，这符合小学生的"思"特点，加之中小学生的注意力难以长时间集中等原因，视觉化的语文媒体深受师生的喜爱且使用频率较高。

二、视觉素养对中小学语文教学改革促进的实施建议

在中小学语文教学中运用视觉素养具有多方面的作用，对提高中小学语文教学效果有着积极意义，可以成为中小学语文教学改革中一个富有前景的发展方向。对于如何以视觉素养促进中小学语文教学改革，大体可以从教师和学生这两个方面入手。在具体实施中，需要综合考虑，科学设计，合理安排。

（一）以视觉素养促进中小学语文教学改革的途径

作为教学的两大主体，教师和学生在教学活动中有着同等重要的地位。因此，探究以视觉素养促进中小学语文教学改革的主要途径时，也可以围绕这两大主体展开。

1. 加强教师视觉素养，优化视觉元素使用

在中小学语文教学中科学、有效地运用视觉素养，其首要前提是作为知识传播者的教师本身具有良好的视觉素养。倘若教师视觉素养缺失，不仅不能促进教学发展，反而会造成一些负面影响。

（1）教师视觉素养的缺失可能会造成对视觉元素的低效甚至无效使用。例如，教师在讲授《望庐山瀑布》这一古诗时，在幻灯片上上呈现了许多关于瀑布的图片，但是这些图

片资源往往被教师视为背景，当学生对图片发出感慨的时候，教师也没有给予必要的回应，更谈不上结合图片进行启发和引导，图片的使用基本上是无效的。

（2）教师视觉素养的缺失也可能造成教学效率的降低。加强教师视觉素养，优化视觉元素的使用，可以有效提升教学效率。此外，加强教师的视觉素养可以从以下方面着手：第一，应该在教师的培训课程中加入一些与视觉素养相关的课程，如摄影作品鉴赏、影视作品欣赏等，或者请视觉素养方面的专家开展一些系列讲座，使广大教师尽快了解关于视觉素养的基本知识和学习方法，认识到视觉素养是教师职业素养的组成部分，对于教学具有重要意义。第二，教师可以通过自主学习或学习共同体的方式，尽快地掌握相关理论和方法。第三，还要有意识地将自己所学的理论知识投入实践中，如参观艺术博物馆，针对某些艺术作品进行解读，或者参加广告设计比赛，抑或直接运用于教学中等。

2. 培养学生视觉素养，夯实语文学习基础

在中小学语文教学中运用视觉素养促进其改革，还离不开学生自身视觉素养的重要作用。学生需要具备一定的视觉素养，对于学习生活中出现的一些视觉元素进行解读，如插图、指示牌、漫画等。在此基础上，才有可能通过这些视觉元素来促进自身语文的学习。如果学生缺乏基本的视觉素养，那么对其语文学习将会产生一些不利影响。

（1）学生缺乏基本的视觉素养，有可能阻碍其语文课程内容的学习。从看图说话或习作来看，仔细观察图片，读懂图片的大意是说话或习作的前提。

（2）学生缺失基本的视觉素养，也可能影响其语文学习的效率与质量。例如，对于古诗的背诵，部分学生通过反复的诵读进行机械记忆，而有些学生则通过在脑海中构建诗歌意境的方式进行想象记忆。

另外，在视觉文化视野下，视觉素养就是培养学生"有意味地看"的能力。视觉素养的培养可以从两个方面实现：视觉解读能力的培养和视觉表达能力的培养。视觉解读能力是对视觉信息的解构能力，包含了视觉思维和视觉学习能力；而视觉表达能力则是在解构的基础上进行重新建构，完成视觉交流的能力。

（二）以视觉素养促进中小学语文教学改革的方法

1. 在课堂教学中融入"图文"互动的环节

课堂教学是小学生学习语文的主阵地，因此，可以利用视觉素养，在课堂教学中融入"图文"互动的环节，提高中小学语文教学的质量。对此，可以从以下方面着手：

（1）设计视觉化的导入。优秀的视觉元素能给学生带来情感上的震撼，这是视觉艺术

的特有属性。不同于语言文字需要借助想象与体味来吸引学生，视觉元素可以给学生带来直接、鲜明的感受。所以，在课堂教学时，可以直接选取与教学内容契合的视觉元素作为导入，不仅可以调动学生的学习兴趣和积极性，更可以促使学生在脑海中形成一种潜意识，为接下来的教学内容埋下伏笔。以小学语文课本的课文教学为例，课文是各种学习内容的载体，主要包括三大类型：散文、诗歌和故事。对于散文和诗歌这种比较注重意境的课文类型，教师可以选择符合其意境的图片或视频创设情境作为导入，既吸引学生的注意力，形成一种轻松的学习氛围，同时又可以让学生在学习的过程中利用已有的视觉素养体会文字文本与视觉文本在表达上的差异。而对于那些故事类的课文，教师则可以展示与故事情节相关的视频或图片，让学生对即将学习的内容有一个初步的认识。然后让学生根据对故事内容来分析、解读之前所看到的视觉文本，在"图文"的交互中既完成既定的学习任务，又进一步推动学生视觉素养的发展。

（2）设计视觉化的字词教学。根据《义务教育语文课程标准》（2011 年版）的规定，义务教育阶段学生应累计认识 3500 个常用汉字，其中小学阶段累计认识常用汉字 3000 个左右，其中 2500 个左右会写。由此可见，小学阶段的字词教学任务异常繁重。然而，由于小学生的思维发展特点，往往会对单调抽象的文字学习感到烦躁，更对一些字形相似的汉字的记忆有困难。其实，中国自古有"诗画一家"的传统，文字与绘画也有着颇深的渊源。关于汉字的造字法，从汉朝以来，相传有"六书"的说法，即象形、指事、会意、形声、转注和假借。六书之首，就是象形法。例如，许慎的《说文解字》中说道"象形者，画成其物，随体诘诎，日月是也"。象形字就来自于图画文字。例如，"鱼"是一尾有鱼头、鱼身、鱼尾的游鱼；"龟"字像一只龟的侧面形状。

（3）设计视觉化的教学内容讲解。中小学生喜欢视觉元素，除了是因为有趣好玩，能够引起自己的兴趣以外，还在于它对理解课文、记忆知识有很大的帮助。可见，学生在无意识的状态下，已经开始运用自身已有的视觉素养来学习语文。同时，教师也认为视觉元素直观形象，有利于激发学生的学习兴趣和积极性，有利于学生的理解、记忆，符合学生年龄特点；可以为了解相关知识和讲解教学内容提供方便，节省课堂时间，丰富教学内容。

此外，也可以通过传统板书与现代多媒体的结合来实现教学内容的视觉化。例如，在讲授苏教版三年级下《望庐山瀑布》这一课时，可以通过多媒体展示关于庐山景色视频或图画，尤其是与诗歌中所出现的香炉峰、紫烟、瀑布等，让学生对诗歌描绘的景色有一种直观形象的感受，方便学生对诗歌内容进一步理解。还可以创设情境，让学生扮成诗人的样子配乐诵读。同时，依照教学环节的推进，适时板书，对诗歌内容进行总结。通过多媒体、板书、课文的综合使用，让学生以"图"学"文"，以"文"解"图"，在"图"与"文"的双边作用下，更好地学习语文。

2. 在课外重视利用以"图文"互动促进语文学习的契机

中小学语文教学改革倡导教学应突破课堂的局限，那么以视觉素养促进中小学语文教学改革理应不拘泥于课堂之中。因此，可以利用视觉素养，在课外寻找以"图文"互动促进语文学习的契机，推动中小学语文教学的发展。具体可以从以下几个方面着手：

（1）在利用视觉化语文课外学习资源过程中，以"图文"互动的方式，促进学生语文的学习。视觉化的语文课外学习资源范围很广，学生周围的环境，如学校、社区、公园等地方，都可以成为视觉化的语文课外学习资源。因此，只要善于利用，就会寻找到契机。例如，让学生评价学校布告栏里文字和插画的契合度，学生在评价之前一定会利用自身的视觉素养对插图进行解读，然后再与文字进行比较，进而指出文字表达的不足，这既培养学生对插图的理解力，又训练学生的语言表达能力；再如让学生用口头或书面的形式，描绘或评价其他同学在六一儿童节上的演出服装、舞蹈动作等，这既可以培养学生的口头或书面表达能力，又能培养学生的视觉观察能力。而这些都在一定程度上有利于学生语文素养的提高，促进学生语文学科的学习。

（2）利用绘本阅读，实现"图文"互动，促进学生语文的学习。作为当前最受欢迎的儿童课外读物，绘本通过少量的文字提示，让孩子从图画中读出故事，进而欣赏绘画；通过图与文的交互，培养孩子的认知能力、观察能力、沟通能力、想象力、创造力，还有情感发育等，以孩子的形象思维促进其逻辑思维的发展。可见，在绘本阅读中，通过"图文"交互的方式学习语文的特征最明显，它是利用视觉素养促进中小学语文教学的重要方法之一。

（3）可以创设一种视觉化的学习环境，在利用和培养学生视觉观察力与解读能力的基础上来促进其学习语文。例如，教师可以让学生选择一些与学习内容相关的或者学生自己创作的海报、图片、照片等来装饰教室，同时利用每节语文课的课前三分钟，让学生以口头表达的方式来解读一下这些海报、图片或照片。当然，也可以利用多媒体设备播放一些其他的视觉资源与同学分享，但一定要同语言文字的表达相配合，达到训练语言表达能力的效果。

此外，还可以效仿课堂教学，在语文综合性活动中，利用视觉素养，设计"图文"互动的环节，树立学生利用"图文"互动思考的意识。或者，以"图文"互动为主题设计语文综合性活动，让学生在实践活动中明白"图文"互动的作用与意义。

当然，还可以利用平时生活中的广告、影视作品等视觉文本，促进学生语文的学习。例如，通过观看动画版或电视剧版的《西游记》，让学生比较它与文字版的《西游记》（少儿版）之间的不同，体会语言文字的魅力。或者观看一些平面公益广告，让学生利用自己的视觉素养，理解其内涵，并用语言表达出来，同时理解一些道理。

第五章　中小学语文阅读教学的内容构建

第一节　中小学语文阅读教学的本质

一、中小学语文阅读教学本质的启示

（一）传统语文教学经验对阅读教学本质的启示

现代语文教学观念应该注意两点：时代的需要与传统的经验。传统语文教育作为源头，虽然有一定的糟粕，但它是千百年流传下来的，作为传统延续下来，自然有它合理的、值得借鉴的地方。我们对语文阅读教学本质的理解，自然须从传统语文教学经验中汲取养分。

进行语文教育，教学生识字、读书、作文，有两个重要点：一是要符合本国文字的特点；二是要符合儿童和青少年学习本国语言文字的规律，这不仅是语文教育的重点，也是其根基。

从整体上，对传统的语文教育进行一个梳理，它有一套比较完整的步骤、教学内容、教学方法与教学目标，而这些全都指向语文阅读教学的语言教学本质。

1. 传统语文教学的主要过程

从教学步骤看，传统语文教育是从开始识字到完成基本的读写训练。首先是启蒙阶段，以识字教育为中心；其次是进行读写的基础训练；最后是进一步的阅读训练和作文训练。学生拥有基本的读写能力是语文教育最基本的要求。从这个教育过程来看，显然是从培养学生的语言能力的角度出发的。每一个步骤都为学生语文能力的发展提供了一个衡量标准，不会盲目地广泛撒网，以至于都没有达到标准。分阶段的层层递进的教育方式，既有利于系统性的学习，又能避免精力的过于分散，致使语文教学效果不明显。

2. 传统语文阅读教学的理念

传统语文教育的经验告诉我们，过早地使用说教意味浓重的文章，向儿童灌输某种思想，是完全不可行的。我们总认为传统的语文教育，完全没有科学依据，只是教学生读死书。其实，这种误解来自当时私塾先生给我们留下的刻板印象，其实并不符合实际情况。虽然当时的私塾是这样教学的，但这在某种程度上反映当时的师资水平。

此外，真正的传统语文教育经验是，在以读写实践为主的前提下，在适当的时机需要教给学生一些必要的知识，教给他们使用基本工具书的方法，使他们把不自觉的学习逐渐转化为自觉的学习，从而提高其学习效率。由此可见，传统语文教育既强调学生知识的积累、实践能力的培养，也注重学习的方法和效率。

3. 传统语文阅读教学的意义

对于如何进行基础训练，教师如何教，学生学哪些内容，两者如何配合，特别是在语文课堂上，这是与中国语言文字有着密不可分的关系的。在传统的语文教学中，通过简单有效的方法和易于记诵的教材帮助学生识字。然后在巩固的基础上，让学生接触一些有关文字的基本知识，尤其是造字法、字形、字音的特点，在语法方面，注重虚词的多种用法，对词法和句法较少讲解。利用方法帮助学生练习词句的用法，掌握词语和句子的结构，这些做法未必适合今天的语文教学，但是显然这一套教学方法是与汉语语言文字紧密相关的。所以，从这一点来看，对我们的教学是有借鉴意义的。

4. 传统语文阅读教学的策略

（1）学情。教学要以学生已有的知识储备为基础。针对阅读训练，就其范围而言，通过启蒙教育和进一步基础训练，学生的识字量已经达到一定的水平，并且能熟练地使用其中的一部分，在结合一些名物和掌故的积累，在大体了解文言用词、造句的特点的基础上，阅读训练的范围得到了扩大。一般包括四个方面：经书和古书、诗赋、时文及涉猎。一般情况下，在这个阶段读经书和古书，学生已经逐渐能够理解它的内容，教学中也更多地注意讲解，这里的讲解是要符合学生的鉴赏水平，不应做过多的延伸和扩展，这是阅读训练的一个主要方面。诗赋是阅读训练的一个次要方面。时文，是作为一个补充。涉猎，是指导学生进行广泛的阅读，这是根据学生的已有经验为依托的。

（2）阅读训练的指导原则。传统教育的阅读训练对"文"与"道"的关系尤为看重。所谓"文"简单点理解就是形式，文章的语言文字和辞章。而"道"就是思想内容。在传统阅读教学的过程中，他们主张通过仔细讲解文章的名物、训诂、句读、篇章，使学生充分地理解其"文"，领会其"道"。总体而言，前人的这种阅读训练所秉承的原则影响是很大的，虽然当时的蒙馆学塾在具体的教学工作中良莠不齐，但是总体上都是采取这种方法的，甚至许多阅读教材也是根据这种原则编排的。

（3）阅读训练方法。古人对阅读训练的方法是熟读、精思、博览。前人重视要求在学生熟读和精思的基础上，强调指导学生广泛涉猎。古人阅读看重一个"读"字。在传统语文教育中，阅读训练的重点是强调诵读的重要性，讲究熟、精、多。

（4）阅读量。从选本数量来看，至少要教学生两百来篇古文，这个数量是比较适宜的。根据前人的经验，阅读教学的目的是培养学生的阅读能力，学生具备了阅读的能力，自己就可以广泛涉猎，就不用老师一句一篇地讲。就选文的标准和范围说，有一个共同点，就是都重视选用历来有定评的、脍炙人口的名文。传统教育的主要教材是古文选注评点本，虽然质量上有好有坏，但是总体上能够言简意赅地点出思想内容和表达上的要点，有益于引导学生去思考揣摩，促进学生的思维，进而产生自己的独立见解。

（二）当前语文教学观念对阅读教学本质的启示

1. 语文教学的培养目标

语文教学目标实际上可以从两个角度来认识：一是教学目的，是指要求学生从初学阶段到结束所取得的结果，即培养目标；二是指要求学生在实际的学习中所学到东西，包括教学内容、技能和策略等，它决定着学校培养人才的根本特征，也决定着教学实施方式。所以理清语文教学的培养目标，对阅读教学有直接影响。从学业结束所获得的结果来看，语文阅读教学应该注意学生实际获得的能力，并能以此为衡量标准。

现代语文教学观念应该在重视传统语文教学经验的同时，也注意到社会生活对语文教育的要求。知识化、信息化的社会要求人要学会学习、工作和生活。而学习能力、理解力、交际能力、创造力和思维能力已经成为不可或缺的技能。作为中学教育中极其重要的语文教育，其培养目标自然与对学生的学习能力、理解力、交际能力、创造力和思维能力的培养密不可分，甚至成为学生的学习能力、理解力、交际能力、创造力和思维能力的主要途径，这是因为，对知识与思想的理解力取决于语言这一工具；人类的交际能力最重要的是语言文化交际的能力；我们在后面讨论中提到，思维能力与语言能力的发展具有同步性，语言结构与思维结构具有一致性。因此，语文教育的培养目标，必须考虑到时代所赋予我们对学生学习能力、理解力、交际能力、创造力和思维能力的培养责任。

2. 新课标的语文教育的培养目标

（1）经过多次课程改革所总结出来的语文新课标，其中的具体标准，即可看成是关于语文教育培养目标的细化。

义务教育语文新课程标准对课程总目标的规定如下：

①在语文学习过程中，培养爱国主义感情和健康的审美情趣，发展个性，培养合作精神，逐步形成积极的人生态度和正确的价值观。

②认识中华文化的丰厚博大，吸收文化智慧。关心当代文化生活，尊重多样文化，汲取人类优秀文化的营养，提高文化品位。

③培植热爱祖国语言文字的情感，增强语文学习的自信心，养成良好的语文学习习惯，初步掌握学习语文的基本方法。

④在发展语言能力的同时，发展思维能力，激发想象力和创造潜能。学习科学的思想方法，逐步养成实事求是、崇尚真知的科学态度。

⑤能主动进行探究性学习，在实践中学习、运用语文。

⑥学会汉语拼音。能说普通话。认识3500个左右常用汉字。能正确工整地书写汉字，并有一定的速度。

⑦具有独立阅读的能力，学会运用多种阅读方法。有较为丰富的积累和良好的语感，注重情感体验，发展感受和理解能力。能阅读日常的书报杂志，能初步鉴赏文学作品，丰富自己的精神世界。能借助工具书阅读浅易文言文。九年课外阅读总量应在400万字以上。

⑧能具体明确、文从字顺地表述自己的意思。能根据日常生活需要，运用常见的表达方式写作。

⑨具有日常口语交际的基本能力，学会倾听、表达与交流，初步学会文明地进行人际沟通和社会交往。

⑩学会使用常用的语文工具书。初步具备搜集和处理信息的能力。

（2）新课标体现出了语文教学培养目标的语言能力目标，与通过语言能力培养途径所培养出的思维能力、文化素养能力等培养目标。语文课程还应通过优秀文化的熏陶感染，提高学生的思想道德修养和审美情趣，使他们逐步形成良好的个性和健全的人格，促进德、智、体、美诸方面的和谐发展。

①语文教育，首先要培养学生的语言能力，这是语文教育最基本、最基础、最重要的目标，是人类传统与现代社会开展语文教育的动机原点。语言能力，包括说听读写这些语言运用形式所体现出的语言知识、语言理解、语言表达与语言的文化交际能力。

基本语言知识积累的要求，具有独立阅读能力和掌握阅读方法和技巧，包括识字量、阅读量等量化标准，是我们衡量学生语言能力的标尺和基础。在语文阅读教学中，培养学生的阅读能力，指导学生阅读方法的学习，关系到学生是否能触类旁通，举一反三的能力。阅读能力是语言能力在阅读时的具体运用；表达能力是语言能力的重要组成部分，从阅读教学中培养的语言能力，将在表达中得到练习和验证；言语交际能力日益成为当今社会重要的必备技能之一。搜集、处理信息的能力是语言能力的直接体现和衡量标准。

②新课标告诉我们，激发学生对汉语的热爱，培养学生的母语交际能力与表达能力，不仅要求学生要学好汉语，而且蕴含了通过对汉语载体工具的运用与掌握，培养学生对中国文化以及人类一切优秀文化的了解，促使他们对中国与人类文化的热爱，这同样是时代所赋予给语文教育的重要培养目标。

需要注意的是，对学生文化素养的培养，如后面章节所述，它蕴含在学生的语言学习的过程之中。文化素养能力的培养，主要是通过语文阅读过程中对阅读材料的文化内容来把握，与开设的中国历史文化艺术类的课程来把握，但文化的学习、文化素养的提高，本身就蕴含在语文课程的语言教学与语言学习的过程中。

③培养目标还要培养学生的高尚道德情操、健康的审美情趣，塑造健全人格与培养思维能力的内容。显然，这是对语文课程职能的深化要求，也是语文教学教书育人终极思想的表露。语文课程当然不能仅限于知识的学习和智力的发展，也应该重视非智力的因素，应该注意人的全面发展，这样的教学目的，既突出了语文课程的特质，也符合时代的要求。

另外，对学生思维能力等方面的培养，是蕴含在学生的语言学习的过程之中的。思维能力的培养，一般而言，是通过语文学习过程中对学习材料的思考来把握，或者是给学生进行一般或专门的科学思维训练来进行。此外，学生思维能力的提高，本身就蕴含在语文课程的语言教学与语言学习的过程中，它与语言能力的养成处于同步与同归的状态。

综上所述，我们可以发现语文课程尤其是语文阅读课程的培养目标，与学生的语言理解、语言交际和语言表达能力发生直接关联，并进而影响对学生审美情感、文化素养、思维能力等方面的培养。具体而言，首先，注重实际语言能力的提高，语感的培养。提高学生的语言能力是语文作为母语教学的基础职能，所以应该通过阅读教学引导学生总结和归纳汉语的规律，并且能准确地理解和表达，重视语言的积累和语感的培养，使学生们具有适应社会需要的语言能力。其次，强调审美情感的体感。语文教学要激发学生的审美情感，充分发挥语言的感染力，培育学生对汉语的热爱，促进学生审美意识的形成和发展，进而促进学生人格的全面发展。尤其是在阅读教学中，尊重和鼓励学生的个性化阅读，因为文本意义的生成的关键是自我情感的融合。最后，要重视语言交际对思维能力的促进和发展。随着社会的发展，对人的言语交际能力的要求也越来越高。学会恰当的言语交际，就是学会在日常交际中人与人的思想与文化沟通，在这种人际的言语沟通中学会理解自我与社会，这本身就是学生思维能力成长的过程。

（3）阅读教学与学生语言能力和其他能力培养的关系。通过分析课程标准对阅读教学的具体要求，分析阅读教学的关键要素。

新课标认为，阅读是搜集处理信息、认识世界、发展思维、获得审美体验的重要途径。阅读是学生的个性化行为，应引导学生钻研文本，在主动积极的思维和情感活动中，加深理解和体验，有所感悟和思考，受到情感熏陶，获得思想启迪，享受审美乐趣。要珍视学生独特的感受、体验和理解。阅读教学应注重培养学生具有感受、理解、欣赏和评价的能力。逐步培养学生探究性阅读和创造性阅读的能力，提倡多角度的、有创意的阅读，利用阅读期待、阅读反思和批判等环节，拓展思维空间，提高阅读质量。

由此说明阅读教学应该关注阅读的本质，尽管对阅读本质的理解有利于指导我们的阅读教学，我们也应该正确地认识阅读与阅读教学的区别。阅读注重的是个性化的体验，而阅读教学是教师与学生配合实现的，所以两者的目标也不尽相同。阅读获得是个人的情感体验和独特感受的过程，而阅读教学是教阅读的方法，使学生获得阅读能力是阅读教学的基本任务。进而阅读教学要实现拓展学生思维能力，激发其情感的愉悦以及使其获得自由的创造力。阅读教学应该注意达到阅读的功能，至少是最大化的实行其职能，这对学生语文素养的培养和发展，有至关重要的作用。

3. 语文课程中"教学大纲"分析

语文课程的教学目的是，在中小学语文教学的基础上，进一步指导学生正确地理解和运用祖国语文，提高阅读、写作和口语交际能力，发展学生的语感和思维，养成学习语文的良好习惯。在教学过程中，进一步激发学生热爱祖国语文的感情，培养思想道德品质；努力开阔学生的视野，注重培养创新精神，提高文化品位和审美情趣，发展健康个性，逐步形成健全人格。实际上，教学大纲规定得很清楚，阅读教学就是培养学生的语言能力，而文化品位、思维能力或是审美情趣都与语言能力密不可分的联系。形成健全的人格，依赖以上几个部分的发展和完善。

语文教学目的是语文教学的指导原则，关系到教学内容的组织，制约教学方法和模式的选用，教材的选编也应该以此为标准。语文教学是以语言文字为基础的，而思想感情与语言文字是里与表的关系。思想感情的表达离不开语言，而在阅读教学中，离开了语言文字空讲内容，文章中的思想感情会失去其生命力。只学语言文字，忽视阐发语言背后的深意，就不能彰显语言的力量。两者的结合才能实现教学目的。

实质上，教学目的是融德、智、美于一体的，既强调了语言能力的关键性，又把语言知识放在了恰当的地方。语言知识不是烦琐的、庞杂的，而是具有融于思想感情的系统性。学好语言，绝不是囿于语言知识的积累，要开阔视野、广泛涉猎。德育、智育、美育任务是渗透于语言文字的教学中的，通过推敲、理解和品味语言，使之渗透进学生的心里，达到潜移默化的效果。

二、中小学语文阅读教学本质——语言教学

（一）语言教学观是语文阅读教学的基础

1. 语言教学与文化素养培养的联系

新课程改革强调语文课程应着眼于培养学生的语文素养，而文化素养是其重要组成部分，所以学生的语文素养的提高离不开文化素养的培养。语言文字作为文化的载体，理应将语言文字蕴含的文化内涵转化成提升学生文化素养的方式和工具。语文新课程标准也提出，认识和汲取中华文化的重要性，这是尊重文化多样性的前提，有利于文化的传承和文化品位的提高。在语文课上，通过语言的学习，体验和感受中华文化的博大精深，这不仅有助于培养学生对汉字和其背后中华文化的热爱，也有利于学生文化素养的提高。

文化素养是关于中外文化知识的修养。要提高文化素养，除了掌握不同语言与其所属文化差异之外，还要了解不同地域的文化心理，兼容中国古代与现代、外国与本国的文化。

因此，对于汉语文化知识的传授，不能仅仅停留在作者背景介绍上，而应该作为语境背景来把握。对中国社会文化风俗的了解，在语文阅读教学中占有十分重要地位，教师在教学中不仅是培养学生语言能力，也是文化的传播，尤其是中国传统文化的传递。例如，八年级语文下册的课文《端午的鸭蛋》，在教学中对我国的传统节日端午节的介绍，有助于学生对语言的理解，而丰富的文化知识有助于阅读教学的实践。

（1）语言与文化的关系。理解语言和文化的关系有利于我们认识语言能力与文化素养的联系。沃尔夫将语言和文化之间的关系称之为"伙伴关系"，也就是说语言与文化共存、共同成长，并在此过程中相互影响。另外，语言体系与文化中思想体系相互联系，在结构上具有一致性。

①语言是文化的一个重要的组成部分。因为，文化包含人类所创造的所有的物质和精神财富。语言是人类在进化发展过程中创造出来的一套表情达意的符号系统，它本身就是人类文明的一项重要成果，因而语言是文化的一个组成部分。在诸多文化现象中语言的特殊地位是显而易见的，它属于更高一层次的文化现象。它的特殊性体现在：第一，母语的习得是无意识的，在没有生理问题的情况下，人人平等。而其他文化行为虽然与天赋有关，但是要经过艰苦训练才能形成，与此同时，获得成就的大小各不相同，也不可能平等，如绘画、体育、音乐等。第二，语言是其他文化现象产生和存在的基础。如果人类文化是一个由各种文化现象编织在一起的网络，那么，语言就是这个网络的总的结。例如，任何运动都有规则，不然就不能存在，而规则必须由语言来说明。第三，语言是文化的代码，尤其是在词汇中。就汉语而言，在造词法上，像兄弟姐妹、男女老少等这些词的词序，是在男尊女卑、长幼有序的传统观念的影响下产生的。另外，语言作为人类的"独创物"和文化有相似的特性，都具有后天获得的特点；语言与文化都是社会所共有的。

②语言是文化的载体。语言是人类社会最强有力的交际和思维工具，人们用语言来记录和保存文化现象，这也是语言重要的职能。例如，一些传统典籍和优秀的文学作品都是通过语言表达并流传下来的。又如，美国人类学家怀特在其《文化科学》中提出，符号的使用是人类行为的源头，而语言符号使人类区别于其他动物，又是凭借语言符号使人类的文化得以记录和流传下来。人类用语言符号总结生产生活的知识和经验，并传授给下一代，从而逐渐丰富了人类的文化的同时，促进了人类的进步和文明。

③语言和文化相互影响，并且这些影响是双向的。语言与文化一方面具有一种镜像关系，即语言如同镜子一样，总是反映出一种文化的各种特点，其中包括数千年文明史上的各种追求与追求的结果，包括各种精神文化与物质文化，如哲学、科学、技术、医学、文学、艺术以及服饰、饮食、交通工具、生活用品等。另一方面，文化反过来又构成语言的理据，即语言的各种构成要素，如词义的形成和演变、语言的结构特点、文字的形体组成等，这些都可以在一定的文化中找到根据。

④语言与文化共生、共存。语言使文化具有社会共享性，任何意识活动只有被群体共同了解，进入群体共同的意识活动时，或者成为人类共同物质活动的一部分时，才能称得上文化。因此，没有语言符号这个载体，文化是不存在的。文化能流传下来也是依赖语言符号。我们对历史文化的了解是通过语言。语言使文化永存不朽。没有语言文化人类只能作为动物存在。人类社会没有语言无法交流思想、传递信息，人类的社会活动就会停止。

（2）汉语与中国文化。通过语言和文化关系的理解，汉语和中国文化在共性的特征下，也有值得研究的特性。其目的是在语言学习的过程中，重视对中国传统文化的深入了解，有利于汉语的本质的认识和理解，更有利于语言教学有效实施。在理解汉语和中国文化中，应该注重汉语交际的传统价值和心理素质。在关注汉语人文性的基础上，强化语言的交际能力。正视汉语与中国文化的联系，要知道脱离了语言的背景，语言教学只会事倍功半。现在的语文课堂，在介绍和教授汉语时，无形中加上了"现代"这个的定语，忽视了其源头和根源。无论是从教学观念还是教学方式上，都是十分不利的。

通过对中国文化的认识，有利于理解汉语的字、词、句。无论是文言还是白话，从两者的关系入手，有利于加深理解汉语本义和引申义的理解。汉语比较独特的，是含有两套语言系统，由于文化传承的需要，必须让学生们很好的掌握。对文言的畏难情绪普遍存在，也是教师思想观念的偏差与教学方式的固化所影响的。

①汉字与中国文化。汉字，从甲骨文算起，已经有三千年的历史。文字的产生源于语言它虽满足了互相交际的要求，但是无法存储。为了帮助记忆，原始人开始寻找各种方法利用各种物件作为记忆符号。

中国文字经过了五个阶段的发展，分别是甲骨文、金文、篆文、隶书和楷书，它们一步步的发展演变，与中国社会文化和中华文化有着极其紧密的联系。汉字是中国文化发展的结晶，体现着中国的文化精神和风俗习惯等各个方面。汉字的发展成熟使中国的灿烂的古代文明得以流传下来，并发扬光大。

尽管语言学家们对汉字所属类型的说法各不相同，但是他们都承认汉字是一种表意文字。人类历史上存在过四种古老的表意文字，分别是中国的汉字、苏美尔人创造的楔形文字、古埃及的圣书字和中美洲的玛雅文字。除了汉字，其他几种文字都淹没在时间的长河里了。汉字之所以仍然保持着鲜活的生命力，原因很多：首先，汉字形义结合的特点比较具有稳固性；其次，汉族文化和思维特点是汉字存在的根基；再次，汉字自身具有丰富的文化内涵；最后，中国地幅辽阔，汉语方言的多样性，也为其存在提供了社会根基。

从汉字中看中国古代社会，我国远古社会以畜牧业为主体，例如，在汉字中，关于马的名称相当丰富。就专指马的各种名称就达 51 种，根据马的性别、年龄、颜色、品质等造出许多字，从这里可以看出马对当时人的生活起着至关重要的作用。随着经济制度的改变，很多字已经淡出人们的视野。

从汉字看思维特征："从甲骨文看，以象形、会意字为主体，形声字只占百分之二十左右。"形意字的产生与人认识事物方式有直接关系，从人的直接感觉为出发点，与物形成相通的联系，主客观达成统一。古人以视觉和触觉为感受点来取象造字。在设计文字之初，人们造字首要考虑的是，让人容易理解和使用创造出的文字。

对于那些抽象名词、时间词、方位词等的造字方法，同样注重人的直观感受，这种构字方法是以长期生活生产经验为基础的，体现了汉族整体直观的思维方式。例如"左右"，在甲骨文中，用人的两只手来表示方位。另外，古人造字很重视自我体验，以期达到物我相通的状态，使相关的整体意象能投射在人脑中，人们通过"形"与"义"的联想来理解词义，这样的造字方式既与汉语表达与理解相适应，也与汉族的心理和社会习惯相适应。

形声字是用意符和声符相结合的方式来造字的。它既灵活又方便，符合汉语发展趋势，与汉语思维特点相适应。古人始终坚持汉字的表意功能，这与中国人尊重传统文化，崇尚历史延续性有关。

②词语与中国文化。汉字的具象性在字形上凝聚着古人对事物的认识，在词语的结构上反映汉族整体思维和朴素的辩证思维特征，给词语留下了当时社会的历史文化迹象。词语本义给今天的人们挖掘词形的文化内涵提供了有力依据。

古人用他们的聪明才智和辛勤的劳动为社会的发展、物质文化的积累做出了巨大的贡献，为我们留下了光辉的历史和文化财富。虽然有些事物已经消失在时代的变迁中，但是反映这些事物的词语，镌刻着时代的印记留了下来，为我们打开了一扇了解它们的窗口。例如"鼎"是指古代用来烹煮的器物，《说文》中解释：三足两耳，和五味之宝器也。随着时代的发展，锅取代了鼎的作用。"纸"，为何以"纟"为偏旁，我们知道现代造纸是以竹肩木皮为原料的。蔡伦发明纸以前，中国古代是用絮造纸。中国上古时期已有丝织业、染织业，许多表示颜色的字也是取"纟"这个偏旁。

我们可以从语言文字这个"活化石"去了解古代的社会文化和物质生活。语言中没有或少见的语汇，就是这个社会生活中所没有或少见的现象。有的语言农业语汇多，换言之，操这种语言的社会集团已经在发展农业了；反之，即得到相反的结论。如果日常使用的语言中，发现很多科学词汇，那就足以判断，这个社会生活的科学水平很高了。可见，语言是随着社会文化的变迁、人类生活方式的改变而演变的。

③语法与中国文化。汉语不靠形态变化表示语法意义、语法关系和组织句子。汉语的词汇以单双音节为主，这两个特点使词的组合很方便，没有约束，组合过程中语义关系起的作用比较大，只要合乎事理，能明白地表达对事物的认识，就可以组合一起，语言的运用就有更大的余地从语言艺术的角度去考虑。汉语语法是汉族经过长期抽象思维的结果，也必然带有中国古代朴素辩证思维的特点和崇尚简约的整体性思维方式。汉语的语法结构

具有简约、实用的特点，对于从小受汉语熏陶的人是比较容易掌握的，但是作为第二语言学习掌握起来比较困难。与西方语言的形态变化不同，汉语语法理解起来，会涉及表层含义和深层含义的理解，还有文化内涵，同时还要结合语境来综合把握。

汉语以达意为主，汉语中各个成分是通过内在联系结合在一起的，语法关系有时得靠读者自己体会。由于缺乏严格意义的形态变化，在分析句子结构时，要注意语义在句子结构中所起的作用。总体而言，汉语比较经济。尤其是在表示动作和事物的关系上，几乎全赖"意会"，不靠"言传"，这个例子具体生动地说明了汉语词义的超长组合，也正好说明了中国人崇尚简约的思维特点。

汉语理解句子的意义，语境是一个至关重要的因素。语境可以是对语义言外之意的补充解释，也可以是对所处情景产生的意义的传达。通过语境补充句子中隐含部分传达的意义，从而完整语义。语境可以是对语义言外之意的补充解释，也可以是对所处情景产生的意义的传达，这个隐含部分蕴含着文化背景或风俗习惯的内容，只有了解其文化内涵才能体悟不完整的信息。文化语境制约着语言表达形式，也直接影响着人们理解的程度，这就促使人们将这两者融会贯通地体会语句的意义。

④熟语与中国文化。熟语是语言中固定的词组或句子，包括成语、谚语、格言和歇后语等。熟语的形成，与人民生活生产经验直接相关，也是古人对自然规律的总结，所以，其中很多体现了民间的风俗习惯，涵盖了中国文化的因子。另外，它的生动性和丰富性使之成为交际中重要的语言材料。

汉语以普通话为通用的标准语言，但是由于历史和地域的原因，汉语方言由七大方言组成。在全国范围内通行的谚语，通常是普通话谚语，也是中国文化的体现者，而方言谚语通常流传在各自的方言区。有些普通话谚语是在历史发展和文化交流中，通过吸收具有共性或相似性的方言熟语而产生的。谚语的内容广泛，反映着全国或某个地区的风土人情，它们来自民间，有的具有强烈的地方特色，却表达了带有普遍性的经验或教训，用轻松、简洁的语言形式传达出了丰富多彩的文化。

成语也是熟语的一种，它的结构具有稳定性，意思具有演习性。成语是经过长期锤炼的汉语言精华，简练、含蓄又不失丰富深刻的内涵。成语的生命力不仅在于深远的历史性，也在于简洁有力的表达力。成语中有些采用形容、比喻、描写的方法来表现事物的图像、形状、声貌等特征，构成具体、生动的形象，让人引起联想，使人对事理容易明白。

⑤汉语言语交际的文化的背景。精神文化对中国人言语交际具有强制力，对全国成员的行为都具有规范制约作用，这种强制力尤胜于法律制度和道德规范。它不须诉诸文字，

不须宣传，更不须采取各种手段，就能印刻在本族成员的思想中，他们即使在无意识的情况下，都能自觉遵守和服从其言行规则。

中国传统的精神文化特点，主要表现在长期的宗法制社会体系中形成的"家族亲情文明"。以人伦道德为基础的亲情文化严格控制着古人的言行，这是中华的精神文明中影响最大最深的一点。传统伦理道德要求君贤臣忠、父慈子孝、长幼有序。在中国的传统精神文化体系中，"亲情文明"的思维定势在面对"需要讲文明"的非亲情关系时，总是会自觉或不自觉地设法将其转化为亲情关系或者是"仿亲情关系"，并且，只有转化为这种关系后，双方（或多方）之间的相处才能进入友好关注与文明礼让的高水平与稳定状态。

（3）语言教学中文化素养的培养。如果将语言仅仅看作是一种交际工具，而把教学的重点放在语言知识的传授和思想的灌输上，忽视了语言与文化的密切关系，培养出来的学生也不具备良好的语言表达能力，因为在文化因素的缺失下，语言表达的恰当性会受到质疑。语文阅读教学中的文化教学没有受到足够的重视，从语言与文化的关系来看，文化教学不仅是语言教学的重要组成部分，而且会影响到了语言教学的效果。

语文教学必须将语言教学与文化素养的培养结合起来，两者同等重要，不可忽视文化教学的重要性。从语文教学的目标看，既重视提高语言技能，也强调提高文化素养。所以两者相辅相成，相互促进。语文课中教汉语的同时也应该注重汉族的文化的传授。语言的学习，不可能离开一个国家的文化语境。把文化贯穿在语言教学之中，不但会使学生语言的学习获得事半功倍的效果，还会让学生的语言实际运用能力达到理想的水平。

将文化因素融合到语言教学中，既能激发学生学习语言的兴趣，提高学生的文化意识，又能加强文化敏感度和感受力。在实际运用中，使学生更好地掌握交际规律，从而逐步提高交际能力。这样，既能打好扎实的语言基础，对学生进行文化的熏陶，同时也能提高语文阅读教学的整体效果。综上所述，文化因素是语文教学的重要组成部分。在语文阅读教学中，应注意语言与文化的共生关系，加强学生的文化意识，进而提高学生的文化素养，这不仅关系到学生语言能力的实际运用、知识面的拓展，也关系到学生后续的发展。

2. 语言教学与思维能力的联系

分析语言与思维的联系，首先，要厘清思维的内涵；其次，要清楚人们依据哪些内容进行思考。一般而言，大家普遍承认语言与思维具有密切联系的，或者说，思维不能离开语言。由于思维的全过程，不论是思维的活动还是思维的结果都依靠语言而存在。人类是依靠语言去思考问题的，并且借助语言来储存思考的结果，这样人类才能交流思想，也能将思想延续下去。

（1）思维及思维能力。思维在《现代汉语辞海》中的定义是"在表象、概念的基础上进行分析、综合、判断、推理等认识活动的过程"。[①] 在《现代汉语词典》中补充了"思维是人类特有的一种精神活动，是从社会实践中产生[②]"。另外，还解释为思维的活动。在《新华词典》中对思维的解释是"人脑对客观事物间接的概括的反映，是认识的理性阶段，是在实践的基础上产生和发展的，以语言为物质外壳，只有借助语言工具才能进行，基本的形式有概括、判断和推理等"。[③] 从上述定义中，思维是认知的过程，思维是客观事物在人脑中概括的反映，是认知的结果。并且已经提出了语言和思维的密切联系。

思维能力是指合乎逻辑地进行思维的能力。思维对客观事物的反映是一系列的认知活动的结果，按照一定的规律，并经过观察、对比、分析、综合，然后形成相应的概念，并在此基础上形成判断、推理，进而再形成与此事物相联系或是相对立的其他事物的认识。思维的整个过程是依赖语言进行。

上述定义中，我们还应该注意到的是，思维是人类特有的，并且产生于社会实践，因此思维具有社会性。思维既然是人的大脑机能，是人的理性认识阶段，那么，思维对所有的人而言是共同的，整个人类有着共同的思维规律。思维产生于社会，并随之发展，所以思维也是一种社会现象，脱离了社会也无所谓思维。人出生之后，虽然大脑有获得思维能力的机能，但是社会教育激发了它的功能，所以思维具有社会性。正因为这样，社会的发展是语言发展的根本原因。

（2）语言与思维的密切关系。语言是人的思维活动的物质载体，人的思维活动依赖语言的帮助，而语言又会影响人的思维。语言对思维的作用体现在以下方面：

第一，语言帮助人们形成思维。在平时聊天的时候，我们察觉不到语言与思考有哪些关系，但是，在思考复杂的问题时，我们会在大脑中组织语言，形成相关的语言链，进而又会通过语言的合理性来考虑思想的正确性和严密性。当我们要表达思想时，更是需要语言的合理搭配。换言之，我们是依靠语言来思考的，思考的过程也就是组织语言的过程。对第二语言的学习更能证明这个观点，对于初学者，在刚开始交流时，会先用母语思考好想说的内容，再转换成外语；但是当能够流利表达时，就不用再进行两种语言的转换了，这是因为他已经可以用这种外语思考了。可见，思维的形成借助于语言的运用。

[①] 　现代汉语辞海 [M]. 北京：中国人民出版社，1994：1000.
[②] 　现代汉语词典 [M]. 北京：商务印书馆，2005：1290.
[③] 　新华词典 [M]. 北京：商务印书馆，2002：927.

第二，语言是思维的物质载体。语言可以将思维的结果保存下来，通过语言这种形式也可以达到思想交流的目的。思想的结果要靠语言来记载和保存，不然就会流失。我们听过，当灵感划过文学家的大脑时，他们必须马上记录下来，不然就稍纵即逝了。

第三，语言促进思维的发展。人的思维能力是逐渐发展和完善的，不可能一开始就具备完备的思维能力。思维能力包括思考的能力和推论的能力。语言对这种能力的发展起着极其重要的作用。例如，儿童在入学前，就具有日常交际所需的词语句子，但是他对复杂抽象的句子是不能理解的，因为他的思维能力还不成熟。但是接触更多复杂的语言形式之后，他们才能进行复杂的思维活动。如果学生缺乏语言知识的积累，很难建立起相关的概念进行判断和推论，也就是很难对某些内容进行流畅的思考。所以，人需要借助语言来进行复杂严密的思考，并形成完备的思维能力。另外，整理杂乱无章的认识也得靠语言，抑或是说能通过语言的整理能促进人的逻辑能力的发展。人们改造和提高思维能力都依靠语言的帮助。

语言为思维提供了表达方式。没有语言的存在，人类的思维仅限于感官上的，包括认知和推理的方式，更无法进行思想的交流。语言和思维有着极密切的关系，它们存在于"语言—思维"统一体中，语言是此统一体的形式部分，而思维是此统一体的内容部分。语言作为思维的载体，必须跟着思维发展的步伐，力图建立一种相对应的关系，满足表达思维的语言形式。从动态来看，这说明语言与思维的发展是不断适应、不断统一的。灵活自由的思维活动会导致语言的不适应，但是语言的"弹性"使两者的关系在淘汰、更新中，不断兼收并蓄。从静态来看，两者之间的内部关系具有相对稳定性。语言以其系统性控制着所有部分，要求它们保持着形式的一致性。思维的发展是无限的，而语言用它兼收并蓄的能力来满足于思维的发展，这种统一性才使我们充分地利用语言来进行思维活动。所以，思维结构与语言结构之间存在着密切关系。

（3）语言教学中思维能力的提高。思维和语言处于不可分割的联系中。提高人的思维能力必须提高人的语言运用能力。因此，通过语言来进行思维训练是语文教育的一个极其重要的任务。教学过程实际上是师生配合进行的脑力劳动过程，但是最终目的是让学生的脑力得到锻炼。语文教学的核心是从学生实际出发，按照教学大纲的要求，对学生进行语言训练，教师在对学生进行语言训练的同时，必须大力发展学生思维的能力。

在阅读教学中，应该指导学生将对汉语的感性认识上升到理性认识上，从而提高语言能力，同时发展思维能力。正因为语言与思维的密切联系，在阅读教学中应该注意将发展学生思维能力与培养其语言能力结合在一起，学生语言能力的水平也是思维能力的标尺。

在语文教学中，尤其是阅读教学，掌握这个原则必然影响教学的效果。在素质教育中，思维训练是教学中十分重要的环节，也是语文教学的首要任务。语文课是最容易受到忽视的课，感觉上与不上没有区别，这是语言课教学低效的结果，教材的编选要注意给学生语言能力留有提升的空间。教师的观念不能停在应试上，教学方法不是一味地讲思想、谈内涵，而忽视了最基本也是本质的问题。与此同时，语言教学也不是咬文嚼字，死记硬背一些语言知识上，而是要结合思维能力的发展来进行。

每一种语言都有自己生长的社会环境和文化背景，所以语言教学应该注意语言的特殊性，在教学中根据汉语的表达方式和语言规律来指导学生学习。

思维对客观事物的认识和反映是不断运行和发展的，这表明思维运动具有无限性，与此同时，认知的结果也具有无限性。相应地记载思维的语言也具有无限性。但是规律、规则是对某一类事物的共性进行的概括，所以它是有限的。无论语言还是思维都是按照一定的规则发展的，所以他们又都具有有限性。根据语言和思维的无限性，在语文教学中应该鼓励并指导学生去广泛的摄取，摄取那些由于社会、科学、文化的发展而日益丰富的思维活动的结果，认识活动的成果；摄取那些用来记载的日益丰富的语言。根据语言和思维的有限性，在语文教学中鼓励和指导学生去探索，从而掌握思维和语言从丰富现象中概括出来的法则、规律，学会应用这些法则、规律来指导思维活动和语言实践。阅读教学不能仅限于课本，应该扩大到课外，激励学生广泛涉猎。随着社会、经济、文化等快速发展，思维成果不断累积，应该指导学生多了解这些课外知识，并积累丰富的语言。同时，教师应该培养学生善于总结、概括规律的能力，进而促进他们思维和语言的发展。

语言是思维的物质外壳，所以为了发展语言和思维，必须学习，学生随着年纪的增长，交际圈的扩大，对思维能力和语言能力的要求越来越高。因为人们靠语言来思维，所以语言能力和思维能力是直接相关的，语言清晰严密，则思维清晰严密，反之亦然。两者的发展是同步的，这也是指导阅读教学的一条重要原则。贫乏的教材、单调的教学模式、枯燥的学习生活，怎么能启发学生的思维、发展学生的语言。在阅读教学中，很容易强调"少而精"，导致过分讲解，忽视启发的作用。

思维与语言的发展都是由浅入深的，所以在教学中教师应该掌握分寸，适当选择，循序渐进。根据学生的发展程度，进行教学。阅读教学中，课本中的文章毕竟就那么几篇，仅靠几篇文章就能使学生具备深厚的语言能力是不现实的，关键是将这些文章当作范例，教给学生方法和技巧，使他们能触类旁通。

3. 语言教学与交际能力的联系

（1）语言是交际的工具。语言是人类各种交际工具中使用最频繁的，也是最强有力的一种。人类在进行言语交际时，能结合现实因素表达新的意思，这是其他生物所不能实现的。人类可以通过加工曾使用过的语言形式表达新的思想。众所周知，掌握好一种语言无论是母语还是第二语言不是光靠死记硬背就能行的，由于每一种语言都有复杂多变的语言形式，再加上语境的变化，意义会产生很大的不同。语言的力量在于人类可以用语言来讨论包括语言本身在内的各种各样的问题；而且可以用语言的各种形式来讨论问题。与动物的交际不同的是，语言是不受环境限制的。人们可以利用语言传达其他交际形式无法表示的意义，这也体现出语言的无限的表达力和理解力。

语言对学生而言，是先于学生的存在而存在，通过教材中阅读材料进行学习的，所以，语言具有先在性和预设性。在熟练掌握一门语言之前，学生的语言能力是有待发掘和提高的。

学生学习和掌握一门语言，除了听、读以外，还有写和说，这里的说，不仅指日常人们的交流，还有演讲，学生需要听和读，更需要写和说。因为语言的学习需要语言输入的积累，只有语言的输出，才能将语言变成言语，真正将语言转化成自己的东西。

学生习得一门语言就是看教材、教师如何言语，然后学习自己去言语，也就是说，语言是通过言语实践来获得的。在阅读教学中，教师通过引导学生学习言语作品，然后通过言语，进而生成学生个体的语言。事实上，从选择适当言语作品开始，到最终学生语言能力的形成，这就是语言教学的全过程。

（2）言语交际与言语交际能力。言语交际是语用学的研究对象，是人类社会活动的重要组成部分。言语交际具有双向进行的特点，我们不能仅从说话人角度考察言语交际，不能仅考察怎么说，而是应当从说话人角度考察听话人对语言的认知、考察听话人对话语的理解，因为交际是否成功要以说话人的意义或意图是否最终在听话人身上实现。

交际能力应该包括四个方面的内容，第一，能分辨合乎语法的语言形式；第二，能分辨实际可以接受的语言形式；第三，能分辨得体的语言形式；第四，能分辨一种语言形式的常见程度。简而言之，言语交际能力是指说话人在社会交往的各种环境中运用语言的能力，也就是说如何针对不同的环境恰当地、得体地运用语言。

另外，影响言语交际的四个因素，场景、话题、参与者和角色关系。说话者使用语言的适当性取决于这四个因素。所以语文课应该教给学生这些知识。"场景"是指说话的时间、地点和情景，例如，给父母打电话时不用说普通话，但是做学术演讲时需要讲普通话。根据"话题"的差异，决定所采用的语言、措辞和表达方式。例如，与朋友聊天，可以口语化一点，但是研讨会要用学术语言。"参与者"是指说话双方，例如与平辈之间与长辈之间的用语有所不同。"角色关系"是指每个人在社会家庭中扮演着多重角色，当然角色不同，说话的语气、风格和方式也不相同。

社会文化背景会影响言语交际的规则和策略，对某种语言背后的社会文化的了解，也成为决定交际能力的重要因素。例如在中国点头表示是，摇头表示不是，而在印度却表示相反的意思。此后，许多语言学家都对交际能力做了进一步的阐释。具体而言，交际能力由三个因素构成：社会文化因素、语言知识的社会语义因素和话语规则。只有考虑到语言因素和相关非语言因素才能把握日常生活中语言的适当性。

通常而言，人们的交流必定会受到社会环境的制约和影响，所以语境是确定语言交际是否恰当的一个重要方面。语言交际是否得体取决于是否与特定的文化和情景语境的相协调，而不是语言形式的缺失造成的。关于言语交际能力以及语言适当性的理解和分析有利于我们在实践中准确、得体地运用语言，从而有助于我们实现各种交际目的。也有利于语文教育中的应用。

综上所述，交际能力是在一定的语言知识的积累基础上，能根据说话的场所和说话双方的身份，说出得体合适的话语的语言运用能力。语言知识、语境、社会文化知识和运用能力，可见，有良好的交际能力，或者说能否与他人进行得体的言语交流，其中有个重要但是在语文教学中容易被忽视的因素就是语境。语境在言语交际中有独特的重要性，离开了语境，就没有语言实践意义，更不用说言语交际能力了。语境直接影响言语交际的流畅性和准确性。

（3）语言教学中交际能力的培养。给语文课堂教学怎样的定位，或者说何为课堂教学的本质属性，是决定教学有效性的很重要的方面。无论是因为学生最终要面对社会还是作为基础教育的职能，语文教学应该具有目的性，应该有利于受教者未来的发展。交际能力是学生适应社会生活的必备技能之一，所以在阅读教学中，交际能力的培养也是不能缺少的。

在语言教学中，要想培养学生的交际能力，先要了解交际是怎样实现的，交际是在具体情景中进行的，交际过程的一般流程是这样的，儿童听到话语，根据自己已具备的语言能力对所听到话语进行理解，然后给出话语的反映。但到这里言语交际并没有完成，还要根据反馈的信息来判断语言形式的合适度，并做出调整。

语言交际是一种即时过程，所关心的是交际能否顺利进行、儿童能从交际中获得怎样的知识或信息，各种因素和各环节对交际过程的影响等问题。而语言学习不完全是一个即时过程，是由一个个即时过程所沉淀起来的历时现象；它所关心的主要是儿童怎样在交际中"内化"出语言能力而不是一般知识或信息的获得；它所考察的是各种因素和各个环节对语言能力内化的影响，而不是或不只是对交际过程的影响。语言教学的目的就是在了解学生如何在学习过程中慢慢形成发展语言能力的基础上，通过逐步的发展，最终达到语言教学的培养目标。

在实现目标语言水平的过程中有两个主要的步骤——语言输入和语言的内化，这也是语言积累的过程。语言输入是儿童所接触到的各种语言素材，在交际中，它是触发听话人反应的刺激物，也是语言学习的蓝本。儿童语言获得过程中，语言输入对儿童语言的发展产生影响，所以，根据语言输入的方式和质量的不同，对其语言发展的影响也不一样。语言教育的必要性就在于，语言教育通过改善语言输入，而有利于学生语言能力提高。

在社会生活中，语言输出的重要性体现在它的三个功能上：交际功能、思维功能和游戏功能。交际功能体现在，对儿童或者青少年而言，他们的语言输出既是满足生活的需要，也是获取社会各种知识的途径。他们通过语言来形成认知的发展，并获得社会成员承认的重要手段。与成人用内部语言进行思维不同，儿童通过外部语言进行思维。思维功能相当于是一种自我调节、自我认同的过程。儿童语言学家发现，语言是儿童重要的自娱游戏。由此看来，语言输出对于儿童的语言学习有着极其重要的作用。交流不仅是他们认识世界、认识他人，也是认识自己、发展自己的方式，具有不可取代的人生意义。

同时，语言输出为语言学习提供实践，通过语言实践，检验内化的规律，反过来可以促进内化的发展。交际是一种双向活动，并且具有一定的规律，这种规律只能在交际的实践中才能获得。乔姆斯基认为只要输入，儿童就可以形成规律，获得语言能力。事实已经说明了这种看法的片面性。现在有多少学生听老师讲得天花乱坠，仍不会语言的例子。现在的教学应该充分重视语言输出的价值，因为没有语言输出，就算具备了语言学习的其他条件，也学不会语言。

随着哈贝马斯提出了社会交往理论以来，"交往"一词高频率地出现在人文科学领域中，可见交往是社会生活中不可或缺的部分，涵盖了人的所有的社会生活，不仅包括了人与人之间的交流和沟通，而且，随着多媒体的发展，交流的形式也日益多样化。另外，课堂教学也可以看成是人际交流沟通的一种交往形式。在日常教学中，教师没有正确认识到语言知识和语言能力的关系，虽然教师意识到语言交际能力的重要性，但是由于应试思想左右了教学的倾向性。要想改变这一现状，首先是改变教师们的思维定式，认识到语言教学的重要性，并且让语言教学从静态转向动态中去。

语文教育应该始终重视言语交际能力的培养，教学活动不仅是知识的积累、思想的熏陶，更要着力于语言能力的培养。在阅读教学中不仅要重视语言的分析理解，也要重视在此基础上发展进行交际的能力。另外，培养学生的交际能力不仅是一个语言学问题，也涉及教育学和心理学。现在，学校教育成为教育实践的主要组成部分，语言教学必然受到整个教育系统的制约。言语交际能力的教学模式的探索，需要广大教师在观念上的转变，以及教育系统的加大重视程度，创造积极的氛围，共同努力做好语文教育中极为重要的一块。

语文教育其中至关重要的一部分就是培养学生语言能力，但是这是语言知识和语言结构为前提的。目前，在语文课堂出现了淡化语言知识的教学现象，这是非常影响学生语言能力的获得和发展的。当然重视交际能力培养的同时，也不能忽视语言知识的学习，语文教学中应将两者结合起来，从教育实践和教育理论的角度既考虑其互补性，也充分考虑到实际操作性。只有这样，才能设计出富有成效的教学方法。

4. 语言教学与审美教育的联系

（1）作为审美对象的文学语言。艺术的产生，源于人类经历了漫长的发展，随着生存环境的变化，人们用诗化的眼光来认识世界，贴近自然，从而从中寻找乐趣。人们把自然看成一个以人为中心的有机体，用认识自身的方式去认识世界、征服世界。从早期的石器陶具、原始岩画和歌舞中，我们能找到这个诗化世界的艺术痕迹。人们借助这些形式将他们的审美活动凝固、流传下来。艺术是进行审美体验、塑造审美理想的一种很理想的形式。人们通过艺术寄托审美理想、传递审美趣味，所以，艺术也成为审美理论研究最重要的对象。

①文学是语言的艺术。艺术的出现使得审美观念能流传下来。用艺术化的眼光审视自己、观照世界，是审美形成的重要标志。人从自身的角度观察世界，使世界富有生命力，而又从外物的角度揣度自身，用世界的眼光去认识和拓展自己。

在人类进化的过程中，人类的感性情感促使了艺术的产生。艺术也是人类各种复杂感情宣泄的理想途径。文人和作家正是通过文学这种艺术形式托物抒情，从而获得满足，而读者在阅读的过程中获得情绪上的满足，激发出共鸣。人们将人生中各种复杂感情记录下来，借助艺术这种形式表现出痛苦、遗憾或是感慨等，获得一种替代性的审美体验。艺术既是人们对人生的感性表现，也是获得心理满足的过程，而对人类而言，艺术是神的馈赠，帮助人们疏导情绪和解放精神的桎梏。

优秀的艺术品是生命的代言者，也带着生命中的活力和生机，能触发人们强烈的生命意识。作为一种语言的艺术，文学也源于对生命的认识和感受。文学是与人类心灵紧密相连，反射出人类的心路历程。文学家用敏感和独特的观察力，把生活用有张力的语言加以表现。作为文学作品的有机部分，语言文字是其肌肤，自身就充满感性的魅力和生命力。用语言塑造的世界使人产生无尽的遐想，并以其表现的张力把生活的丰富和生命的厚重表现得淋漓尽致。

每个人天生就有丰富的感情，是对艺术的敏锐度和感受性，再结合人生的阅历和后天鉴赏力的培养，就能触发出人们的艺术潜能和审美感情，并逐渐发展成熟。先天的因素有差异，但后天的培养可以补充体验能力，但是不经过正确的引导和培养，有可能压抑这种天赋。在艺术世界里，艺术家以敏感的感情体验生命，把震撼生命的瞬间用艺术这一理想形式以独特的方式凝固下来，并强化这种意识。人们在欣赏艺术时，调动自己的丰富感情去体悟生命、领悟人生，获得面对未来的信心和力量。艺术的产生就是人们的审美情感由自发走向自觉的过程，这也说明艺术具有极深的感发性和陶冶情操的功能。

文学既是人们对客观世界的认识和发掘，也是对自身主体意识的认同，它既包含有各种社会文化因素的成分，也含有文学家独特的感受力的个性因子。首先，文学作品作为社会生活的产物，必然受到社会、时代精神的影响。因此，社会意识的变化也会导致审美意识的变化。文学作品是现实与理想的融合物，源于生活，也超越了生活，突破了物我、时空的界限。如此这样，在文学中我们能超越自己，拓展自己有限的能力。它不仅烙上时代的印记，也烙上了个人情感和精神的符号。

②文学的特性。文学是语言的艺术，语言是文学的基础。文学与其他艺术形式的区别就在于文学是用语言文字为表现方式的。人们鉴赏或是评价文学作品很重要的一点是它的语言表现力。所以说文学是依赖语言文字而存在的。语言文字是判断文学作品优劣的重要标准，优秀的作家应该具备深厚的语言功底。作家既要学习通俗的大众语言，也要学习优秀的书面语言，这样才能在文学世界游刃有余。因为两者之间的关系，优秀的文学作品也可以成为学习语言的教材。

文学作为语言艺术，有其独特的审美心理机制。它以语言文字作为载体，构成艺术作品的外在形式。所以对语言的理解力可以影响文学作品的审美价值和审美效果。如中国诗词讲究练字酌句，所用之字直接影响读者产生的联想联觉。不识字的人，是不能感受到文学中的美的。文学必须通过语言文字这个媒介来传达审美意识，而语言文字是潜在意象层，要通过人们的理解和接受，才能体验出文学作品的生命。文学作品中的语言文字是暗含着获得审美情感的可能性的，通过对语言文字的指引，为读者构建出意象意境，从而感受阅读带来的审美体验。语言文字是文学这种艺术形式最关键的层次，没有语言文字，无所谓文学这一审美对象的存在，更无法从中获得深层次的审美体验。文学作品塑造的艺术世界给读者带来的是，无论是时空场景的转换还是人物身份的变化，可以让读者经历陌生的生活，体验迥异的世界，进而扩大审美视野的范围。对读者而言，越是陌生化的情景或是生活，读者的期待视野越大，从亦真亦幻的感情世界中获得新的人生感悟的同时，深化自身的审美体验。

意蕴层是建立在语言文字的基础上的，语言文字作为审美对象，必然暗含有作者想要抒发的情感和表达的人生意义。意蕴层是对语言文字的一种审美超越。文学作品的深层意义通常隐含在字里行间的"留白"中，也给读者留下了想象、补充的空间，这些"留白"也是对读者审美情感的激发，但是这种激发建立在理解的基础上，试想对于一个连字面意义都不理解的人，怎么样挖掘文本的深层含义。

（2）语言的体验性。体验哲学和认知语言学的一个核心观点是人类的范畴、概念、推理和心智是基于身体经验形成的，其最基本形式主要依赖身体部位、空间关系、力量运动等感知而逐步形成的，归根结底，认知、意义是基于身体经验的。

文学作品通过语言文字来再现现实世界，作品中所描写的既有作家生活的影子，也是他人生经验的升华和思想的结晶。而优秀的文学作品的审美价值在于它带有人类永恒追究的审美理想。就是由于这种追求，支配人们的意志，引导人们走向自我超越的彼岸。

文学的审美意象是用语言来表达的。读者通过阅读获得的审美体验，需要调动读者全部的生活经验，再借助于想象力的创造，达到物我相融的状态。审美意象的创设过程，是审美体验中双向交流的互动过程。在忘我的交流中反映出主体对外物的认同感。文学形象的创构首先在于主体与对象在自然性感应的基础上，再上升到心理的层面，但是由于个人的人生阅历及其生活环境的影响，所以这种物我贯通的状态也具有主体性，体现了其独特的生命意识。

审美意象调动人的审美经验在大脑中产生某种体验，在通过创构出的审美意象认识自己、丰富自己。通过这样的互动交流方式，造就了主体的审美意识。为何语言能唤起主体相对应的感受，通过业已形成的思维习惯，控制着后人的感受模式，这种思维方式主体感受到的外在感性事物都与主体内在的情感有相对应的联系。在文学这种艺术形式中，对语言文字的理解和体会起到重要的作用。没有语言文字的理解，无法理解文本的内涵，更不用说达到物我贯通的境界，获得审美经验了。所以语言是桥梁，为文学和人们的审美体验搭建了沟通。

文学形象的生成过程就是语言和审美体验互动交流的过程。作家通过表达自己的情感，触发读者体验作家曾经体验过的情感，并通过语言符号把文学形象塑造、传达出来。与其他艺术意象不同的是，语言能力决定了人们的鉴赏力和获得审美感受的程度。文学形象的外在语言形式和内在精神是共生的，文艺情感的形成需要语言的表现力。它的特殊性在于文学是通过语言表达使审美意象物态化。文学中的语言文字，不只是反映作者思想的工具，而且语言自身已经构成艺术体的一部分。因为语言先于作家出现，从一开始就影响作家的思维，在作家进入创作过程中，又参与了作家体验和构思的全过程。语言文字是载体，也是文学作品的有机构成部分，将一个个文学形象呈现出来。作家在构思文学形象的过程中，感情的激荡唤起语言的生命力，并把它融入意象的构思和传达中。

对文学作品的鉴赏，是对作家所创造的文学形象进行品味和体验，是对文学形象的一种再创造。在语言表达中，语言文字将所要表达的内涵与语言直接指称的事物进行融合，使之达到不着痕迹，又空灵传神。

文学作品的欣赏，不仅是对作家所创造的文学形象的品味和体验，也是对文学形象的再创造。读者根据自己的审美体验和社会经验，将作品中的文学形象重建在自己的大脑中，而经过读者结合自己的审美理想的再加工，使读者的情感得到升华。

文学形象是文学的重要组成部分。文学创作是作家自我与世界交流的一种方式，也是作家借以与读者相互交流的一种方式，这构成了作家、作品和读者之间的交流关系。通过语言文字这种媒介，形成了语言和审美体验的互动关系。

（3）语言教学中的审美教育。审美是人类的自觉追求，这也决定了审美占据了人生的重要地位。审美教育作为审美实践的一种活动形式，是审美理论和实践在教育和修养活动中的应用和落实，涉及个体和群体审美心理、审美情怀、审美境界和审美行为操作的培养和提高。审美教育的目的是培养人们的审美能力和提高其审美境界。由此可见，审美教育就是（施教者）按照一定时代的审美观念和审美理想，选择和利用适当的审美媒介，引发（受教者）审美经验（感受、体验乃至操作），以培养、陶冶审美能力和审美境界的活动或过程。而作为语文教学的重要组成部分，阅读教学需要也必须包含审美教育的职能，培养和提高学生的审美能力。

审美教育的特点，阅读教学的实施，应该根据审美媒介的特性来激发学生的审美感受，积聚相关的审美经验。在传统的观念教育中，有的人将审美教育当作艺术教育，这种观念在于关注艺术是审美教育的方式和手段。另外，审美教育的目的在于培养受教者的艺术感受力，这种说法是否合理还有待研究，但是重新审视语文阅读教学的目标是十分必要的，语文课堂是以文学作品为媒介，其中包含培养学生的审美情感和创造力。以此来看，审美教育可以是艺术教育，但是审美教育不限于艺术这种媒介，所以说两者之间不是完全等同的。对"审美"的全面理解有利于我们合理把握审美教育。

审美是以情感体验为基础的，但是它又是多种心理机能相融合的结果，它是感性与理性的交融，依赖感性而存在，也包含着理性的因素。它是一种有序的情感，物化为审美对象，就像艺术这种审美形式，这种情感的物化依赖于理性的融合，而赋予感情的外物，更是以感性为根基的。因此，审美是感性和理性综合作用的产物。

审美对教育而言，既是手段，也是目的，所以应该从这两个方面考虑审美教育的实质。就其实质而言，还是应该以目的为侧重。那么在语文教育中，审美教育应该以文学作品为媒介，激发学生的内在感性经验，从而使学生形成和完善自身的审美心理和审美意识进而使其人格得到自由、完整的发展。

培养学生完整的人格是审美教育终极目标，应该包含培养学生的审美能力。审美能力是心理能力的重要组成部分，人格的完整或者说心理结构的完整，审美能力是不可或缺的，即促使学生形成一种自由的创造力。另外，培养学生具有一种超越功利的人生态度，即是一种自由超越态度的审美境界。将审美教育中感性融于理性，理性再反馈给感性，使感性升华成理性，这种循环往复的活动促使学生人格的逐渐完善。所以，对审美教育的理解，不仅是感情的熏陶，还应该看到理性的沉淀和积累。两者之间相互渗透、交融、共同作用，促使学生具有全面的人格、完善的能力、自由的思想。

审美教育一方面是通过对学生审美心理的塑造，来达到培养其健全人格的目的，所以它是基础教育中十分重要的，不能被取代的。正因为这样，它在整个教育体系中所占的地位，不是附属品，而具有相对独立性。现在基础教育中有专门为此开设课程例如音乐、美术等。另一方面它也理应融入其他一些科目中，其中语文课也是很好的实践场所。审美意识和审美能力的培养，随着现代社会的快速发展，在教育中的地位更具有不可或缺的意义。不是说把语文课上成艺术审美课，而是应该注意在语文课中融入审美价值和审美观念，尤其是在阅读教学中。教材中入选的篇目大多是一些名家名篇，这样的作品为教师和学生的鉴赏和品味留下了开阔的空间。审美教育本身就是一种带有目的性的情感教育，它与道德教育和智力教育的差别就是，包含了情感因素。在语文阅读教学中，通过语言表达出来的形象来激发学生多样的情感，或悲愤、或激昂、或同情，再逐渐将情感归于理性，形成具有创造性的审美能力。文学作品注入了作家的丰富情感，那我们在欣赏或是教学中，怎么能忽视其中所隐含的情感，如果作家的情感和学生的情感没有产生共鸣，那么教学的效果仅仅停留在表层知识的认识上，而不可能实现能力的提高。

对审美的合理理解，认识审美教育在教育体系中所占的合理地位，有利于培养新世纪需要和全面发展的人。语文阅读教学中，审美教育功能的发挥通过文学作品的感染力和诱发性来实现的。优秀的文学作品具有陶冶情操的作用，这可以算是审美教育的基本功能。在阅读中，当语言唤起读者的审美经验并引发愉悦的时候，便把读者丰富的感情调动起来，然后又进入理性的节制和引导，从而得到塑造，走向自由超越的审美境界。在这个过程中，通过感性和理性的交替作用，使一般的心理能力转化成审美能力，也能使审美能力得到提升和丰富，最终发展成自由的创造力。另外，通过对文学经典的学习和领悟，使情感得到感染，产生洗涤净化的作用，进而形成一种超越物质和欲望的人生观。

（二）语言教学的实施策略与主要途径

1. 语言教学如何培养学生的文化素养

（1）应该注意语言知识与文化内涵相结合的教学方式，提高语文教育的效率。在教字、词时，以上一章我们提到的汉字与中国文化的特点为基础，既能进行事半功倍的教学，又能了解文化的发展源头，例如远古时期，人们用"贝"进行交易，"贝"成为一种原始货币。据记载是秦始皇废除"贝"改用钱。所以，和钱币有关的字大多带有"贝"的偏旁。在古文字里，"车"偏旁的字类别繁多。在《说文》里就包含102个字，体现出当时的一个社会现象，古代士大夫外出多坐车，极少步行。在古代的生活用具中，皿是"饭食之用器"，也是象形字，后来以之为偏旁的字，多是指生活用具，如盘、盆、盏等。还有很多汉字，都能从古人生活生产中找到根源。了解这些古代文化对我们认识理解汉字，以及提高识字效率都有很大帮助。通过与文化相结合的方法提高语言教学的效率。

（2）通过语言教学来传授文化知识，点出背景使学生慢慢领悟。通过语言的学习，提高文化知识的积累。语文老师应该充分利用阅读教学，将我国的传统文化这座知识宝库，在教学过程中传递给学生，从而激发学生对传统文化的兴趣，让学生不仅能提高语言能力，更能感受到中国传统文化的魅力。

（3）阅读教学过程中善于营造文化氛围。在语文教学中，有意营造文化氛围，通过语言的品味激发学生学习传统文化的兴趣，从而达到传承传统文化的目的，提升学生的文化素养。中华文化是一个大的语境背景存在于阅读教学之中，教师应该结合实际情况，开展形式多样、行之有效的教学活动。例如，在传统文学体裁诗词歌赋的学习中，注意诵读的重要性。适当开展诸如撰写对联、诗词的模仿性写作、鉴赏性文章等各种形式，鼓励学生正确认识传统文化，吸取传统文化精髓，提升学生的文化素养。

2. 语言教学如何发展学生的思维能力

思维训练日益成为语文阅读教学的重要部分。由于语言和思维是密不可分的关系，所以通过语言教学也能实现思维训练的目的。

（1）在阅读教学中，注重语言训练和思维训练相结合。语言与思维的同一性，决定了语言能力的提高会带动思维能的发展，所以，在教学方式上应该注意将两者结合起来，使之相辅而行。例如，通过量词的讲解，汉语中量词是十分丰富的，表示建筑物的量词：座、栋；表示交通工具的量词：辆、列、架、艘；表示工具的量词：把；表示文具的量词：支、纸、块等，这说明中国人的形象思维强，但是现在大家在使用量词时通常用"个"，那是因为"个"这个量词使用起来比较简单方便，由于受到其自身不能明确精确地表量的限制，加上只能用于表示随意轻便的语义色彩。因此更适用于以简洁快捷为主要目的的口头语体，而不适用于侧重形象、生动或严谨的书面语体。另外，通过阅读教学中对词语的推敲和理解，有利于学生对语义色彩的把握，有利于学生对语言的规范化使用，促进学生进行自觉的思维训练。

（2）引导学生逆向思维，思维训练促进语言能力的提升。通过理解中国人的思维方式来了解、学习语言，取得事半功倍的效果。例如，以汉语为母语的人习惯用"参照物"确定、描述事物。在语言表达中通常是参照物在前面，目标物在后面；修饰语在前，中心语在后面。例如，桌子上的一本书。还有中国传统文学的比兴手法，通过他物引出所用之物，这些特点可以说明以汉语为母语的人强调情景和背景。从中国人思维的角度理解语言，语文阅读教学中对于学生鉴赏能力的提高也起到促进作用。

（3）增加思维量，注重多向思维，有利于学生思维能力的提高。在语言教学中，要使学生语言实际运用能力到达较高水平，适当地增加思维难度是必要的，不能将学生局限在书本中，应引导学生发展创造性思维。不应该完全根据教科书上的方法来解释词语的含义，应鼓励学生发展其想象力。当然，鼓励学生发挥创造性思维的同时，也要指导学生学会证明自己的观点。

3. 语言教学如何提高学生的交际能力

（1）注重语境的感受和理解，有利于交际能力的提高。语言的理解不能离开语境。尤其是汉语，语境对语言理解起关键作用。可以通过语言本身理解字面意义，但是其言外之意要依赖语境来把握。在文学作品或是日常交际中，言外之意是一种常见的现象。学生应该学会联系语境揭示和理解这种言外之意。会话的隐含意义不是直接的语义解释，而是根据语境的推导才能揭示出来。此外，根据不同的语境，这个人的意思可能是希望听话人把窗户关上，或是帮他拿件衣服，或是感叹天气的恶劣等，所以情景是决定交际顺利进行的重要因素。想要达到所希望的交际效果取决于语境这个基础。学生要想正确理解会话意义，依赖丰富的语境知识，是有效交际的决定因素，这说明语境知识的重要性，也是在阅读教学中应该注意的方面。根据情境，引导学生在语境中运用语言，有助于学生把从课文中学到的语言转化为自己的语言，提高语言交际能力。

（2）注意发掘词义的深层含义，从而促进学生对语言运用的适当性的认识和理解。在交际活动中，往往是通过快速的语言反应将想表达的意思或信息传递出去或者是接收进来，所以，对选词的用意的理解和领会是至关重要的。对选词的理解和领会是语言理解和表达的基础。在阅读教学中，特别需要注意析词，例如同义词的选择和模糊词语的运用等。

选词造句的适当性又直接关系到交际的流畅和得体，运用语言要符合会话的基本原则。不仅要教会学生对语言的理解，更要注意语言的使用规则。语用的适当性，不仅包含对语言本身的理解，还涉及说话的场合、对方的社会地位和身份等因素，说出合乎自己身份的话语是交际能力的决定因素。在阅读教学中，应该注重人物对话或是个性化语言的分析，有助于学生交际能力的发展。由于不同的身份地位不同人说不同的话，而对不同的人说的话也不相同。教学的核心在于怎么样用字、选词和用句。琢字炼句是古来已有的传统。对字、词、句的分析是语用的基础，能否正确理解字、词、句也是语言运用的基础。

（3）应该讲解相关的语体知识，增加语域知识的积累，促使学生语感的形成。在教学中，应该针对不同语域对学生进行教授，使学生能在进入不同的语域中时，能随之改变。就像网络语言，一般情况下，只能在网络中使用，而写作时，用的书面语与之是不同的。学生在了解其特殊性后，自然不会混用了。但是与此同时，也不能禁止他们使用网络语言，因为网络语言也有自己的生命力，一定程度上，它有利于词汇的丰富性发展。虽然网络语言有一些不规范，社会语言学的研究会为它的规范性提供依据。

（4）在阅读教学中，注重加强语言实践，适当引入情景教学。语言交际是一种双向活动，有其内在规律性，但这种规律只能在交际的实践中才能获得。只有通过实践才能将学到的语言交际知识，内化成自己的实际能力。加强语言的综合运用，是符合语言习得规律的。学生在反复的语言运用中，既激活了自己的语言储备，又吸收了对方的新鲜语汇，不断丰富了自身语言，达到语言的再积累。情景教学就是一种比较好的实践方式。

4. 语言教学如何培植学生的审美情感

（1）引导学生感受语言的音乐美，培养学生的语感，从而激发学生的审美感情。文学是以语言文字为载体的，汉字是音、形、义的结合体，语言本身具有韵律、节奏的美，可以通过诵读的方式进行感受。诵读也是语文教育的传统方式之一，它既是理解语言的方式，也是培养和积累语感的手段。对于书法的欣赏，我们能感受到汉字独特的字形之美。而在诵读中，也能感受音律上的美。叠词、双声词的运用就具有回环绵延之美，不仅加强了语义，突出了事物的形象，还拓展了意境，从而加强了语音的音乐美。例如白居易在《琵琶行》对琵琶演奏时的描写："大弦嘈嘈如急雨，小弦切切如私语。嘈嘈切切错杂弹，大珠小珠落玉盘。"这里，叠音词的使用绘声绘色，仿佛让人感觉弹奏的声音近在耳边。

所以通过诵读方式，能使学生很好地感受汉语的语言魅力，提高学生的审美情感。选择声音响亮的词语，使语言铿锵有力，这与声母、韵母、声调、音长有关，在鉴赏文本时应该注意这些欣赏角度。在语文教学中，注重语音的特点，可以加深对语义的解读，还能有助于学生对情感基调的把握。

（2）注重发掘诗歌的对称美和汉字的字形美，有利于开拓学生的审美角度。发掘古典诗歌的对称美，整齐匀称的音节，不但具有语言的形式美感，还通过语言的搭配获得一种节奏美。通过对古典诗歌、对联的学习，可以激发学生对美的感受。

第二节　中小学语文教学的任务与目的

一、中学语文教学的任务与目的

时代在变，教材在变，人的观念也在变，语文新课标的实施对语文研究者而言，既是一种机遇，更是一种挑战，语文课堂教学的转变，不仅是课堂改革的热点，更是课程改革的难点。新一轮的语文教学改革，正悄然而起。我们语文教师努力学习新课标，因此，新课改下中学语文教学的任务与目的主要有以下方面：

（一）语文教师教学方式的转变

多年来，我们语文老师教学上习惯于"满堂灌"，教师把课文条分缕析，把语文课上成纯粹的工具训练课。语文课上没有思想的碰撞，心灵的触动，情感的陶冶，审美的熏陶。语文教学的人文教育功能远远没有得到充分的发挥，所以，语文课不受学生的欢迎。学习新课标以后，我们对新课程的内涵有了重新的认识，要想转变原来的教学方式首先做的就是应该转变老师自身角色，提高自身素质，让教师成为学生学习知识的引导者和合作者。

（二）新课程教学中的任务转变

1. 新课程教学中做学生的合作者

在新课程的课堂上，师生之间的合作是极其重要的，这要求老师要走下讲台，成为学生的合作者。不仅是身体走下来，更重要的是心灵也要走下来，全身心地融入学生中间去，以心灵感受心灵，以感情赢得感情。

2. 新课程教学中要求教师不断进步

在重视学科知识的交叉、综合和渗透的新课程教学中，在知识与技术日益更新的今天，在鼓励探究发现的氛围中，学科型教师应该转变观念、转变角色，从知识的输出者转化为学习者，转化为和学生并肩的共同探究者，在共同探究中共同发展。教师只有这样，才能与学生一同成长，与新课程一同成长。

3. 新课程教学中教师要成为促进者

新课程理念要求教师关注每个人，关注每一个学生的每一件"小事"，既要关注学生对知识的掌握和能力的提高，又要关注学生在学习过程与方法运用中的行为，关注学生在情感、态度、价值观等方面的积极表现。只有这样，才能真正实现新课程的目的：促进学生个性的张扬。因此，教师要重视营造民主的学习氛围，做学生个性张扬的促进者，让每个学生在民主的氛围中得到尊重，都有表现欲望，积极进取，进而发挥自己的聪明才智。

4. 新课程教学中教师要做有目的的引导者

教师需要引导、激励学生的思考，引导学生掌握正确的学习方式方法，引导学生正确导演自己的人生。教学中，"导"要因势利导，教师要多一点启发引导，多一点参与激励，多一点多元思维；"导"要有法可导，要遵循科学的方法，要在适当的时间、适当的空间中引导；"导"不要依对象而导，要注意学生的差异，因材而导。

新课程理念下，学生是学习和发展的主体，因此，教学内容的确定、教学方法的选择、评价方式的设计、教学任务的制定都必须根据学生身心发展和语文学习的特点，关注学生个体差异和不同的学习需要，倡导自主、合作、探究的学习方式。就中学语文教学的现实而言，要回答语文教学的任务，这是一个非常困难的问题，学生的语文素养至少包括听、说、读、写四个方面，忽略任何一个方面，都不是完整的语文教学。众所周知，语文教学是一项复杂的系统工程，在这项工程中，需要我们带领学生完成的任务很多，诸如字词的认读，各种知识（常识）的积累，语法修辞的理解、应用、赏析，写作实践的落实与经验积累等。在新大纲、新课标的要求下，学生的学习任务也应有新的要求，概括为以下方面：

（1）学生能够讲一口流畅的普通话。很多农村学生对朗读的训练还很缺乏，让学生学会正确、流畅、富有感情地朗读课文是学生认识世界、发展思维、获得审美体验的重要途径，所以在日常的教学中就要突出这一要求，古人曾说"思而未晓则读"，多读就能领会文章的内容，而富有感情地读能够帮助学生积累知识、培养语感，从而激发学生的兴趣，融入学生独立的体验，使文章声情并茂。读是学生认知语文的开始，所以朗读是语文教学中对学生进行读写训练的基础。

（2）学生能够熟练地运用语言。学生除了会读，还要能创造性地运用自己的语言。新课改要求在生活中学习语文，在语文中体验生活，让学生学会运用语言不一定要在课堂教学生如何表达。只要学生多积累语言、词汇，多练习表达，并善于体验生活，处处留心将各种各样的生活体验用自己的语言创造性地表达出来，并将课本中的语言联系到生活中，在实践中积累语言，在语言中感受生活，让生活成为学习语文的一面镜子，让生活成为学生潜移默化的老师，就能够真正地用语言与生活进行交流。

（3）学生能够写一手漂亮的字、得体的文章。写字教学是语文教学的基本训练，一手漂亮的字可以让人赏心悦目，给人美的享受。学生把自己对社会的认识、对生活的感受、对情感的体验运用自己最理想的语言记录下来，梳理成文，或存放、或传递，通过交流和沟通，构成了自己对客观物质世界和主观心灵世界的新认知。并将其用优美的语言书面表达出来形成文章，表明自己的主张，树立正确的价值观，激发人们的情感，既锻炼了学生独立认知世界表达思想的能力，又带给读者美的享受和生活的启迪。

（4）将语文融入生活和实践中。语文课就是生活实践课。在《义务教育语文课程标准》（2011年版）中明确提出"在实践中学习语文、运用语文"的要求。那么，我们的语文教学就应该立足于生活实践。所以，必须像对待人生一样对待语文，必须实行开放教学，生活实践教学。生活是一个无限容量的活水池。把生活中的活水源源不断地注入我们的语文教学中，让教学内容贴近生活、贴近学生，学生才乐于接受。

新的形式不仅对语文教学工作者提出了更高的要求，也使学生有了更广阔的学习天地，总之教师教学观念的转变和学生学习任务的转变相辅相成，只有两者和谐发展，才能使新形势下的语文教学再上新台阶。

（三）中学语文教学任务中的语文素养

1. 优化教学资源，提升教学效率

课堂是语文教学的主要阵地，因此，教师要在课堂上加大培养学生阅读习惯的力度，加强口语交际训练，不断丰富词汇，注重联系实际生活，构建互动交流的平台，使学生的语文素养得到培养和发展。语文素养是全面的、多层次的统一体，具有整体性和连贯性；是以语文能力为核心，集语文能力、语文知识、语言积累、思想情感、审美情趣、思维品质、学习方法、学习习惯于一体；是德、智、体、美的和谐统一；是学生学好其他课程的重要条件；是实践全面发展素质教育的基础。因而，语文素养的形成对学生有重大的意义。

随着社会经济的发展，当代中小学生爱好、兴趣较为广泛，但对语文的学习缺乏兴趣。因此，教师应强化学生间语言的交流与切磋，这样可以诱发学生对语言的悟性，对文章字里行间隐含的情、理的感知，还可以激发学生的学习兴趣，使学生感到学习的快乐。语文教学中语言交流领域十分广泛，可以是文章的主旨、内容，也可以是精美词句、丰富的情感、优美的意境，或者是学生对学习方法的亲身体验。尤其在古典诗文教学中，教师要重视诵读、吟咏、背诵、默写的强化作用，培养学生的语感，为以后的学习、生活打下扎实的基础。在阅读训练、写作训练、口语交际训练中，教师在每一节语文课中都应该根据教学内容，安排适量的训练任务，使课堂更生动，使每一个学生都能参与其中。

在具体的语文实践中，教师应充分利用农村现有的语文资源，积极开展多种语文实践活动，把学校、家庭与大社会结合起来。如秀丽的田园风光，哪怕一草一木，都带着泥土的芳香，无不蕴含着丰富的知识，教师应鼓励学生到原野去，到大自然中去，赏农景、干农活儿、记农事、写农民，使学生的视野更为广阔。在激发学生的学习兴趣，拓展知识的空间中，教师可把"鸟语"和"花香"带进课堂，为学生增强语文素养，促进自身全面和谐发展，更好地适应未来学习、生活和工作奠定坚实的基础。

2. 鼓励探究性学习，增强语文能力

（1）教师应让学生成为语文课堂的主角，促进学生自主、合作、探究学习，进而形成学习语文的良好氛围。根据教学内容，教师应精心设计教学环节和教学方法，并以信任、期待的语言，激发学生的自主、合作与探究，使学生在快乐中学习语文，从而学会学习，乐于探究。教师还应具备民主意识，充分尊重学生的自主意识，相信并依靠他们，相信学生巨大潜力的存在；充分了解学生的心理和学习状态，针对学生的不同水平，及时给予不同方式的指导，让不同层次的学生乐意配合教师，积极主动地参与到课堂教学中来。

（2）立足课堂，把语文素养带进教材，让学生在阅读课本的过程中，切身体验作品的艺术魅力，品味语文课程中丰富的情感和内涵，让他们有新奇和新鲜的感受。教师应精心安排每一节语文课，使课堂"动"起来，使每一个学生能在多学科的交叉，体现语文知识和能力的实际运用，促进综合素质的全面提高。语文综合性学习主要体现为语文知识的综合运用，听、说、读、写能力的整体发展。一个人的语文素养表现在理解和语言的运用，只有善于吸收和表达，才能全面展现自己的语文素养。也只有在具体的语文实践中，学生的情感态度、意志品质、学习方法和习惯的培养才能更好地完成。

（3）作为教师，必须以身作则，亲身践行，以培养学生的创新精神和实践能力为目的，以语文学科为依托，以学生自主为基础，以调查、实验、观察、交流、协作等实践活动为内容，让学生在感兴趣的活动中，语文素养得到健康和谐发展。在课堂上，教师应让学生将自己所收集的材料进行交流，然后给予积极评价。这样，教师能够在教学中生动地表现出语文所具有的丰富内容，使学生喜欢语文课，使学生在轻松愉快中获得语文知识，提高语文能力。

3. 多渠道提高中小学生语文素养能力

阅读、口语交际、写作是积累语文素养最好的方式，具体如下：

（1）在阅读教学过程中，教师必须重视培养学生的阅读乐趣，并且要使学生养成良好的学习习惯。只有学生喜欢上语文课，才能感受阅读的乐趣，才能进行广泛的课外阅读，达到事半功倍的效果。新课标明确提出，学生应根据自己的学习目标，在阅读与鉴赏活动中，不断充实精神世界，完善自我，提升人生境界；与文本展开对话，充分调动自己的生活经验和知识积累，通过阅读和思考，在主动积极的思维和情感活动中获得独特的感受和体验，进而领悟文本丰富的精神内涵，探讨人生价值和时代风尚，逐步形成自己的思想、行为准则，树立积极向上的人生理想。在鉴赏活动中，教师应努力扩大学生的阅读视野，指导学生学会正确、自主地选择阅读材料，了解不同体裁文学作品的基本特征及其主要的表现手法，善于从历史发展的角度理解作品的内容价值，从而丰富自己的精神世界。

（2）写作能力是语文素养的综合体现，教师要为学生构建一个写作互动的平台。写作互动是在教师的指导下，师生进行有目的的写作前的对话、写作后的互评和讨论。写作是运用语言文字进行表达和交流的重要方式，是认识世界、认识自我、进行创造性表述的过程。写作教学应贴近学生实际，让学生易于动笔，乐于表达，应引导学生关注现实，热爱生活，表达真情实感。写作前，师生都要积极查找相关资料和材料，然后通过积极的对话、谈论，激活写作灵感，燃起写作兴趣，从而进行有效的作文练习。同时，教师还应抓住取材、构思、起草、加工等过程，让学生在实践中学会写作。此外，教师还应引导学生在自我修改和相互修改的过程中提高写作能力。互相评改作文、互相讨论作文，可使学生取长补短，培养学生倾听、表达和应对的能力，促进相互了解和合作，从而共同提高写作水平。

（3）口语交际的教学训练目的是培养学生口语交际素养，让他们在各种各样的训练中积累经验和体会，在走向社会之后能得心应手地应付各种可能出现的口语交际情况。同时，口语交际训练可使学生的作文能力得到提升。因此，教师应努力选择贴近生活的话题，采用灵活的形式组织教学，鼓励学生在各科教学活动以及日常生活中锻炼口语交际能力。

总而言之，语文来源于生活，语文素养植根于生活。因此，教师应更加注重语文教学与实际生活的联系，尊重学生自己的阅读、感悟和体验，鼓励学生更多地实践、观察、体验，使学生在参与中感悟情境，体会作家的思想感情，更深刻地理解各种社会现象，从而使语文素养在潜移默化中得到完善。

（四）中学语文教学中的语感教学

1. 语感培养的必要性

在素质教育日益普及的今天，中学语文教学中的语感教学受到越来越多的重视。素质教育是注重全面发展，强调普遍提高，优化开发智力，推行强化能力的教育。在中学语文素质教学中，重视语感的训练和培养成为语文教学不可忽视的重要部分。

语感就是对语言文字的敏感。敏感到不必强调理解思考和逻辑判断，读几遍就朗朗上口；听一遍就耳熟能详，就能感受到文字的含义、正误、情味以及在具体语境中的细微差别等。语感还是对语言文字的顿悟，是感性与理性的有机融合，是一种须臾不可或缺的奇妙现象，是听说读写整体把握的一种直觉感受。学生形成良好的语感，具有多方面的重要性：①有利于学生在读、听等方面的学习中更顺利地获得更多的信息；②良好的语感使学生在阅读有关阅读材料如文学作品时，能更敏锐地理解阅读材料的内容、底蕴、情味等；③良好的语感能提高写作的水平；④良好的语感对学生的听说读写乃至他们的整个人生道路都产生很大的影响。

2. 语感的形成

根据语文底蕴、能力水平、个性品格、思想修养等四个方面为依据，可以发现语感能力的形成、提高与下列诸要素有关：

（1）语感与多听多读有关。通过朗读，可以感受文章的华美、把握文章的框架、理清文章的思路、学习文章的技巧、领会文章的要旨、升华文章的情感。现代美学家朱光潜曾用心理学、生理学原理解释道："朗读也是一种模仿。它模仿的是作者喉舌筋肉上留下痕迹。"叶圣陶也强调，对现代的"美文"，应重视"美读"。为此，在学生中提倡朗读，无疑是有效地提高语感能力的途径。

（2）语感与人的发散性思维有关。发散性思维能使人看到 A，想到 B，想到 C，又能创造出 D 来，形成自己的个性化语言，表达出自己独特的观点与隽远的意境，主要表现在联想与想象互动的效应上。对寓意深刻耐人寻味的环境描写，如果展开联想，就会情景交融、深刻感知；对描写性极强的文字，如果展开大胆合理的想象，就能迅速准确地在脑海里形成一幅幅的画面，把抽象的高度概括的语言变成具体可感的东西，从而升华为语感能力。

（3）语感与人对生活经历的思辨有关。学生看到某个社会现象、经历某次遭遇、碰到某些难题或听老师一堂课、出外一次旅行、参加一个活动等，实际上都是人的社会经历，这个丰富复杂的人生经历就是语文教学的大课堂。可见，敏锐的语感和对生活的敏锐感受是密切联系的，我们读到语言文字就要想到它们表现的是怎样的事物，接触到客观事物就要思考这事物可以怎样用语言来准确表达。只有真正做到将说、写与生活密切联系，良好的语感才会形成。

（4）语感与情商有关。情商是指人文个性，包括人的情感、意志、品格、毅力等，是相对智商而言。如果是情商高的人，他就能真切地表达自己的喜怒哀乐，表达自己的审美感受。诗人徐志摩、郭沫若等写下的不朽诗篇，读起来脍炙人口，这与他们的情商高有着密切的联系。他们写作时，写到高兴处，会放声大笑；写到悲哀时，会痛哭流涕。他们的作品，是他们心灵的写照、激情的流露，他们的作品绝对不是挤出来的，挤出来的作品，读者肯定感到平淡乏味。

（5）语感与词汇量有关。语文水平高的学生，其词汇量多；反之，则少。根据语文水平高的学生词汇量的测试，成绩均能达到高分。由此可见，只有丰富的词汇，才能准确地表达自己的喜怒哀乐。如果要排列语感形成的各个要素与语感的联系，那么朗读是核心，词汇是基础，思辨是前提，情商是依托，思维是动力。

3. 语感的培养

纵观语感能力形成的诸要素，我们在语文教学中，要有意识地训练语感，最大限度地提高学生的语感能力，彻底改变目前学生语文素质总体偏低，语文教学效率较低的现状。为此，我们必须改革现有课堂教学模式，确定以培养学生语感为根本的教学基调。

（1）词汇的系统教学。一个学期当中，针对本册教材中新出现的词汇，安排 4 节 ~ 5 节课，进行系统的认读释义。对某些词语只要学生意会即可，不必烦琐地细细揣摩。由于词汇教学的枯燥无味，在教学中还要考虑采用多种趣味式教学，如词语接龙、巧对词语、词语归类等，并在新词汇的系统学习中复习已学的各种词汇，达到温故知新、反复领悟的目的。

（2）语文知识的系统教学。一个学期中，可安排 3 节 ~ 4 节课集中讲授教材中出现的新的语文知识点。由于语文知识具有修正语感的功效，因而适当安排教学显得必要，但它对培养学生的语感能力不是主要方面，所以在一个学期中只能少而精地展开，不宜过多安排。

（3）教材课文的系统阅读。一个学期中，可安排 20 节 ~ 30 节课进行系统的语感强化训练。训练以单元章节为体系，以教师导读、学生自读、结合点拨、讨论等形式展开。其中古文阅读重在学生将古文翻译成现代文的训练，对课文中语感教学点集中的地方，教师进行系统的指导。

（4）课外阅读的系统拓展。一个学期中，可安排适当的阅读课，让学生阅读与课文相关的篇章，包括报纸杂志等。阅读时，要求学生做到精读与泛读相结合，并且做好读书笔记，记下自己印象深刻的观点、有同感的语句、精妙的词语、引起联想想象的段落等。

4. 语感的训练

为了迅速有效地提高学生的语感，推进素质教育，还必须在教学活动中对学生进行语感的具体训练，这些训练和培养有以下方面：

（1）老师在课堂上要抓朗读训练。朗读，是感知教材内容的一种手段，是学习语文的一扇窗口。同时，它更是一门艺术，它能把静止在书面上的艺术形象，转化为活生生的有声艺术形象。但缺乏指导的读、盲目的读未必能激发情感，必须指导学生学会边读边想象边思考寻味。

（2）训练学生学会边读边记忆，学会把后面读到的同前面记忆着的东西联系起来，在整篇、整章、整个语段的具体语言环境中去体味一字、一词、一句的意义、情味和旨趣。大脑不仅会思索，而且会将不同的某类因素联系起来，但前提是脑中储存有相关联的信息，因此在读文章时要边读边记忆，在整个语境下获得语感。

（3）训练学生善于发现一篇中、一个语段中表现力最强的句子、词语，用这些关键性的词句刺激大脑，从而获得语感。

（4）启发学生体味课文中语言文字的韵味、情味和旨趣。汉语言文字除在其表达的意义和其他语言文字一样有其韵味、情味和旨趣外，还在形和音上面有其特别韵味、情味和旨趣。如成语"汹涌澎湃"四个字都是水旁，令人一眼看去就有大水漫天的感觉，而"澎湃"二字的音域广阔，也给人以大水奔涌的声音感。文中语言文字的韵味、情味和旨趣，有时学生虽有所发现，但还是未能品味、咀嚼出来，这就需要教师经常给予启发。

（5）注重积累与练笔。语感训练以读为主线，但光是读，没有一定形式的积累，这在语感训练上就会打折扣。作为语文教师，一要指导学生根据自己的感受，记下词语、句子及文章的精妙之处；二要对一定的文章让其写出自己的感受，强化语感训练。这种练笔，对提高学生的语感大有裨益。

（6）鼓励学生积极参加第二课堂活动，增长课外知识，提高思维能力，培养良好情操。学生的学习生活占用他们大部分时间，他们很少有空离开课堂，所以第二课堂活动对于培养学生对生活经历的思辨，发展他们的情商就尤为重要了。因此，培养学生的语感不应只关起门来读书，不单要琢磨字词，还要体验生活的酸甜苦辣，把自己所学的东西运用到实践中去。

总而言之，语感的培养是语文教学中一项重要的工作。它无论是对学生的语文素养能力的提高，还是对学生健康的思想、情操的形成、艺术修养的加强都存在着不可估量的实际意义。

二、小学语文教学的任务与目的

（一）小学语文识字教学任务

识字教学在现代小学语文教学中具有十分重要的地位。从事小学语文教学的教师只有明确识字教学的意义，懂得识字教学的规律，掌握识字教学的方法，才能提高识字教学的质量。识字教学是小学语文教学的基础。识字是阅读和写作的基础，要阅读，就要通过识字创造必要的前提条件；广泛阅读，就必须大量识字；写文章，就要在识字的基础上学会用字组词，以词造句。所以，识字教学是小学语文教学的首要任务。要让孩子愿意学，让孩子乐意写，让孩子巧妙识记，如若做到这些，我想识字教学效果会更加好。

1. 创设宽松的氛围

汉字方方正正对部分小学生而言未能激发兴趣，有的小学生难以熟记，长此以往孩子们便容易失去信心。因而，从树立孩子的信心入手——勾出自己认识的，大声读出来，认得多当"老师"教同学；圈出不认识的，不会读的请教别人或一起读拼音，识字在"互帮互助"的宽松氛围下进行，在一种比较自然的状态下习得生字识记的方法。

2. 学生写字的依据

写字，怎样写对，怎样写好。我借助课本资源让学生先描课文下方田字格里的生字，然后进行仿写。有时有机渗透字形比较、巧妙的书写指导，这样学生写字就有依据、就有参照，有时忘了再看一眼，再描一遍，这样不断强化、不断比照中，学生的写字能力一定能得到提高。

3. 让学生自己做小老师

传统教学往往采取教师教，学生学的方式，识字教学也同样如此：教师先出示某个字，直接告诉学生这个字哪边容易出错，应该注意哪些问题。这样，学生就处于被动接受的状态，即使当时记住了，也很容易遗忘，因为他并没有经过主观努力。只有经过自己思考所获得的知识才会印象深刻。在教学中，尝试让学生自己想，并提醒其他同学注意生字的写法，其涉及方面有很多，诸如多一点、少一点、多一撇、少一撇之类的笔画错误，形近字和同音字相混淆所产生的错误等。我给他们一些鼓励，这样"小老师"们的兴趣很高，"学生"们的兴致也很高，课堂上常常小手林立。

4. 教给学生识字方法

增加学生的识字量，可以引导孩子多读书，这是一种被多数人认可了的方法。如果我们能教给孩子识字的方法，那样他们不管在课内阅读或课外阅读也好，一定能更加得心应手。

5. 需要遵循汉字规律

中国语文教学若从有文字算起，已有几千年历史；若从孔子设坛授业为始，已有两千五百年的传统。传统是无法改变的历史，无论今天的语文教学有了多少现代化的发展，我们都无法抛开传统，违反汉字自身规律，另辟一个全新的识字教学空间。

汉字从每一个创造到整个体系的形成和发展，有一个不断完善的过程，若以历史阶段性粗略划分，汉字的形成和发展分为三个阶段：汉字的象形系统阶段始于商代造字之初，结束于春秋时代。主要有象形字、指事字、会意字三种字类，《说文》所称述的"文"阶段；汉字的形声系统阶段始自战国时期，结束于清代，主要有转注字、形声字、假借字三种字类，《说文》所说的"字"阶段；汉字符号系统阶段始于五四新文化运动，至今近一个世纪。汉字深层地承载了华夏五千年的灿烂文化，体现着中华文化的大智慧。汉字是世界上仍在使用的最古老的文字，它与欧洲文字完全不同的价值在于其表达功能不在是否有效记录语言，而在是否有效地传递概念。

汉字符号系统阶段我们走了近一个世纪，值得我们反思和总结。汉字教学符号化，从哲学的观点看有利有弊，弊已日趋突显。汉字是表意特性直接与概念相联系，一字一义，一字多义，一义一个概念是汉字特有的。让学生对汉字能有较全面而清晰的认识，做到每识一字熟烂于心。只有把汉字的根基扎深，才有希望逐步到达言词之精。只有这个基础扎实了，才有可能使他们成为未来的言语华丽的大家。所以，我个人认为对小学生的识字教学不仅要重视还需要改进。将汉字的音、形、义有机结合，从字源出发。这里的源不是给学生讲甲骨文，而是给学生讲字义的源头，让学生在领悟汉字的意境中理解字义、记住字形，使他们能耳闻其音，目察其形，心通其义，三识并用，一字之功乃全，这就需要我们遵循汉字的六种造字方法，遵循汉字从基础字到字群的规律，遵循汉字从本义到引申义的规律。因为象形系统的汉字无一例外都是由字根组合而成，形声系统的汉字都是由类旁和声义旁组合而成，每一个汉字，尤其是初始阶段的汉字，几乎是一种实物的摹写、一幅生活场景的缩影。凭借汉字构造这一特点，我们可以将抽象的汉字复原为物象场景，使沉睡的汉字得以复活，使汉字符号意境化。学生凭借这活生生的物象场景便知其中的字义，使他们对汉字不仅能知其然，而且知其所以然。即便是识字任务很重的小学生都可以十分轻松地认读并识记于心。

（二）小学语文任务型教学体现

任务型教学体现了新课改以人为本的理念，让学生在课堂上动起来，活跃了课堂气氛，改变了以往沉闷的课堂氛围，提高了学生学习的自主性，让学生在课堂上有了"主人翁"的意识。改变了传统的教学模式，使课堂变成教师"乐教"、学生"乐学"的和谐课堂，充分激发了课堂的生命力。以下探讨任务型教学在小学语文课堂中的具体应用：

1. 通过问题，让学生独立思考

教师在授课前就需要给学生们准备好合适的问题，针对学生的特点和年龄，给学生设置难易适中的问题。例如，在学习《日月潭》的时候，教师可以在一开始的时候就给学生提出了三个问题，日月潭在哪里？为何叫日月潭？日月潭是怎样的？学生可以带着这三个问题去读课文，这样学生的阅读就有了一定的目的，有了重点，当他们读到相应的文章位置的时候，他们就会格外注意，找出问题的答案。知道了日月潭是台湾地区的风景名胜，并且湖水碧绿，群山环绕，它的名字还有一段动人的故事。学生在课堂上有的放矢，节省了课堂时间，提高了课堂效率，感受到了学习的乐趣，这样学生学习后很有成就感，增加了学生的自信心。

2. 通过情景设置，让学生小组合作学习

新课改倡导让学生动起来，学生参与到课堂教学中，教师在设置课堂情境的时候就要多考虑学生的小组合作学习，让学生自己去主动探究问题、理解问题的实质。例如，在学习《奇妙的动物世界》时，我就在课前给学生每人发了一张"身边动物调查表"，让学生课下去观察，了解动物的基本情况。上课的时候我就让学生们小组合作，让学生们讲讲观察到的动物，讲的同学要对所填内容进行详细说明，其他学生则认真听，有不明白的地方可以随时提问，之后，每个小组推选一名同学在全班交流。学生们在交流中不仅学会了知识，知道了鹦鹉能学人说话，经过训练的狗能为盲人领路，响尾蛇的尾巴能发出"喀啦喀啦"的声音，萤火虫的尾巴能发出微弱的亮光……还锻炼了学生的语言表达能力和交际能力。最重要的是通过这种小组合作学习的方式，学生们之间就解决了问题，上课不会再无精打采、注意力分散，更不会厌烦、放弃。语文是一门很生活的学科，只要教师善于调动学生的积极性，就能把学生吸引到课堂上，促使他们对语文产生浓厚兴趣。

3. 教师要给学生设置切实可行的教学目标

教师在设置教学目标的时候，要根据学生心理和生理上的特点，从实际出发，制定切实可行的、学生容易达到的"阶梯式"的教学目标。设计和开展丰富多彩的教学活动，以满足小学生享受愉快教育的心理需要。

另外，学生边读边完成课文填空，清楚课文的写作思路。新课改倡导整体设计目标，体现灵活多样，目标明确的学习课文，学生在课堂上就知道该做哪些任务。当学生做完教师给安排、设置的活动后，他们就会发现，其实学习语文是一件快乐的事情，读课文就像是在读故事，学生边读边学知识，教师所设置的活动会让学生有事可做，课堂时间自然也就很快结束了，学生在下课后会觉得意犹未尽，课堂就成为学生流连忘返的知识的殿堂。

4. 授课与游戏相结合，使教学内容轻松易学

中华文化有五千年的历史，可谓博大精深、源远流长，学生们在学校的学习只是一小部分，教师不可能把所有的知识都教给学生，教师要利用这有限的时间帮助学生学会学习语文的方法，让学生产生学习语文的兴趣，让学生能够一提到语文就"会学""乐学"。教师可以以今天课堂上学到的成语为开头，同时在使用中也尽量使用文章中出现的成语，

学到马上就用到。

成语的关键字必须是同一汉字。如果谁没有接上来就让他为大家表演一个节目，或是唱首歌、讲个笑话等，活跃了课堂气氛，使学生更有兴趣继续对语文的学习了。学生要想在游戏中成为常胜将军，必须课下的时候多看书，有一个丰富的成语积累。游戏让学生们感到轻松，知识就在这愉快的氛围中被学生消化、吸收。

综上所述，在任务型教学中，教师不再是知识的传授者和灌输者，而是学生学习的帮助者和指导者，犹如大海中给水手指明航向的灯塔。所以教师在课下要有充分的准备，在教学活动中以学生为中心，指导学生通过感知、体验、实践、参与，合作与交流等多种方式，实现任务型教学的目标，形成善于思考、勤于探索、乐于学习的良好氛围。让学生体验学习和成功的快乐，让他们真正成为语文课堂上的主人。

（三）小学语文教学的目的与误区

1. 小学语文教学的目的

小学语文教学的目的是小学语文教学工作的出发点，它决定了小学语文教学的方向、过程、内容和方法。

（1）小学语文教学目的确立的依据。小学语文教学目的不是随意提出的，而是由社会发展与学生个体发展以及语文学科的性质决定的。

第一，社会发展对语文教学目的确立的要求。随着人的活动领域的不断扩大，科学技术和人类文明的不断进步，要求语言能满足人们日益广泛的交际需要，记载人们创造性思维活动的成果，传递不断丰富的社会信息，这就促使语言不断发展，最突出的是语言交际功能的发展。现代社会对社会成员的思维能力、表达能力、社会交际能力的要求，比以往任何时代都高得多，所以，对学校的语言教学也提出了更高的要求。正是基于社会的这些要求和语文学科全面的教育功能，才在小学教学计划中把语文作为最主要的科目确定下来，这充分反映了社会发展对小学语文教学目的的根本制约作用。

第二，小学生的身心发展特点对语文教学目的的要求。小学生既是教学的对象，又是学习的主体，确定小学语文教学目的必须依据小学生的年龄特征和言语水平。儿童语言的发展是一个长期的既具有连贯性又有阶段性的过程，学龄前儿童已经基本上掌握了言语交际的能力，但是他们还不能独立地、按照一定的逻辑顺序进行连贯的讲述，言语还很不完整，还不善于掌握书面语言，内部语言也不丰富，整个语言能力还有待于发展。因此，小学语文教学应该在幼儿教育的基础上，继续进行口头言语训练，同时开始有步骤地进行书面语言训练。

第三，语文学科性质对小学语文教学目的的制约。小学语文是一门思想性很强，同时具有交际性和人文性的基础工具科，因此，确定小学语文教学目的，既不能忽视语文科的基本性质——工具性，把语文课上成政治课，也不能只讲工具性，单纯传授语文知识，而忽略语文科的其他性质。小学语文科的多方面性质决定了语文教学的多方面目的。

（2）小学语文教学目的的内容。小学语文教学大纲明确提出了小学语文教学的目的：指导学生正确地理解和运用祖国的语言文字，使学生具有初步的听、说、读、写能力；在听、说、读、写训练的过程中，进行思想品德教育，发展学生的智力，培养良好的学习习惯。

2. 小学语文教学的误区

随着新课程改革的进行，越来越多的小学语文教师已经认识到了原来的教学模式很难跟上时代的脚步了，他们很想顺应时代的潮流，提高语文教学质量。因此，便开始丢弃陈旧的教学模式，试着运用新的教学模式，结果便上演了"邯郸学步"的闹剧，使教学走入了误区，具体表现在以下方面：

（1）小组合作学习效率不佳。主要表现在四个方面：第一，部分教师不理解在哪些情况下该让学生合作。为了体现小组合作学习的教学理念，不管问题是否具有探究性，就让学生展开讨论，进行小组合作，导致问题过于简单，学生缺乏讨论的积极性，小组合作只是作为形式表现出来。第二，在组织合作时，教师不能参与到小组合作中去，只做旁观者，合作是在学生闲谈、嬉笑中完成的。第三，合作时分工不明确，各行其是。第四，小组合作时只有少数学生参与进来，而多数学生只是个配角，交流时也只是优等生发言，尤其是有人听课时，教师根本不给差生回答的机会。

（2）课堂教学用语过于机械化，致使文本运用得不到位。现在课堂中经常出现一句口头语"你们读懂了什么"，这说明教师往往还是拘谨于教材，不敢突破。教师应在引领学生弄懂教材的基础上，引导他们到现实生活中去，拓宽他们的知识面。教师应真正树立为学生而教，根据学情而教的观念，使学生读有所感、思有所启、练有所得、学有所获，让课堂教学真正成为思想交流、情感沟通、生命对话的场所。要引导学生咀嚼教材，发现、选取典范语段、欣赏点评，要引导学生挖掘出蕴含于母语中的中华文化的精髓，对课文的主体特点、语言特色应了然于胸，还要自己准备好课文的相关知识、背景资料等。

（3）现在有些语文教师教学方法不当。教师应保持开放的心态，树立终身学习的意识，进行多方位的学习，使自己具有更广阔的教学视野；其次，要学会和同行合作，吸取多人的智慧，掌握更适合本班学生好的教学模式；要多发现和发展学生多方面的潜能，重视知识的运用、实践能力和创新意识。

（4）读的训练只停留在"量"的形，而缺少"质"的果。越来越多的语文教师已经开始重视学生读的训练了，但他们只注重学生是否读了，读的遍数如何，并没有真正地发挥学生读的作用。另外，语文教师在让学生阅读课文时必须进行阅读方法和技巧的指导。使读与悟紧密地结合起来。

（5）过于注重形式，而丢掉了双基教学。现在的语文课堂不再像以往那么单调，只是老师一言堂了，教师也能把学习的主动权交给学生，让他们自主求知了，可是却丢掉了双基教学。结果是老师白费了很多的力气，学生的学习效果不佳。因此，建议语文教师在授课时一定要结合课文的内容，把双基教学落到实处，确保语文教学质量的提高。

（6）课堂教学超时。新课程下的课堂教学，必须将学习的机会留给学生，让学生在探索中求知，如果教师调控不好课堂，或者教学方法不当的话，就会产生拖堂现象，因此，教师必须调控好时间，课前做到认真备课，准确把握重难点，预测好课上可能出现的一切问题，上好每一节语文课。

第三节　中小学语文阅读教学的思路与原则

一、中小学语文阅读教学思路

小学语文阅读教学形式应该是丰富多彩的，教师不应该将目光盯在课堂教学上，而是要放宽眼界，有效地把课外阅读和课内教学联系起来。一个优秀的中小学语文老师，不是简单地告诉学生这道题怎样做，而是教会学生学习的方法，培养孩子良好的阅读能力。作为一名中小学语文老师，应该如何把握中小学阅读教学，具体思考如下：①

（1）以情趣引导孩子阅读，让阅读真正成为"悦读"。人们常说兴趣是学生最好的老师，学生对某件事情感兴趣，才会用心去学，学时才会专注，所以老师在教学的过程中，一定是要以情趣为导航，去激发学生的学习兴趣，在兴趣的促使下，学生才会产生浓厚的学习动力，自发、自愿、主动去学习。当然老师引导学生的方法很多，可以用故事的形

---

①　周立珍. 对现代小学语文阅读教学的思考 [J]. 初中生优秀作文，2015 (17)：28.

式、谜语的形式、巧设的形式，当然还可以创设情景让学生之间展开一场竞赛，总之教师引导学生对阅读产生兴趣的方法很多。不管采用哪种教学方法，都要在学生的兴趣上给予重视，让学生在认知的过程中、阅读的过程中产生趣味，让学生感觉到阅读是一件非常有趣的事情。

（2）活跃课堂氛围。中小学的语文阅读课堂上，氛围很重要，氛围应该是活跃的，学生应该是有自己的观点和见解的，在课堂上老师要鼓励学生积极踊跃地表达自己的观点，而不是老师满堂灌，老师的观点就是学生的观点。死气沉沉的课堂氛围是任何一个学生都不喜欢的，学生在这样的学习氛围中也不可能产生阅读的兴趣。在语文阅读课堂上，老师不怕学生有自己的观点，不怕学生的观点和老师的观点是有分歧的。有学生提出和自己相反的观点就认为是对自己的不尊重，这样的思想千万不要有，在语文课堂上，老师和学生是平等的，老师和学生是一起学习、一起研究、一起争辩，这样的学习氛围才有助于学生学习。

（3）师生共读，享受阅读的快乐。在教学中，老师主张学生自由阅读，但是这不等于老师让学生听之任之，老师是要边读边指导，最好是和学生一起共读，一起在阅读中享受阅读的快乐。在阅读的过程中，建议老师用一个和学生平等的身份参与到学生的阅读中来，会让学生感受到亲切，可以和自己一起阅读、一起交流、一起研究。

（4）师生协作，提高阅读能力。传统的教学模式都是在阅读之前，老师先设定好问题，然后学生带着问题去阅读，在这样的教学模式中，学生完全陷入被动的地位，阅读中是不能培养学生积极思考问题的能力的，学生完全陷入老师的思维中，在这样的教学模式中，老师占主导地位。现代教学应该是以学生为主体的，在阅读的过程中，老师去引导学生思维，不是代替学生去思考。在教学中，应该是让学生在读的过程中去感知课文的内容，思考后再去精读课文，然后在老师的引导下学习重点段落。老师要引导学生从课文中走出去，去扩展学生的视野。在整个阅读的过程中，老师始终是引导的作用，学生才是阅读的主体，老师的目的是让学生学会阅读的方法、提高阅读的能力。

（5）口语的艺术。阅读也是口语艺术的一种展现方式，老师在阅读教学中语言的示范性能力最基本的要求。实践证明，同样的教学方法，但是不同的语言所展现出来的效果是截然不同的。在语文阅读教学上，老师是要用自己的话来向学生传授知识，用通俗易懂的语言让孩子接受和掌握相关的知识。在阅读教学中，老师不论是在引导学生思维、给学生讲解、给学生进行情景描述，还是复述阅读的内容，都是要做到语言活泼新颖，老师的语言是要富有情感的、有魅力的。老师的语言是要对学生产生一种刺激的，是会引起学生注意的，是会给学生一种美的享受的，让学生在不自觉中去模仿老师的语言，去学习老师的语言。

在教学中，语文老师要有自己的语言风格，这样的老师教学才有魅力，才会吸引学生的注意力，激发学生的学习兴趣。老师的语言风格是多种多样的，可以是诙谐幽默的，可以是生动形象的，可以是冷静客观的叙述，等等。究竟选择怎样的语言风格就看老师自己的喜好，或者是自身的条件了。事实证明，有语言艺术风格的语文老师对学生语言方面的影响是巨大的。语文老师的这种语言风格甚至会影响到学生的一生。对学生而言甚至是终身受用的，所以作为语文阅读老师必须训练属于自己的语言风格，必须要讲究口语艺术，用自己的语言艺术去教学，让孩子在阅读中产生更大的兴趣，让学生积极地参与到阅读中来，感受到阅读的快乐。

二、中小学语文阅读教学原则

（一）重视学生积极主动而独特的理解、体验与感悟

理解内容、体会感情、领悟语文知识与读写方法，培养阅读能力，这是阅读教学的主要任务或目标，这些任务或目标的完成或达成，需要教师的引导，更需要学生积极主动的实践。课文的内容、课文所蕴含的情感等，不能由教师直接教给学生，教师应该创设环境和条件，引导学生自己入情入境地去体验、感悟与发现。坚持这一原则，应特别注意做好以下两点：

（1）引导学生积极思维。阅读教学要善于抓住语言文字引导学生积极思考，理解其意思、作用等，在理解语言文字的同时发展思维。当然阅读教学中的思维训练应把握准它的度，引领学生语言学习与思维训练要有机结合，不能"零思考"——不给学生思考的机会，或"浅思考"——给思考机会却浅尝辄止，也不能"另类思考"。例如，小学教《狼和小羊》时，教师指导学生发散思维、"独特体验"，结果小羊战胜了狼（或猎人救了小羊）。"这样的求异、创新有违于原作者和选编者的初衷。"

（2）引导学生积极体验。体验是指由身体性活动与直接经验而产生的感情和意识。体验使学习进入生命领域，因为有了体验，知识的学习不再是仅仅属于认知、理性范畴，它已扩展到情感、生理和人格等领域，从而使学习过程不仅是知识增长的过程，同时也是身心和人格健全与发展的过程。体验性第一表现为"强调身体性参与"，第二表现为"重视直接经验"。语文丰富的人文内涵、思想感情不是靠说教或单纯的理性分析就能使学生接

受的，它需要学生感同身受地去体验；其实任何知识的学习都是在一定经验基础之上进行的，都与亲身体验有密切的关系。语感的培养更离不开积极的体验。因此，阅读教学要注意创设情境或唤起学生经验，引导学生人情人境地去体验学习的内容。

（二）重视语言、语感及语用的能力

语感是指语言文字正确、敏锐、丰富的感受力，是指语言文字引起的复杂的心理活动和认知活动的过程。语感应该建立在一定的语言感性积累基础之上。语言学家认为，理解的语汇只是消极语汇，只有记住并能运用的语汇才是积极语汇。当然，阅读中理解了的读写方法也只有通过运用才能转化为自己的读写能力。语感与语用能力的培养应特别重视以下两方面工作：

（1）重视朗读、背诵等指导。朗读，既是阅读教学的目标，也是体会感情的重要手段。《义务教育语文课程标准》（2011年版）熟读成诵这是为前人所证明的积累语言和培养语感的有效方法。因此，阅读教学必须重视朗读与背诵的指导。要给学生朗读与背诵的时间，要对朗读与背诵进行必要的检查与考核。

（2）重视读写结合，听说读写综合训练。在阅读中，当学生对读物有了一些新的理解之后，就会产生一种表述自己内心感受的愿望。阅读表达是读者能动地消化知识、逐步地积累知识的手段，它能使阅读认识得到加深，可以提高阅读感知和阅读理解的效果，并使口头语言和书面语言的表达能力得到提高与发展。因此，阅读教学不能仅仅满足于学生对课文内容或表达形式的理解、感悟与记忆，而应该促使学生把优美的课文或词、句、段，转化为"积极语汇"，转化成自己的语言。除了重视背诵积累外，还要鼓励学生在生活中、在书面表达中积极运用所学语言，注意通过拓展阅读与仿写训练等把学到的读写方法转化为读写能力。

（三）重视阅读兴趣与自学能力

广泛的阅读兴趣与独立的阅读能力是阅读教学的最终追求。培养广泛的阅读兴趣与独立的阅读能力，当然需要教师对课文的解读引导，但更应该注意以下两点：

（1）课文的学习要尽量从整体感知和自学开始。阅读教学应首先给学生提供自学的机会，让学生整体感知课文，并试图发现问题、解决问题。这样做具有三个方面的意义：第一，符合"从整体到部分"的规律。学生有了对课文的初步的整体印象，有利于对具体词句、具体内容的理解。第二，有利于培养学生的自学能力和发现问题的能力。无论布鲁纳

的发现法、黎世法的异步教学，还是"先学后教，当堂训练"的教学经验等，都注重学生的自学和发现，都是从学生的自学开始的。让学生从自学开始，符合科学的学习方法的要求，有利于学生自学能力和发现问题能力的培养。第三，有利于教师有的放矢地施教，提高教学效率。教师在学生自学的基础上再进行引导，有的放矢，有利于调动学生积极性，提高教学效率。

（2）要注意拓展阅读。课文当然大都是经过教材编者精心挑选的文质兼美的作品，学习阅读离不开对课文的研读。但阅读教学不应局限于课文的学习，"人文内涵"需要学生感悟，需要学生一定的阅读经验，阅读能力的形成需要大量的阅读实践。一篇带多篇、一本带一本甚至带多本、以精读带博读、群文阅读等，其实许多名师已在培养阅读兴趣与独立阅读能力方面创造了丰富的经验。

第四节　中小学语文阅读教学能力的构成

一、阅读教学能力的构成要素

第一，语言感受能力。阅读教学能力首先表现为对文本的理解能力，理解能力的核心是对语言的感受能力。对语言的感受能力简称语感。语感就是人们对语言文字正确、敏锐、丰富的感受力，是人们直觉地感受、领悟、把握语言文字的一种能力。语感强，捕捉语言信息的能力和运用直觉思维处理语言信息的能力就强，即阅读教学能力强。因此，语言文字的训练最要紧的是训练语感。

第二，思想分析、辨别与兼容能力。阅读不仅是对文本思想内容的理解，更重要的是对文本思想的兼容与吸收，这就需要读者具备对文本思想的分析、辨别和吸收能力。就对文本思想的分析和辨别能力而言，读者的思想既是一把尺子，也是一面镜子；就对文本思想的吸收能力而言，读者的思想犹如溶剂，文本思想好比溶质。从本质上来看，思想是阅读教学能力赖以形成的基础，语言是思想的载体。语言能力的高下实际上是由思想修养所决定的，因此，要提高阅读教学能力，必须丰富和提升自己的思想，这是提高语文能力的一条根本途径。

第三，文本情境的再现能力。阅读过程一般都伴随着思维具象，表现比较突出的是在文学作品和一般记叙性文体的阅读过程中，大脑中始终浮现着文章所描绘的人、事、景、物等十分清晰的形象。其他文体的阅读过程同样伴随着思维具象，只是与文学作品的阅读相比，大脑中的思维具象有些模糊而已。从本质上讲，大脑中思维具象的产生是读者对文本内容感知的结果，是进一步理解、消化和吸收文本思想的一个前提，因此，再现文本情境的能力是构成阅读教学能力的一个重要因素。

对于文本情境的再现，需要读者具有丰富的想象与联想能力。作品的语言文字还原为读者脑海中的思维具象，要靠想象和联想，联想和想象是读者进入作品情境的唯一途径；作品中原有的画面、情境、意象，要衍生出新的内容，即象外之象、境外之境，也需要联想和想象。想象能力强，再现文章所写生活情境的能力就强；想象力丰富，就能从文章的字里行间"见人所未见"，具备了良好的想象能力，理解和消化文章的能力就强，就能够从文章中吸收更多的思想营养。联想能力强的人，善于将文章所写与现实联系起来，能够从文章的字里行间看到鲜活的生活，这样，既容易从文章中获得启示和感悟，达到对文章深透的理解，又能够从文章中获得比较大的思想收益。

想象和联想能力既是语文能力形成的重要基础，又是构成语文能力的核心因素，加强想象和联想能力的培养是快速提高语文能力的根本途径。不仅如此，加强想象与联想能力的训练，还可以改善人的思维品质，提高人的创新能力。

第四，丰富的语言积累。学习语言的方法不是靠理性分析，而是靠对语言直接的感受和积累。朗读就是对语言进行直接感受最好的方法，读得多了，文章的语言、节奏、句式、格调等自然而然地浸润到读者的内心深处，不知不觉中就提高了读者对语言的感受力，转化成了学生的语言能力。

阅读教学能力是人类使用最普遍的一项社会认知活动能力之一，是读者从书面文字中提取信息和加工信息总的心智过程，是顺利地进行阅读活动所必须具备的心理特征的总和。阅读作为一项认识世界和改造世界的能力之一受到人们的普遍重视，它正从语文学科分化出来，形成一门独立的学科——阅读学。阅读学的研究范围包括阅读原理、阅读技术、阅读训练三个组成部分。对阅读教学能力逐层分解进行研究，并探讨它的发展规律，是科学培养阅读教学能力的前提。也是语文教学的重要组成部分。

二、阅读教学能力构成的结构系统

阅读教学能力是在阅读实践中形成和发展起来的，它是一个十分复杂的结构系统，主要包括：认读能力、理解能力、鉴赏能力、活用能力等，是构成阅读教学能力的重要组成成分。

（一）认读能力

认读能力就是学生对书面语言准确而快速的感知能力，具体指认知字形、认读字音、初步了解文字意义所表现出来的心理特征。认读能力主要表现在以下五个方面：①具有一定的识字量。按初中语文教学大纲的要求"在小学的基础上扩大识字量，认识 3500 个左右的常用字"。就能阅读一般的报刊、科技读物和文学作品，满足日常学习、工作、生活的需要。不过，这仅仅是推算，对识字量进行科学的测算，还有待于进一步研究。②视读广度。它是指阅读时视知觉范围的大小。视读广度越大则知觉单元越大，理解越完整，阅读教学能力越强。③感知的选择性。它是指感知文字符号时，学生总是随着自己的思路，依据先前的信息预测后继的信息，并从冗长的文字符号中选择最精练、最需要的语言讯号重组意义，不断证实和修正自己的预测结果。④敏锐的语感。它是指学生迅速而有效地感知表层文字与深层内容的联系和统一。人的大脑和感官在接受语言文字信息时，是否能迅速地做出反应，在很大程度上取决于这种感知能力的强弱。⑤感知的精确性。它是指学生在阅读时能够正确辨认输入感觉器官的言语符号和它们之间的组合关系，并准确地将这些符号化为语义加以吸收。

（二）理解能力

理解能力是指学生感知的书面语言符号经过大脑一系列分析综合、比较、抽象概括等复杂的思维活动，正确而敏捷地认识文章本质意义的能力。理解能力有复杂的结构，主要包括六个方面的要求。

（1）理解词语的能力。理解词语包括：第一，必须掌握词语的内涵和外延，否则就不能算理解，运用时就会出错。如"美术展览会展出了许多美术作品、木刻、油画"。根本的毛病就是没有掌握词语的外延。第二，要正确理解词语的感情色彩。第三，要理解词语在特定语境中的特殊含义（这需要一定的联想能力）。

（2）理解语言构造（句、段、篇章）的能力。要准确理解句义，一方面是能根据词序变化、重音变化、标点符号的使用，句式的变化、段落之间的关系、篇章的重点等理解作者的表达原意。另一方面是能根据具体语境领会作者的言外之意。

（3）理解修辞格的能力。在一篇"课文的教学过程"中我们曾说过作者使用修辞手法是有一定的原因的，或突出句义，或强调句义的某一方面，或为了使读者便于理解。所以要理解作者为何要使用修辞格，才能更好地理解文章。

（4）理解表达方法的能力。

（5）领会文章的主题思想和社会价值。

（6）联想力和想象力。联想力是指在阅读文章时能根据文章所提供的文字表象，回忆起相同、相关、相似的表象的能力；想象力是人们在感知文章内容的基础上，根据词语所提供的间接表象，重新创造出新形象的能力。学生阅读时，在初步感知课文内容之后，只有借助于丰富的联想力和想象力，才能在头脑中再造出文章所描述的人物、场景、情节、思想感情等，并把它们与现实生活和知识经验联系起来，使新旧知识之间相互触发，从而进一步丰富、加深对文章的感知和理解。联想和想象力架起了抽象与具体、概念与实体之间的桥梁。

（三）鉴赏能力

鉴赏能力是指人们运用正确的立场、观点和方法，对阅读材料的思想内容、表现形式、文章结构、艺术技巧、写作风格等方面进行鉴别、欣赏和评价的能力。鉴赏能力是阅读教学能力发展的最高阶段，它直接关系到阅读的质量和效果。

理解是从形式到内容，认识文章的意义，解决的是文章是什么的问题。鉴赏是从内容到形式，是在理解文章的基础上，领悟文章内容的是非好坏和表达方法技巧的优劣高低，解决的是文章为何和怎样的问题。鉴赏也可以是理解的进一步深化和提高。此外，记忆力、阅读速度等也是构成阅读教学能力的重点要素。

（四）活用能力

活用能力是指在阅读过程中或在阅读一篇文章，利用已经掌握的知识去学习新知识的能力。活用能力的高低，对阅读效率和阅读质量影响极大。活用能力是阅读教学中要培养的终极目标之一，也是人人需要的终身能力之一。教师要在教学实践中十分重视活用能力的培养。

第六章　中小学语文阅读教学的方法探究

第一节　中小学语文阅读教学的关键

在中小学语文阅读教学中，走进文本，就是语文阅读教学的课堂展示环节。教师借助各种教学手段，采用灵活多样的教学方式，引领学生或想或思或悟或写，在探究与创造的过程中，突破文本的重点与难点，完成课堂教学的目标。

"走进文本是语文阅读教学的重心所在，目标任务的达成，课堂效率的优胜，全在这个环节来实现。"① 教师可以通过文本语言、文本结构、人物形象、主题表达等方面，让学生进入文本深处，去体会文本文字的准确、文义的多元、文学的高妙与文化的丰富等。

走进文本不能借助一种方式，不能依照一条路径。下面虽然分条陈列，但几方面应该互通共融，这样对文本的解读才会有深度、有广度、有温度。

一、中小学语文阅读教学关键之文本语言

每一个写作者都是凭借或生动形象、或科学准确、或思维严密的语言来表达自己的情感和认识的。教师对文本的分析首先应该关注的是语言。师生从语言入手进入文本的深处，这是一条最直接的路、是一条最便捷的路，也是一条最宽广的路。从语言入手有很多的方式，如品读语言、仿写语言、批注字词、赏析语句等，这些都是行之有效的方法。

（一）通过朗读体会文本的情感态度

《义务教育语文课程标准》（2011 年版）指出："各学段关于朗读的目标中都要求'有感情地朗读'，这是指，要让学生在朗读中通过品味语言，体会作者及其作品中的情感态度，学习用恰当的语气语调朗读，表现自己对作者及其作品感情态度的理解。朗读要提

---

① 孙衍明．中小学特级教师专著：语文阅读教学"三步曲"［M］．北京：首都师范大学出版社，2016：49．

倡自然，要摒弃矫情做作的腔调。"

语文学科具有传授知识与提高审美情趣相统一的特点。任何一篇文章，无论记叙、描写，还是说明、议论，都直接或间接地表达了作者的认识倾向、价值取向和情感态度，对学生都能起到激励、熏陶的作用。正确的朗读可以让学生深入文本中，体会作者丰富的情感，感受作者灵活的表达，学习作者高妙的艺术，将文本的诸多意义充分体现出来。

朗读是学生对文本的有效介入，是学生理解文本的基础和前提，是把文字转化为有声语言的一种创造性活动。教师要通过示范、指导、评价、竞赛等方式，让学生掌握正确的朗读方法，培养朗读的兴趣，让学生由被动朗读走上自觉朗读的道路。

（二）通过品味词语体会文本语言的情趣

《义务教育语文课程标准》（2011 年版）指出："在通读课文的基础上，理清思路，理解、分析主要内容，体味和推敲重要词句在语言环境中的意义和作用。"

品味语言是阅读教学的一项重要教学内容。文本是语言和情感艺术的最佳结合。在品味语言的过程中，语文课堂有了实实在在的内容和沉甸甸的力量。

（三）通过体会语句感受文本的思想情感

文本里重要的和关键的词需要去发现、体会、欣赏，一些句子同样需要教师适当加以引导和点拨，以帮助学生进行理解和欣赏。《义务教育语文课程标准》（2011 年版）指出："欣赏文学作品，有自己的情感体验，初步领悟作品的内涵，从中获得对自然、社会、人生的有益启示。对作品中感人的情境和形象，能说出自己的体验；品味作品中富于表现力的语言。"

走进语言是学生感知文本、体会情感、明白道理的重要途径。前面说了对字词的理解分析，这里说说对句子的把握与挖掘。例如，曹禺的《雷雨》中有一段周萍与鲁侍萍的对话。周萍："你是谁？"鲁侍萍："我是你的——你打的这个人的妈。"这些句子，如果纯粹从规范的角度来看，是不连贯、不完整、不规范的，是些"破句"。但在文学作品中是可以选用甚至是必须选用的。像曹禺写的这些句子，反映了复杂的情境：鲁侍萍跟周萍是母子关系，所以她脱口而出："我是你的——"，"妈"字没有说出，马上改口，因为那个复杂的情境迫使她非改口不可。在文学作品中，我们经常看到一些结构很不完整、表意很不明显的语句，从修辞作用上来看，这类句子有时却胜过结构上的四平八稳、表意上一目了然的语句。鲁迅小说《药》写华老栓和华大妈的对话："得了么？""得了。"用的是省略句，把可怕的"人血馒头"省去，讳言"血"字既表现了华老栓和华大妈的忠厚善良，也表明父母情深，爱子心切。

二、中小学语文阅读教学关键之人物形象

记叙文是初中生最熟悉的一种文体，学生所接触的教材文本，大都是文质兼美、内涵丰富、具有一定审美价值的文学作品，这些作品，无论是叙事性散文，还是小说，都离不开人物形象的支撑。如何分析并把握记叙文中的人物形象，可以从以下方面着手：

（一）通过分析描写人物的语言，来把握人物形象

任何人物形象的塑造都离不开生动而准确的描写。许多经典的人物形象一直铭刻在我们的记忆中，其实都是靠传神的描写来实现的。抛开了描写，人物形象是呆板的、是模糊的、是僵死的。拥有描写，人物形象是鲜活的、是飘逸的、是永久的。例如，一提到孔乙己，我们眼前马上浮现出那个"青白脸色，皱纹间时常夹些伤痕"的读书人形象；一提到范进，我们立刻想到他中举后喜极而疯，癫狂地奔向集市的样子；一提到老舍笔下的祥子，谁能忘记他在烈日和暴雨下拉车的情景；一提到小说《故乡》中的杨二嫂，她那些尖酸刻薄的话语便撞击耳膜……

外貌、语言、动作、心理、神态等描写，构筑起一个人物丰富的外在表现和复杂的内心世界。学生抓住这些描写的语言，可以外观其行，内察其心，让人物形象从纸面走进自己的心灵。

（二）通过人物之间的对比，来把握人物形象

一部经典的作品，往往塑造出许多性格鲜明的人物形象，这些人物形象有正反之分，有主次之别，理清这些人物之间的关系，有助于我们准确分析和掌握每一个人物，尤其是主要人物的性格特点和思想情感。

例如，要想了解诸葛亮这个人物，就离不开刘备，是刘备三顾茅庐，让我们看到了诸葛亮"未出茅庐，便知三分天下"的雄才大略；也离不开周瑜，是周瑜的"既生瑜，何生亮"的绝命长叹，让我们看到了诸葛亮用计如神的军事才华；还离不开马谡，是马谡的刚愎自用，让我们看到诸葛亮挥泪处斩的治军严明；还要联系司马懿，是司马懿的谨小慎微，让我们看到了诸葛亮上演空城计的冲天胆气……

（三）通过对人物形象的创新认识，多角度解读人物形象

对人物形象的解读，尤其是对历史人物的解读，我们应学会用辩证的眼光来分析。我们不能一味地遵循教科书的解读，也不能纯粹听从评论家的解读，应该有自己的思考、有自己的判断。

辩证解读和批判解读要有一个度，不能望文生义，不能牵强附会，不能无中生有。要尊重事实，言之有理，言之有据。

例如，结合《最后一课》所呈现的历史背景，来看韩麦尔先生。面对国土沦丧、家园不再，面对最后一堂法语课，任何一位略有良知的教师，都会表现出一种悲愤之情、一种痛苦之情、一种难舍之情。从这个角度来看，人们把韩麦尔先生的形象无限拔高，上升到"伟大""崇高"等层面，似乎有些让人难以信服。然后，人们又把韩麦尔先生在教学、管理过程中的一切过错全都淡化，说他是一位能够做出深刻反省的人，这也让人难以接受。

需要注意的是，并不是每个人物都可以创造性地去解读。只有当某些人物形象具有多元倾向时，我们才要引领学生辩证乃至批判地去解读，这样，一方面，既有利于对学生创造性思维的培养；另一方面，又有利于学生创新能力的提升。

（四）通过对典型事件的概括，来把握人物形象

许多叙事类文章，包括小说，都是通过一连串的故事情节来展示人物性格的。学生通过对典型事件的概括，可以把握人物不同的性格特点，体会人物不同的思想情感。

以《孔乙己》为例，小说围绕孔乙己共描写了五件典型事例，每件事情都展示了孔乙己不同的性格特点。

第一件事，孔乙己在咸亨酒店与别人争辩偷窃的事情，表现了孔乙己的极力维护自尊、迂腐与狡黠。

第二件事，孔乙己与别人争辩未能考取秀才的事情，表现了孔乙己的自卑与迂腐。

第三件事，孔乙己教小伙计写字，表现了孔乙己对自己才能的炫耀与卖弄。

第四件事，孔乙己给孩子们分豆吃，表现了孔乙己内心的善良。

第五件事，孔乙己最后一次到酒店吃酒，表现了他的好喝懒做、自欺欺人，成了科举制度的牺牲品。

三、中小学语文阅读教学关键之文本结构

结构是文章的内部组织形式，反映作者对客观事物的认识过程，结构要服从文章主题表达的需要。一般认为，文章结构的内容包括段落、层次、开头、结尾、过渡、照应、标题、款识、补记等。结构体现作者的思路，有怎样的思路，就有怎样的结构。

思想是一条路的，一句一句、一段一段都是有路的。好文章的作者是决不会乱走的。思路是指作者谋篇布局的思维轨迹。厘清作者的思维轨迹，是把握文章结构的重要环节，思路厘清了，文章的"文脉"就抓住了，文章的整体结构也就了然于胸，这是对任何文章整体认识和理解的关键环节。分析文章结构，实际上是要求分析文章各部分之间的组合关系，并进行合理的归纳整理。另外，分析文章结构，把握文章思路，文章结构就是文章思路的具体展现，重点考查把握段落之间的相互关系以及把握文章内部层次的能力。

文章结构和思路密不可分。分析结构，其实就是在厘清思路；思路清晰了，结构也就明了了。教会学生分析文章结构的方法，不仅是解读文本的需要，也是学生学会写作的重要步骤。

（一）巧用铺垫，为中心表达蓄势

铺垫是为主要人物的出场或主要事件的发生创造条件，而着重描述渲染、进行衬托的一种表现手法。铺垫能突出主要人物和事件，增加情节张力，制造悬念，使情节具有合理性。

例如，在《背影》一文中，作者叙述家庭发生的重大变故，就是为下文写父亲亲自到车站送别做了铺垫。父亲是在"我"的祖母去世、自己的差事交卸的情况下到浦口送别的，这样，父爱得到了进一步的凸显。

（二）巧用插叙，丰富文本内容

插叙是在叙述中心事件的过程中，为了帮助开展情节或刻画人物，暂时中断叙述的线索，插入一段与主要情节相关的回忆或故事的叙述方法。

插叙的作用包括：补充人物和事件，对主要情节或中心事件做必要的铺垫、照应、补充、说明，使情节更完整，结构更严密，内容更充实，人物更丰满，主题更突出。例如《羚羊木雕》插叙了万芳体育课上帮助"我"的事，这件事体现了万芳的善良以及一心为"我"的真诚友谊。她与"我"的行为做出对比，让情节以及人物形象更加立体化，也更

加深刻地反映了主题。

又如，在《孔乙己》这篇小说中，也出现了两处插叙。很多教师在讲授文本的过程中，把它们当成一种点缀，没有进行细致的分析，从而影响了学生对孔乙己这一人物形象的整体理解和把握，这不能不说是一种遗憾。

（三）关注"小处"，挖掘文本的内涵

很多教师在分析文本的过程中，往往抓大放小。他们抓住主要情节和学生一起赏析、探究，而一些次要的内容往往一带而过，甚至忽略不讲。我不敢说这种教学方式会有哪些大的问题，但我会担心他们放下的"小处"有时不是"芝麻"，而是"金粒子"。例如，《社戏》中，许多教师忽视了小伙伴们看社戏的环节，都把课堂的主要精力放在了看戏前和看戏后两个环节，这不仅是文章思路和结构上的不完整，也造成了人物形象和文章主题的不完整。

（四）层层递进，升华文本主题

常见的叙事结构主要有并列式和递进式两种，以下具体分析：

第一，并列式结构，作者往往排列人物生活的几个片段，从不同角度展示人物的性格特点或思想情感，这种方式的优点是情节似断实连，每一个片段都具有相对的完整性，人物活动的场所、人物群体的构成更为灵活，便于作者选材，便于读者理解和记忆，这种方式的不足是很难使情节形成跌宕起伏、扣人心弦的艺术效果，文章缺少深度，影响力不够强。

第二，递进式结构，作者按照时间的推进安排故事情节，情节发展有比较明晰的线索，人物性格或思想情感在事件的行进过程中逐步得以呈现，人物关系由简单到复杂，文章主题由浅显到深刻。因为故事情节前后勾连，便于铺垫和照应，能够产生曲折回荡、激动人心的艺术效果，这种方式的不足是，活动空间相对固定，人物群体相对单一。

相比较而言，我们更欣赏递进式结构，它让读者在无法预知结局的前提下，自我提升阅读的兴趣和热情，这种结构如果出现在写景或者抒情的散文当中，也能够产生较理想的艺术效果。例如，《安塞腰鼓》一文，三个图景逐层推进，把读者的心理感受逐步推向高潮。

（五）前后照应，体现文本完整

在一篇文章里，前面提出的问题，后文有所着落；后面出现的情节，前文有所交代，

111

这种写法就叫作"前后照应"。它是使文章首尾圆合、前后勾连、结构严谨的重要手段，更能起到突出中心、深化主题、强化感情的作用。前后照应要巧妙无痕，切忌刻意、显露。照应一般做到别人无法轻易察觉，如风行水上，自然成文。前后照应不宜紧贴，如果照应贴得过近，反而会使文章显得呆板，读起来反而显得枯燥。例如，在《芦花荡》一文中，作者巧用照应，使文章结构更完整、人物形象更完美、中心主旨更突出。

（六）运用对比，彰显中心表达

对比手法，是文学创作中常用的一种表现手法，是把两种对立的意义或事物，或把事物的两个方面放在一起做比较，让读者在比较中分清好坏、辨别是非。运用这种手法，有利于充分显示事物的矛盾，突出被表现事物的本质特征，加强文章的艺术效果和感染力。

例如，讲授《石壕吏》一文时，让学生补出文章中隐含的对比内容，让文章中的人物差役和老妪的对照更生动、更突出，让文章揭露和批判的力量更充分。

（七）厘清线索，呈现文章脉络

小说的线索就是贯穿整个作品情节发展的脉络，也是结构全文的脉络。其目的是用来贯穿全文情节，把全文的人物、事件串联起来，使作品浑然一体，结构完整严谨。因此，它与结构或层次、情节一起成为作品谋篇布局的重要环节。如小说的结构，从情节的发展来划分，可分为开端、发展、高潮、结局几个步骤，而线索则是流淌于这些步骤间的血液，不得中断。有了它，作者可以厘清思绪，使自己在创作中始终保持清醒的头脑，较为规范地沿着事先设计的大纲或思路写下去。否则线索不清晰，则可能杂乱无章。而从读者的角度来看，抓住线索是把握小说故事情节发展的关键，读者可以沿着作品提供的线索较为轻松地欣赏、鉴别作品。

四、中小学语文阅读教学关键之文本主题

所谓主题就是作者在说明事物、阐述道理、反映生活时通过全部文章内容所表现出来的基本思想。分析文章主题可以通过以下方式进行：

（一）寻找中心句

中心句是指一个自然段或一篇文章中高度集中而能体现文章中心的话语。它有时会出现在文章的开头，开篇点题；有时会出现在文章的结尾，卒章显志。例如，《苏州园林》

一文中既有各段的中心句，又有全文的中心句："无论游览者站在哪一个点上，眼前总是一幅完美的图画。"这就是全文的主旨。

（二）归纳总结

并不是所有的文章都能明显地找出中心句，很多时候需要我们依据文章内容进行总结归纳。根据作者的写作重点、情感表达、价值倾向等，我们可以把握住作者的主导思想，用凝练的语言表达出来即可。例如，《紫藤萝瀑布》一文，根据作者对紫藤萝瀑布的描写以及作者渗透于文字中的思想情感，我们可概括出文章中心：面对生活的挫折和打击，我们不能悲观消沉，而应该迎难而上，做生活中的强者，实现自己更大的人生价值。

（三）分析文章背景

文章一般都有明显的时代性，它反映着特定时代的社会生活，同时还反映着特定时代作者的个性特征。把文章内容与写作背景结合起来，有利于我们总结出作品的主题。例如，《天上的街市》这首诗歌，要先考虑郭沫若写这篇文章的时代背景，然后再结合诗歌内容概括出文章中心，这首诗写于 20 世纪 20 年代初期，此时，诗人向往光明的未来，文章的中心就是，作者通过对天上街市的想象和描写，表达了自己对黑暗现实的强烈不满，对美好未来的无限向往与追求。

（四）分析人物形象

以写人为主的文章，往往通过人物形象的刻画来表现主题，分析归纳这类文章的主旨，就应从分析人物形象入手。例如，《范进中举》一文，作者着力刻画了范进中举之后，喜极而疯的场景，同时也展现了范进中举前后胡屠户、众邻居和张乡绅对他态度的变化。

第二节　中小学语文阅读教学的设计方法

一、中小学语文阅读教学设计概述

（一）阅读教学设计理念及思想

阅读教学设计是指教师在授课之前，在深入钻研教材、了解学生的基础上，在教学目的的制约下，对教学内容、教学方式方法、教学步骤做出科学的、合理的安排，以保证在规定时间内达到教学目标的总体设想。

1. 阅读教学设计理念

第一，改变原有的教案编写模式和指导思想。原有的教案是教师的教学方案，它的编写，注重的是教学内容，体现的是教师对教材的处理及如何讲授的过程，教学过程基本上是以教师为中心，没有体现出学生的学习过程。这样的教案，已经不能适应当今时代的要求，也不利于学生的自主学习和发展。为了适应素质教育的要求和课程教材改革的理念，我们要改变原有教案的编写模式和指导思想。

第二，以基础教育课程改革纲要为指导，树立新的教学观。编写教学设计要贯彻落实基础教育课程改革纲要的精神，改变教学过程过于注重知识传授的倾向，强调学生形成积极主动的学习态度，使获得基础知识与基本技能的过程，同时成为学会学习和形成正确价值观的过程。改变接受式学习、死记硬背、机械训练的现状，倡导学生主动参与、乐于探究、勤于动手、搜集处理信息、交流与合作等，注重学生的全面发展。

第三，换位思考，设计教学方案。教师要本着导教、导学、导测量的原则，站在学生学习的角度进行教学设计，把教学过程变成在教师指导下学生自主学习和探究学习的过程。教师要精心设计学生的学习活动，让学生在多种多样的学习活动中，获取知识发展能力。教学设计要体现出学生学习过程和教师指导步骤。

第四，改变评价观念，关注课后反思。在指导学生学习的过程中，教师要及时对学生在学习过程中的表现给予及时评价，使评价成为教学过程的一部分，以评促学、以评促发展。

课后教师要对教学效果进行反思，要善于发现问题，总结经验，不断改进和提高。

2. 阅读教学设计的指导思想

（1）树立整体目标观。阅读教学是教师指导学生以解读课文为依托，培养学生的阅读能力。在训练阅读能力的过程中，对学生进行知识传授、人文素质教育、思维教育、情感熏陶。教师要树立这种整体目标观。

在以往的实践中，有些教师存有片面的理解，有人阅读的目标仅是理解一篇文章；也有人认为要借阅读时机侧重于文章思想内容的阐释，以发挥文章的教化功能；还有人认为阅读是为写作服务的一种手段。上述认识都偏重于某个单一的目标。追求单一目标的阅读教学，都不是完整意义上的阅读教学。

（2）树立正确的阅读效率观。传统语文教学中老师常说"开卷有益"，意思是只要打开课本去读，就有益于增进知识，这话在彼时说有一定的道理，可是，当今世界信息量激增，传统的教学方法在今天有较大的局限性，快速阅读、快速记忆、快速计算、快速记录，不但被人们所重视、所研究，而且已有不少的专门学校从事这类人才的培养。语文教学的效率也被人们提上议事日程。快速阅读，许多国家已在进行研究并取得了丰硕成果。

快速阅读，既可以扩大阅读量，增进知识存储量，也能培养学生思维的敏捷性。但是教师要明白——单纯地增进阅读量不是高效率，阅读高效率有两个基本要求：一是能在规定时间内获得较多的有效信息；二是收集到的信息有较高的实用价值。

（3）树立阅读迁移的教育观。心理学原理告诉我们，迁移有两种类型：一种是特殊迁移，指的是学生学习某一内容后对相似材料有特殊的适应性，如有的人一听某一支歌就能很快地记忆并哼唱。另一种是一般性迁移，指有关原理、态度和学习方法的迁移，它是教育的重点。语文教学的课堂阅读目的最终是为学生的独立阅读服务的。教师的"教"是为了学生"不需要教"的能力的形成。所以，要让学生在课堂上学到的知识、技能、方法、态度能运用到课外乃至终身的继续学习上是教育的终极目的。

因此，教师要重视学习的迁移。教师在上课时，不但要传授知识，更要传授方法。不但要传授方法，更要针对不同的学生采用不同的引导方法。如有的学生喜欢上新课，他们喜欢新课文的情节，一旦了解课文的情节后便不再有兴趣。针对这种情况，教师要引导他们深入体味课文的意义，如提出一些问题让他思考。另外，教师也要注意"同类相求，连类而及"，讲读课文再带读与课文内容、形式比较接近或内容相近、或语言风格相近、或情节相关的文章，也可以让学生课外阅读。

（4）树立阅读教学的发展观。20 世纪 90 年代以来，高科技以前所未有的加速度，奏响了跨世纪宏伟乐章的主旋律。尤其是"多媒体"和"信息高速公路"成为工业化时代向信息时代转变的两大技术杠杆，以惊人的速度改变着人们的工作方式、学习方式、思维方式、交往方式乃至生活方式。阅读教学也在不断地求新、求变、求效率、求质量。语文教学的改革也在不断深入，语文教学界一直致力于教学模式的探索。但是，任何模式都不可能是一成不变的，从古代的"私塾"到今天的"网络化教学"，从远古的甲骨文到今天的微缩图书，教学的内容、形式不可能不发生变革，因此阅读教学设计一定要考虑学生的将来，教师一定要有发展的眼光。

（二）语文教学设计

1. 语文教学设计的特性

在新的教育理念的指导下，语文教学设计也相应地呈现出新的特性。

（1）整体性与系统性。语文教学设计是一个系统组织语文教学活动的整体过程，在进行语文教学设计时，设计者应站在全局的高度，全面规划教学活动的各个方面甚至细节，努力追求教学过程的整体效应。一方面，在教学内容选择上应从整体出发，抓住各种文体系统内的各个要素进行教学设计。比如，在讲授记叙文时，应从记叙文的六要素、人物的性格品质、思想感情、事件的意义、蕴含的思想道理、人物描写方法、记叙语言的特点等整体中的各个要素出发进行教学设计；在讲授说明文时，应把握住说明对象、说明对象特点、说明方法、说明顺序、说明语言的特点等整体中的各个要素进行教学设计；在讲授议论文时，应把握住议论文的论点、论据、论证三要素以及论证方法、论证方式、论证结构、论证语言等方面，从整体上把握教学内容。另一方面，在教学实施上，教师还应在一定的理论和方法的指导下，积极探索语文教学实施系统中各要素之间的本质联系，进行教学设计，如教师、学生、语文教学内容、教学目标、教学方法、教学环境、条件以及教学媒体、教学组织形式、教学评价等之间的联系，使各要素有机结合起来，形成科学合理的教学设计。因此，语文教学设计具有整体性和系统性。

（2）开放性与生成性。传统教学观认为，课程是教学的方向、目的或计划，是在教学过程之前和教学情境之外事先预设的，教学过程就是忠实而有效地传递课程的过程。而"新课标"提出的教学理念则认为教学不只是课程传递和执行的过程，更是课程创生与开发的过程。教学可以设计，但又不应拘泥于设计。教学是一个逐步展开、逐渐生成的过程，因此，语文教学设计也应具有开放性和生成性。

（3）预演性与创造性。教师进行教学设计的过程，实质上就是实际教学活动的各个环节、各个步骤在教师头脑中的预演过程，这一过程带有较强的预演性和生动的情境性，它能使教师如同置身于真实教学情境，对教学过程的每一个细节周密考虑、仔细策划，为教学活动的顺利进行提供可靠保证。教学设计的过程，实际上也就是教师根据不同的教学目标和不同学生的特点，创造性地思考、设计教学实施方案的过程。而且，由于教学设计同教师个人的教学经验、风格、智慧紧密结合在一起，每个教师设计的教学方案都会不同程度地带有个人风格与色彩，因而它为教师个人创造才能的发挥提供了广阔天地，因此，语文教学设计具有预演性和创造性。

（4）育人性与独特性。作为语文教学一个重要环节的语文教学设计，理所当然应该体现新课标的这一精神，一切从提高学生的语文素养出发，着眼于学生的全面发展，培养适应现代社会的高素质人才。这就要求教师在教学设计中，不论是设计目标、内容、方法，还是设计媒体、板书，都要做到"心中有人"，而不仅仅是向学生传递知识、完成教学任务。语文教学设计的"独特性"，一是指语文教学设计理应体现语文学科本身的特点。新课标指出，"工具性与人文性的统一，是语文课程的基本特点"，因此，在语文教学设计中，应体现出工具性和人文性；二是指每个教师在设计教学时，都带有浓烈的个性色彩，都会把自己对教学内容的理解、自己的思维方式、个性特点、爱好倾向等融入教学设计中，使设计具有"独特性"。因此，语文教学设计具有育人性和独特性。

（5）科学性与艺术性。语文教学设计是语文教师教育思想、思维流程和教学艺术优化和物化的体现。它既有科学性，又有艺术性，科学性和艺术性的辩证统一，是语文教学设计的本质特征。科学性是指以正确的语文教学理念和教学原理为指导，在准确把握教学规律的基础上，对教学内容的选择、教学方法的使用、教学过程的安排都要符合学生的实际情况和教学的具体要求。艺术性是指语文教学设计能够激发学生的学习兴趣，满足学生的求知与情感需求，为学生创设良好的学习氛围。

2. 语文教学设计的意义

（1）利于达成教学目标。在优秀的语文教学设计中，只有对教材的透彻解读、对教学内容进行科学分析，才能更好地确定教学重点、难点，选择合理的教学方法，安排科学的教学过程，采用恰当的教学媒体，从而更好地落实教学目标。教学设计中，教师应从教师和学生、教和学、主观和客观等多方面分析教学的有利因素与不利因素和教学最终达标的把握程度，这样，教师才能增强做好教学工作的信心，做到有的放矢。

从教学思路来看，教师的教学思路，也往往是学生学习的思路。教师教得清楚明了，学生也就学得系统连贯。课堂教学每个环节的活动，都应该有计划、有步骤地进行，只有这样，教学活动才成竹于胸、有条不紊，教学任务的完成、教学目标的达成才有保证。

（2）利于优化教学过程。语文教学设计是加强语文教学的科学性和计划性，保证教学效果，提高教学质量实现语文课堂教学最优化的必要手段。从本质上讲，语文教学过程，是一个以提高学生语文素养，促进学生发展为目的的师生交往过程，这一过程涉及一系列复杂的因素，这都需要预先从整体上统筹规划、合理安排，才能取得最佳效果，达到预定目标。而教学设计，正是从教学规律出发，运用系统的观点和分析方法，客观地分析具体教学工作的规律和特点，清晰地阐明教学目标，合理地拟定教学进度，正确地确定教学速度，科学地制定教学策略，恰当地选用教学媒体，准确地测定和分析教学结果，从而使教学活动在人员、时间、设备使用等方面取得最佳效益。有经验的教师还能事先预料到教学过程中可能发生的偶然因素，事先采取必要措施，做好排除教学干扰准备工作，优化教学过程。

（3）利于促进学生学习。新的教学理念认为，教学是教与学的交往、互动，语文教学应在师生平等对话的过程中进行。教师和学生都是教学过程的主体，师生关系是一种平等、理解、合作的人与人之间的关系。学习的内在动力源于学习者，学生是语文学习的主人，而教师则是学习活动的组织者和引导者。教学设计是在对学习者进行全方位的了解和分析、获取大量信息的基础上以及对现代新型师生关系认识的基础上才着手进行设计的，它遵循学习规律和学生身心发展的特点，以学生的发展为出发点，运用多种方法激发学生的学习兴趣。

总而言之，通过教学设计，教师能清楚地知道学生要学习的内容，学生将产生哪些学习行为，并以此确定教学目标；通过教学设计，教师可以准确地预测学生学习的初始状态和学习后的状态，便于有效地控制教学过程；通过教学设计，教师可以依据教学目标和学生的特征，采用有效的教学模式，选择适当的教学媒体和方法，实施既定的教学方案，保证教学活动的科学进行。

3. 语文教学设计的原则

教学设计是教育技术的重要组成部分，是教学工作的基本环节，是连接教学理论和教学实践的桥梁。课堂教学设计是教学设计中最基本的内容，它直接作用于课堂教学，决定着课堂教学效果的优劣。随着教学改革的不断深入，越来越多的教师认识到教学设计的重要性，自觉地将教学设计原理应用于教学活动之中。教师在进行教学设计时，必须遵循一定的原则，对课堂教学活动中的功能要素进行合理的统筹安排，以保证课堂教学活动获得最佳的教学效益。[①]

（1）语文教学的整体设计原则。

1）系统性设计的原则。系统论的观点认为，系统就是由其内部相互联系又相互作用的要素结合而成的功能整体。课堂教学活动就是由教师、学生、教学媒体、教学方法、教学内容等要素构成的具有教学功能的整体系统。

课堂教学设计就是应用系统的观点，从整体的角度出发，对课堂教学活动中的基本要

---

① 饶满萍. 小学语文教学设计与实施 [M]. 成都：西南交通大学出版社，2019.

素以及各要素之间的相互关系进行认真的分析研究，比较各种不同要素组合产生的效果，从而选择最优的教学方案，获取最佳的教学效益。教师在进行课堂教学设计时，必须运用系统的方法分析教师、媒体、学生、教学方法和教学内容等要素在课堂活动中的地位和作用，明确各要素之间以及各要素和整个教学系统之间的相互关系，从而确定教学目标，选择教学媒体，制定教学策略，以求实现教学系统的功能最优化。

在课堂教学活动中，媒体是教育信息的载体，它的作用就是用来传递教学内容，教师在进行媒体设计时，必须从整个教学系统考察媒体和教师、学生、教学内容等教学要素之间的相互关系，明确媒体在教学系统中的地位和作用，根据教学目标的需要制订最适合学生学习的媒体方案；如果不从系统整体的观点出发，只是简单地满足某种需要，就不能够达到优化课堂教学的目的，有时甚至会对课堂教学形成干扰。

2）综合性设计的原则。课堂教学设计不同于传统的教学计划。传统的教学计划是教师根据对教学内容的分析研究，安排向学生讲授知识的具体方案。由于它把教学过程单纯当作教师向学生传授知识的过程，把计划的核心放在教师的教法上，必然导致"填鸭式""满堂灌"的缺点。正确的做法是将教师的"教"和学生的"学"统一起来综合考虑，用教和学的理论共同作为设计教学的理论基础。因此，教师在进行课堂教学设计时，既要考虑教师的教法，又要考虑学生的学法；不仅注重向学生传授知识，而且注重开发学生的智力，培养学生的能力，使教学活动由传统的重视知识传授转变成知识技能的传授与学生智力和能力的开发相结合，使学生能够得到全面和谐的发展。

教学过程是教育信息的传播过程，学生是教育信息的接受者。注重课堂教学设计的综合性，就必须重视学生和教学媒体之间的相互作用。这就要求教师必须认真分析学生的特征，根据不同学生的知识结构、能力水平和心理特点，有针对性地制定教学目标，选择教学媒体，设计教学过程，充分调动学生的学习兴趣和参与意识，使每个学生都能在智力和能力上得到发展。

3）方向性设计的原则。教学目标是课堂教学设计的基本内容。它既是教学活动的出发点，又是教学过程的指南，同时也是评价教学效果的依据。教学目标具有较强的针对性，对教学过程中教师、学生和媒体之间的相互作用规定了明确的要求。根据美国教育心理学家布鲁姆的学习理论，教学目标可以划分为三个不同的领域，即认知领域、情感领域和动作技能领域。教师在制定教学目标时，必须根据教学大纲的要求和学生的不同特点，将教学内容每个知识点的学习目标转化成学生具体的行为目标，力求使学生能将不同层次的教学目标说出来、写出来或者做出来，便于教师对教学效果进行检测和评价。

教学目标的表述具有一定的规范性。它包括四个方面的要求：①目标的主体；②目标行为内容；③目标完成的条件；④目标完成的标准。

4）媒体组合性设计的原则。不同的教学媒体具有不同的功能特性，同时也都存在各自的局限性。传统教学媒体与现代教学媒体，或者各种现代教学媒体之间都不能相互替代。因此，教师在进行课堂教学设计时，必须对教学媒体进行优化组合。教学媒体的优化组合具有以下原则：

第一，服从教学目标的需要。教学目标是课堂教学系统的核心，而教学媒体仅仅是传递教学信息的工具。教学媒体的选择、使用和组合都必须服从教学目标的需要。比如为了提高学生的外语听力水平，选用语言实验室进行听音训练效果较好，而要让学生了解异域的风土人情和生活习惯，则选用动态影视媒体进行情景教学效果最佳。

第二，充分发挥媒体特长。围绕教学目标选择教学媒体时，必须根据不同媒体的功能特性，充分发挥媒体的特长，选择使用最能表现相应教学内容的媒体种类，并且要注重传统媒体和电教媒体之间的组合，通过优化组合达到媒体功能的相互深化和补充。比如讲述中学物理"分子的运动"一课时，为了让学生认识分子是运动的，可以选用传统媒体；而表现分子的运动状态时，则选用电视动画模拟显示，使学生具有直观、鲜明的印象。这样，通过传统媒体和电教媒体的有机结合，提高了课堂教学的质量，增强了学生的学习效果。

第三，符合教育心理原则。学习过程不是对知识的被动接受，而是一个学生主动选择的过程。因此，教学媒体的组合运用应该遵循认知的规律，根据学生的生理和心理特点以及不同的知识结构和智力水平，充分利用媒体手段来激发学生的学习动机，保持学生的注意力，对学生的学习心理形成干扰。优化组合教学媒体时，还应考虑不同媒体的信息符号对学生的作用效果。语言符号便于同学生进行沟通交流，画面符号具有直观的想象作用，音像混合符号则给学生以视觉和听觉的综合刺激。课堂教学设计时具体选择哪种信息符号，要根据教学目标的具体要求，使之符合学生的心理特点和认知规律，以求利用不同媒体信息符号的功能优势，来揭示教学规律，突破教学的重点和难点，强化课堂教学效果。

5）反馈性设计的原则。课堂教学过程是教师、媒体、学生等教学要素相互作用的过程。在教学活动中，教师通过媒体向学生传递教学信息，学生则通过媒体来进行学习，教师和学生之间不断地进行教学信息的反馈与交流。随着现代教学媒体在课堂教学中的广泛应用，教学过程中的信息反馈与调控越来越成为优化课堂教学的重要因素。

反馈调控是指教师在课堂教学过程中通过学生的学习反应获得反馈信息，然后根据这些信息相应地调整教学过程，弥补教学设计的不足，有效地控制整个教学活动向着完成教学目标的方向发展。教师在教学过程中通过交代目标，激起动机，引发学生的学习兴趣和主动参与意识。教学过程中学生产生的各种反应都是教师的反馈信息。同时，教师还可以通过明确具体的教学目标对学生的学习效果进行评价分析，检查课堂教学目标的完成情况，并以此为依据找出课堂教学设计中存在的问题，如媒体内容的展示时机，教学媒体的使用环境等，从而为课堂教学活动做出正确的决策。

总而言之，课堂教学设计是以实现课堂教学最优化为目标，用系统的观点和方法对教学活动中的基本要素进行统筹安排的过程。它主要包括教学目标的确立、教学媒体的选择、教学策略的制定、教学效果的评价等基本内容。要实现课堂教学系统的功能最优化，获得课堂教学的最佳效益，就必须对整个系统的功能要素进行良好的设计和合理的统筹。

（2）语文教学设计的各要素原则。课堂教学设计是以教学论、教育心理学和传播学理论为基础，用系统的观点和方法，来分析教学任务，确定课堂教学目标和教学策略。课堂教学设计的要素主要包括教学目标、教学内容、教学方法、教学媒体、教学结构、教学评价等，各具体要素设计又有具体的原则与要求。

1）教学目标设计原则。教学目标，是整个教学活动的指导思想，是教学活动的出发点和归宿，也是检查和评价课堂教学效果的依据。课堂教学目标设计应遵循的原则有以下方面：

第一，目的性原则。每堂课的教学活动，都应该围绕教学目的展开。教师必须熟悉教学大纲，吃透教材内容，把握教材的各个知识点，把握每一具体要求和区分度，完成课程教学任务。

第二，适度性原则。要从学生的认识特点和班级基础出发，既不盲目求多，也不过于松散；既不盲目拔高，也不降低要求。力求教师和学生都有实现目标的可能性。

第三，可测性原则。对要达到的要求指向明确，对识记、理解、运用、分析、归纳、综合等行为要求要有具体的检测内容和明确的评定标准和依据，具备可测性。

第四，全面性原则。课堂教学目标，不仅考虑知识能力达到的程度，还要渗透思想品德的教育和非智力因素的培养，努力使学生在知识、能力、思想、心理等各方面得到全面协调的发展。

2）教学内容设计原则。教材中的信息往往都有较强的独立性，缺乏内在层次的联系，如果不进行序列化信息编码，就难以使学生获得完整的、系统的知识，影响学生的逻辑思维。这就需要人们对教学内容进行优选和序列化组合。在优选和组合时，必须遵循以下原则：

第一，针对性原则。即针对具体学情来设计。凡是学生通过自学能够弄懂弄通的东西就应尽量少讲或不讲；对一些次要的内容，教师略加点拨学生就能理解、掌握的，可一带而过；对一些尚未被学生认知结构所接纳，且有一定难度的应浓墨重彩，讲深讲透。

第二，集中性原则。课堂教学时间的时限性和教学信息的多维性，要求教学内容要集中。教师在钻研教材的基础上，要把握教学内容中主要的、本质的东西，抓住重点，把有限的教学时间集中在最核心的教学任务上。

第三，整体性原则。教师必须把握知识结构体系，认真分析每节课中的知识在整个知识体系中的地位和作用，找出课上内容的铺垫知识，新旧知识的连接以及后续知识，尽量使知识结构整体呈现。

第四，延伸性原则。要适当补充一些与教学内容有关的边缘学科知识和尚未被学生知晓的新知识，以便开阔学生视野，满足学生求知欲望，激发学习兴趣。

3）教学方法设计原则。教学方法是为完成教学任务而采用的办法。它包括教师教的方法和学生学的方法，是教师引导学生掌握知识技能，获得身心发展而共同妈力的方法。课堂教学方法的设计应有利于知识的传播和能力的培养。在教学上，既要考虑如何教给学生已经概括了的社会基本经验，又要考虑教给学生有效地去获得这些经验的方法。在学法上，既要考虑怎样指导学生去总结已有知识和经验，又要考虑如何指导学生自动更新自身知识结构，不断调控学习状况。

首先，在教法设计上要遵循启发性原则。教师要始终把启发思想贯穿于教学设计的整个过程，以学生为学习的主体，点拨学生独立思考，启迪学生积极思维，提高学生分析问题和解决问题的能力；其次，在学法设计上要遵循指导性原则。教师不仅要把学生当作教育对象，还要当作研究对象，研究学生学习规律，指导学生学习方法，指导学生掌握教学信息的方法，掌握预习、听课、笔记、作业、总结学习过程等方法，掌握自我心理调节等方法。

（3）中小学语文教学设计的伦理原则。教学设计的伦理原则是指在教学设计过程中应当遵守的基本行为准则。它可以为制订"合伦理"的教学设计方案提供理论依据。教学设计伦理原则同其他的应用伦理原则一样，要从所涉及的教学设计活动过程出发，有针对性地选择能够直接指导教师教学设计的伦理原则。结合教学实际，从最有代表性的迪克-凯瑞教学设计模式可以看出，教学设计活动过程一般可以概括为分析学习者、确定教学目标、分析教学内容、选择教学策略、开发教学媒体和实施教学评价等六个环节。从这六个方面构建教学设计伦理原则体系，具体包括以下方面：

1）分析学习者：尊重原则。在学习者分析之前，应该先对"学习者是什么"有正确的认识。学习者是具有主观能动性的个体，是独立的、完整的个体，同时，学习者也是与世界有着丰富关系的人。因此，不能从单一维度片面地看待学习者。分析学习者，更确切地说应该是了解学习者，了解学习者的现状和特征，以便为其设计合适的教学，即要了解能够影响教学、影响学习者发展的所有因素，要尊重学习者作为一个具有主观能动性的、完整的个体的存在。尊重原则可以看作是教学设计的首要原则，一切抉择以尊重学习者为前提。在学习者分析中，要尊重学习者差异，尊重学习者隐私。

2）确定教学目标：差异原则。教学目标是对学习者学习结果的预期描述。基于学习者本身是存在差异的，其学习结果必然也是存在差异的。在具体操作层面，应该如何确定目标。教学设计时一般都会以中等学习者为参考对象或者以课程标准作为参考依据确定目标，这种确定教学目标的方式体现的是大一统的思想，所有学习者以此为基准判断自己的学习结果。但课堂教学的目标是使每一位学习者在现有水平的基础上获得最大限度的发展，确定教学目标也应该是基于每一位学习者的现有水平，这也是之前进行学习者分析的目的之一。因而在确定教学目标时应该遵循差异原则。

3）分析教学内容：无害原则。教学内容本身并不是价值中立的，而是负荷一定价值的。一方面，教学内容的选择过程是有价值负荷的，因为教学内容的选择就是受价值观念（包括伦理价值观念）指导的、有意识或无意识的文化选择过程，在这个过程中，选择作为教学内容的知识也必然体现一定的价值观念；另一方面，教学内容的开发过程是有价值负荷的。教学内容的开发是指教师对教学内容的再加工与组织，在这一过程中，教学内容必然会附带教师个人价值观念的色彩。而教学内容的价值是通过学习者得以体现的。因而教学内容的价值判断应以对学习者所造成的影响作为判断标准，也就是说将教学内容主要与学习者的需要和效用联系起来，而不是与教师相联系。教学内容应该给予学习者积极的影响，而非消极的影响，即教学内容的选择和开发应该遵循无害原则。

4）选择教学策略：公平原则。教学策略是教师选择权的集中体现。在选择教学策略时，教师会把教学目标、教学内容、教学环境以及学习者的知识基础等作为选择依据。但很少会有教师把对学习者发展的公平性作为选择依据。学习者不仅是认知主体，也是情感主体，在学习过程中，有着自己独特的情感体验。而公平性是学习者主观体验非常关注的一点。这不仅影响学习者的情绪，影响其学习的积极性，也影响学习的效率，甚至影响整个班级的学习氛围，因而要正视并重视这种公平性。

5）开发教学媒体：参与原则。教学中媒体的应用旨在促进学习者的学习，并不是去追随新技术、新媒体，因此着眼于现实，利用可利用的资源，坚持参与原则，即媒体的利用不在于其科技含量，不在于其先进程度，而在于其与学习者的互动程度，在于学习者能否充分参与其中。只有能促进学习者参与的媒体才是恰当的媒体，也才是能满足学习者需要的媒体。这种参与，首先是学习者肢体的参与；其次是学习者已有经验的参与，通过媒体使新旧经验之间建立联结，促进新知识的学习；最后是学习者情绪的参与。这三个层面相互作用、相互影响。因而媒体的利用应该能够促进这三个层面的信息交流。

6）实施教学评价：个别化原则。教学评价应该遵循个别化原则，针对每个学习者的不同特点给予不同的评价，从而促进学习者发展，这主要表现在三个方面：其一，评价方式的个别化，这种评价不是通过分数或等级的形式，而是结合学习者个人特点进行的描述性评价。通过具体而个性化的语言描述，使学习者对自己有更客观的认识。其二，评价内容的个别化。教学不仅是知识的教学，因而教学评价也不应局限于知识的评价。学习者的情感、能力的发展均是学习结果的重要体现，亦应成为评价内容。结合学习者个性特点的情感和能力评价更有助于促进其知识的学习。其三，评价结果的个别化。每个学习者所接收到的评价是有差异的，这种差异源于学习者本身的差别。只有这样才能真正促进个体生命成长，而不是湮没在标准答案中。

4. 语文教学设计的要素

语文教学设计要素有一般要素与其他要素之分，教学设计的一般要素是指教学设计按设计内容和环节划分的要素，一般包括教材分析、学情分析、教学目标设置、教学重难点设计、教学内容设计、教学过程设计、教学方法设计、教学评价设计等；教学设计的其他要素则主要包括提问设计、板书设计、说课设计、教案设计以及媒体手段运用设计等。

（1）中小学语文教学设计的一般要素。中小学语文教学设计的一般要素主要有以下方面：

1）教材分析。教材作为课程计划和标准的具体化形式，是教师指导学生获取知识和培养能力的重要载体。因此，教材分析首先要分析语文课程标准，就小学而言就是要认真研读语文课程标准中关于小学语文部分的内容，在此基础上，深入钻研教材，并进行教材分析。分析教材要注意系统性，不能局限于某一课、某一单元或者某一项语言训练活动；其次，教材分析要分析所授的具体课文或章节，这是教材分析的重点任务。

2）学情分析。学生是学习的主体，学生的学习态度、思想情感、知识积累、能力构成、学习环境等对学习产生直接或间接的影响，因此学情分析具有必要性。教师要注意分析学生语文学习中的个性和共性问题，关注目前学习的内容与学生先前知识以及后续将要学习的内容之间的关联，分析学生学习中存在或可能存在的困难以及如何解决这些困难。学情分析可以避免教师做出脱离实际的教学设计，学情分析到位是成功的教学设计的基本条件之一。

3）教学目标设计。教学目标是教师在教学前对学生学习行为变化的预期。教学目标不仅对学生具有心理导向和激励功能，而且制约着教学设计和实施的方向，影响教师对教材的处理与加工，对教学过程的确定、教学方法的选择和作业习题的布置等也都会产生影响。教学目标设计要在对教材、学情分析的基础上进行，一般要求做到全面、规范、具体和开放。

4）教学重难点设计。教学重点是指在所教学科知识体系中处于重要地位，对后续知识的学习和理解会产生重要影响的知识点。这就意味着教学重点是一个绝对概念，它不会因教育者或教育对象的变化而发生变化。因为知识体系是确定的，不同知识在知识体系中的地位和作用也是确定的。教学难点是指教材中学生较难理解和掌握的部分。由于教学难点是相对学生的理解力而言的，不同学生的理解能力有高低，这就决定了教学难点是一个相对概念，可以因人而异。对某些学生而言是难点的知识，对其他学生而言则未必是难点。

5）教学过程设计。教学过程是教学活动的展开过程，教学过程要遵循学生认知规律和学习心理发展规律，体现一定的教学顺序。中小学语文教学过程设计要依据小学生学习语文的特点、不同板块教学内容的特点以及具体教学内容的要求来进行。教学过程设计不是教学内容的再现，要注意发挥教师主导、体现学生主体和媒体优化作用。教学过程设计还要体现一定的教学方法。

6）教学方法设计。教学方法与教学目的相联系，是实现教学目的不可或缺的工具；是师生共同完成教学活动所采用的手段，而并非单指教师的工作方法。教学方法的功能是多方面的，既可凭借教学方法使学生掌握知识、技能和技巧，也可凭借教学方法使学生形成思想品质和审美观点，发展他们的能力和创造素质。教师要根据教学的目的和任务、教学内容的性质和特点、教学对象的实际情况、教师自身素质及所具备的条件以及教学方法的类型与功能，选择合适的教学方法。

7）教学评价设计。教学评价的目的是为了促进学生学习，同时改善教师的教学。中小学语文教学评价设计应科学反映学生的学习水平和学习状况，全面落实语文课程目标。教学评价设计要恰当运用多种评价方式。教学评价设计的内容一般体现为教学评价方案的设计和课程考评试卷的设计。教学评价的设计要体现语文课程目标的整体性和综合性，要根据不同学段、不同年龄学生的特点，按照不同的课程目标，抓关键、明重点，采用合适的方式，提高评价的效率和效果。

（2）中小学语文教学设计的其他要素。中小学语文教学设计的其他要素主要有以下方面：

1）提问设计。对于学习者而言，学习过程实际上是一种提出问题、分析问题、解决问题的过程。教师出色的提问能够引导学生去探索所要达到目标的途径，获得知识智慧，养成善于思考的习惯和能力。提问是为教学服务的，为提问而提问是盲目的提问。要进行有效的提问，关键在于科学地设计问题，以激发互动与共鸣为原则设计提问，以紧扣教学重点为基点精选关键提问，以课堂教学需要为根据把握提问时机，以拓展学生思维为目的预留想象空间，以轻松活泼有趣的语言编制系列问题。

2）板书设计。板书是教学中所应用的一种主要的教学媒体，板书艺术则是教学艺术的有机组成部分。现代教学媒体的大量涌现不仅没有使板书退出教学课堂的舞台，反而更加彰显板书不可替代的特点与优势，也更加丰富了板书的显现形式。板书内容构成直接影响板书质量和教学效果。因此，教师应对板书内容进行精心设计，使其科学、精练、好懂、易记。对每堂课的板书内容设计，应根据教材的内容、教师的设计技巧和学生的适应程度而定，难以做统一的规定。因为即使同一教学内容，不同的教师、不同的对象，可以设计出不同的板书内容。

3）说课设计。说课是教师在备课的基础上于课前或课后向同行、专家或评委用口头语言说明教学设计及其理论依据，然后由听者进行评述的一种教学交流活动。说课主要包括说教材、说学生、说教学目标、说教法学法以及说教学过程等内容。

4）教案设计。教案体现对教学内容的整体设计，是教学设计的最终成果之一。有时候说教案设计就是教学设计也有一定的道理。教案是课堂教学的预案，要充分反映教师内在的教学理念、对教学内容的把握程度等。好的教案是教师上好课的前提。

5）媒体手段运用设计。在中小学语文教学中，教学媒体手段具有传递教学信息动能，在学生的思维能力培养和语文综合素养提升方面发挥着重要的作用。教师进行媒体手段运用的设计，既要满足呈现教学内容和支持教学活动的需求，也要从学生角度考虑，将加工过的信息通过媒体手段呈现给学生。媒体手段的运用应符合小学生心理发展和认知特点，要符合语文课程对学习环境创设的要求。当然，教师不能无限制依赖现代媒体手段，尤其在语文教学过程中，为发挥学生的想象能力，有时候还需要对媒体手段的运用予以必要的限制。

（三）语文阅读教学设计指导

1. 语文教学设计的指导思想

现代教学设计来源于 20 世纪上半叶的北美和欧洲等地，它的产生可追溯到第二次世界大战时的战时培训。我国 20 世纪 80 年代中后期开始引入教学设计理论并加以研究。现代教学设计，也称系统设计，是运用系统方法分析教学问题和确定教学目标，建立解决教学问题的策略方案、试行解决方案、评价结果和对方案进行修正的过程。它以优化教学效果为目的，以学习理论、教学理论和传播学为理论基础。

对语文教学设计的运用，是指语文教师运用系统方法，按照一定的教学目标和要求，针对具体教学对象，对语文教学的整个程序及其具体环节所做出的行之有效的策划。其目的是优化教学效果，以达到预期的语文教学设想。

语文教学设计要坚持以下指导思想：

（1）运用系统科学理论，有效整合语文教学诸因素。系统科学理论包括系统论、控制论、信息论，是研究客观世界中的系统、控制、信息问题的综合性横向科学。"三论"之间自成系统又相互依存。其整体原理、有序原理和反馈原理为优化语文教学提供了重要的思维方式与手段。

语文教学是由教学目标、教学内容、教学方法与手段、教学环境等诸多因素构成的系统。有效的教学设计既要依据语文课程标准的要求，又要遵循语文知识内在的规律，还要符合学生的认知规律和心理发展规律等。因此，掌握和运用系统科学的理论，才能在具体教学设计中做到系统控制，选择最佳教学设计方案。具体而言，就是要明确每个教学要素在教学进程中的作用，能够为每个要素发挥作用提供时间、条件或机会，保证有效整合各种教学因素，发挥教学系统的整体功能，实现教学过程的最优化控制，最终达到教学目标的优化。

（2）运用教育教学理论，把握语文教学的特点。教育教学理论包括一般教育教学理论和语文学科教育教学理论，是语文教师设计与实施教学的重要理论基础，是语文教学设计的直接理论来源。新课程对语文教学的重要理论进行了较全面的阐释，语文课程的理念、学科的性质、教学的目标等都对语文教学设计形成一定制约。只有在正确的教育教学理论的指导下，才有可能把握住语文教学的特点，设计出较为科学的教学方案。

语文教学设计应体现出语文学科教学的最新研究成果，如阅读教学设计，要注重教师、学生与文本之间的对话、互动与生成，体现三维目标的要求；应重视语文的熏陶感染作用，尊重学生在学习过程中的独特体验；应该让学生更多地直接接触语文材料，在大量的语文实践中运用语文知识；注重对学生语感能力的培养等。教学设计应充分发挥语文教学的育人功能，立足于学生的可持续发展，以有效转变应试教育带来的一些急功近利的教学现状，使语文真正成为学习其他学科知识的基础。

（3）运用学习理论，发挥学生学习的主体性。学习理论是研究和揭示人类学习过程的本质和规律，指导人类学习活动的一门科学，特别在指导学生的学习活动方面具有重要的意义。"一切为了学生的发展"是基础教育课程改革的核心理念。学生是教学活动的主体，发挥学生的主体性，是教学设计的出发点。

运用学习理论进行教学设计要面向全体学生，关注学生的个体差异和不同需求，引领学生在语文学习中发挥自己的积极性与主动性，促进学生更好地获得语文能力的发展。在语文教学目标的设计上，要关注学生的行为表现、情绪体验、过程参与、知识获得以及合作交流等方面；在教学过程的设计中要激发学生的主动意识，保护学生的积极性，组织学生主动学习，尊重学生的个体体验。在教学流程及策略的设计上，要注重学生学习投入的态度、深度、广度，动手、动口、动脑、思维活动的强度、有效度等。

2. 语文教学设计的指导原则

在进行语文教学设计时，要掌握整体性、实效性、可操作性原则。

（1）整体性原则。

第一，把握教学目标的整体性。任何教学设计都是为总体目标服务的，在语文教学设计中，则要兼顾几个层面的目标：总目标和阶段目标（学年目标和学段目标）；每册教材确定的教学目标；具体教学过程目标，如一个单元、一篇课文、一课时的教学目标。

第二，形成整体教学思路。要综合课文作者写作思路、教材编辑设计思路、学生语文学习思路，设计出适合学生理解与掌握的总体教学思路。

（2）实效性原则。教学设计追求教学的有效性，以优化教学效果为目的，因此，在语文教学内容的设计上要突出重点、突破难点。在教学过程的设计上要抓住教学的中心环节，在教学方式方法的设计上要选择实用的教学形式，在教学手段的设计上要选用恰当的教学媒体等，力求达到事半功倍的效果。

（3）可操作性原则。该原则体现在教学目标的设计上，即要可操作、可检测，在教学过程的设计上，师生的活动要具体、明确，在教学的测评上要可测量等。

总而言之，语文课堂的教学设计离不开教学理论的支持和指导，随着现代教育教学理论和认知心理学理论的应用和发展，学习者、教学媒体与教学情境的相互作用成为教学设计关注的焦点，其强调教学设计诸要素的整体性、变化性与交互性。

二、中小学语文单篇阅读教学设计

（一）单篇教读课文的教学设计

1. 教读课文在阅读教学中的地位与作用

教读课文是指学生在教师的指导下精读的课文。每一单元的教读课文体现了相应单元的学习目的和要求，是教师指导学生积累知识、学习读书方法、掌握读书规律、形成阅读能力的重要材料。学生则凭借教读课文的学习，在获得语文知识的同时，掌握阅读方法和阅读规律，形成阅读能力。

2. 教读课文设计的要点

确定教学目的，把握重点、难点、疑点，这里所说的教学目的，是指教读一篇课文或一个单元的课文所要达到的具体目的，它包括基础知识、基本能力和人文教养因素三个方面的教学目的。确定教学目的是教学设计的核心。

确定教学目的的主要依据：第一，语文学科的总目的（《大纲》是它的书面形式）；第二，教读课文内容和形式的特点；第三，学生的知识、能力水平和教育教养素质条件。

对于教学目的三个方面的因素，不是也不能一个个分开去把握，而应作为一个整体，进行综合的理解和认识，并根据具体情况设计落实教学目的具体措施。

所谓重点，就是指实现教学目的所应掌握的最重要的、最基本的知识点。在课文中，体现重点的内容一般会在预习提示或练习设计中有所反映。但因学生情况有别，教师应根据具体情况确定教学重点。至于难点和疑点，没有固定的界定标准，而要依据学生的实际情况来判定。重点、难点、疑点有时会聚合在一起，有时会分散在不同的点上，"三点"之中，重点是相对固定的，难点和疑点却因学生的水平不同而移动。三者的聚合或分散也在所难免。因此，教师在教学设计时既要认真钻研教材，又要细心了解小学生，即教师们所说的"吃透两头"。其意义就在于准确地把握重点、难点和疑点。

总而言之是要"突出重点"，不能面面俱到地把一篇课文从头到尾逐字逐句加以阐释。但是，重点往往又与"一般"联系在一起。在教学实践中，很难做到孤立的"突出重点"，这样，"重点"就成了"无本之木"。重点必须与"一般"相联系。

"难点"与"疑点"的处理要看它们与重点的关系是否密切。与重点关系密切，就要详细讲解，否则就可以略讲或不讲（或课外讲解）。

对于难点的处理，教师要注意了解学生为何感觉难，以便解决问题。

（1）理清教学思路。思路，指的是人们思维活动的逻辑顺序，也是思考问题的逻辑线索。教学思路包括教师教的思路和学生学的思路。《九年义务教育全日制初级中学语文教学大纲（试用）》第一次把"大体理解课文的思路"列为"阅读训练"内容，与此相衔接的《全日制普通高级中学语文教学大纲》进一步提出"理清作者思路"的要求，这对于提高阅读理解能力都是极有意义的。

学生学的思路在很大程度上是与教的思路相一致的，主要有以下原因：其一，阅读文章总是有一定的规律的，这个规律就是"整体—局部—整体"；其二，学生的学是在教师的指导下进行的，学的思路一定会受教的思路的影响，且年级越低越是如此。但是有时情况很特殊，教的思路与学的思路会产生冲突。例如，教学生读一篇小说，小说的情节曲折动人，有一定的吸引力，当教师叫学生翻开课本后，学生便津津有味看起来，但教师却想在开始时补充或介绍一些相关知识，以免中途打断学生的阅读次序。这样教的思路与学的思路便有了冲突，两种思路的不协调，就会影响教学效果。学生到了高年级，已具备了一定的知识积累和阅读技能，他们在解读新课文时，也有自己的阅读习惯，个别学生甚至会形成一种"阅读定势"，在这种情况下，教师便要根据学生的具体情况认真考虑如何使教的思路适应学的思路。因此，在教学中教师教的思路和学生学的思路是互为影响的。

下面我们从理清课文思路和理清教的思路两个方面举例说明。

1）理清课文的总体思路。理清课文的总体思路，实际上就是教会学生如何阅读课文，探寻作者的写作思路。中小学教学大纲在"理清作者思路"一句前说"整体把握课文内容，分析课文段、层次及其关系"，说的正是理清总体思路的基本方法。第一步，分析课文段、层次（这里的"段"也说"部分"）；第二步，分析各部分之间、各层次之间的联系。

2）如何理清教学思路。总体而言是"由易及难、由简入繁、由浅入深"。在教一篇课文前，教师按照"整体—局部—整体"的读书规律，先从领会课文大意入手，解决字、词、句的认识，提出一些较简单的要求。再深入局部分析，在整体的统率下钻研局部的句段。提问的难度加大，从文章的字面意义推究作者的思想感情，从文章各部分之间的逻辑关系总结作者的写作中心。然后再回到文章的整体上，全面思考文章的主题、内容安排技巧和形式特征。最后安排复读、练习、巩固。教学思路大体如此，但也并非千篇一律。

（2）找准教学的切入点。在具体的阅读教学过程中，学生通读课文，一般要从篇首开始，读完全文。但教师的指导却不一定必然要这样做。有的教师往往是在学生理解全篇的基础上，寻找一个最佳的切入点，带动全篇课文的指导。

寻找教学的突破口，并不是任意的，它往往要考虑三个要素：一是取决于思维的习惯和思维的逻辑顺序，二是考虑课文内容和形式的特点，三是要兼顾学生的兴趣爱好和心理特点。

注意寻找教学的切入点必须从课文中的某一点开始，目的在于使学生更有条理地解读课文。寻找教学突破口也没有固定的文字标志作参考，全靠教师深入钻研课文、了解学生才能找准。

3. 教读课文的设计模式

所谓教学模式，是指在一定教学思想的指导下，设计和组织教学，并在实践中建立起来的相对稳定而具体的教学活动的方式。人们习惯上也把它称为"方法"，但它是"大方法"，是相对于具体的操作方法（如讲述法、提问法）而言的。教学模式既是理论体系的具体化，又是教学经验的一种系列概括。

（1）"三主四式导读"模式。

1）"三主"。"三主"即"以学生为主体，以教师为主导，以训练为主线"。

第一，"以学生为主体"是指学生在教学过程中应该成为学习的主体、认识的主体、发展的主体。教的目的是为了学，学是教的发端、根据和归宿，是为学而教，而非为教而学。因此，要把以教师传授知识为主的教学过程，改为学生在教师指导下主动获取知识的过程，也就是要从根本上改变学生在教学过程消极、被动、无所作为的地位，从而使成为学习的主体、认识的主体、发展的主体。

第二，"以教师为主导"，是指在确认学生的主体地位的同时，规定教师在教学教程中的作用和活动方式主要是导，以学生为主体绝不意味着教学过程中事事都要学生亲自发现，让他们在黑暗中摸索，徒费时间。教学效率就在于追求花最少的时间去获得最大的收获，因此，以学生为主体，并不是放松或取消教师的主导作用，而是要加强教师的主导作用。教师的主导作用，可以概括为四个方面：首先，教师是整个教学过程的组织者，他使学生的求知活动始终围绕主要目标进行，并收到最理想的效果；其次，教师是学生求知过程中的启发者，引导学生不断向知识的深度和广度探索；再次，教师是学生学习的指导者，随时给学生以鼓励、督促和进行学习目的、学习方法的指导；最后，教师是知识的传授者，在学生求之不得的时候，教师的讲授还是不可少的。

第三，"以训练为主线"。这里所说的训练是指教学过程中学生主动获取知识、应用知识、培养能力、发展潜力的各项学习活动。其基本形式是以思维训练和语言训练为核心的听、说、读、写训练，这种训练应贯穿于语文教学的始终。只有把学生组织到以训练为主线的教学结构中去，才能完全实现两者的统一。题海战中的多练，学生是被动的，囿于机械地重复；它不是听说读写都重要，而是题海淹没一切；它虽能使学生获得一些知识，形成某种技能，但由于没有能力发展的具体目标和规划，因而不能有效地促进学生智能的发展；它往往是为了应付考试，而并不把语言训练与思维训练贯穿于教学过程的始终。因此，以训练为主线同单纯做习题的"多练"并非同一概念。

2）"四式"。"四式"实际上是在"三主"思想指导下开展的四种不同方式的训练，其操作模式如下：自读式—教读式—练习式—复读式。

第一，自读式。自读式是以培养学生的独立阅读能力为目的的一种训练形式。自读，不是让学生随心所欲，放任自流的自由阅读，而是一个有目的、有计划的训练过程。自读的进行大致有三种情况：一是先教后读，即教师先教给阅读方法，然后由学生自读；二是先读后教，即学生按照老师的要求先自读，然后在老师的指导下加深理解，从而领悟阅读的方法；三是边教边读或边读边教，即老师边作指导，学生边自读。

第二，教读式。教读式是学生在教师指导下进行的阅读训练，教读必须与自读同步进行。教读，教师主要是在三个方面发挥"主导"作用：一是激发学生的学习兴趣；二是教给学生阅读方法；三是帮助学生克服阅读中遇到的困难。

第三，练习式。练习式是为强化、巩固所学知识，促使知识转化为能力而完成一定数量的口头或书面作业。常用的练习类型包括：①以记忆或积累知识为主的练习（如朗读、背诵、抄读）；②以消化知识为主的练习（如改写、续写）；③以应用知识为主的练习，这类练习可以是单项训练，如用词造句，也可以是综合练习，如借鉴课文写作；④评价性练习，包括鉴赏和评论，既可以就课文内容或形式片言只语写心得，也可以对文章的立意、结构做评价。

第四，复读式。复读式是一种复习性的阅读训练形式。把若干已学过的课文按一个中心组成"复读单元"指导学生读、想、议、练。复读式对课文归类有三种类型：一是以复习基础知识为目的的；二是以比较课文内容或形式异同为目的的；三是以求得规律性知识为目的，课文归类与学习目的相呼应。

"三主四式导读"模式肯定了以学生为主体、以训练为主线的基本思想，解决了教与学、传授知识与发展能力之间的问题，有助于教师认清自己的地位和角色，有助于教师在制订教学方案时落实切实可行的能力训练措施。但是，对教师的能力要求较高，教师要具备较高的"导"的艺术和驾驭课堂的能力。

（2）提问教学模式。所谓提问教学模式，是以师生共同提出问题、讨论和解决问题为主线，引导学生钻研教材、读懂课文、接受言语训练的一种教学模式。20世纪80年代初，上海市教学研究室倡导提问设计，将提问上升为一种课型设计的方法，以提问为主兼用其他方法来设计阅读教学，逐步形成了"提问教学模式"。

1）提问教学模式的不同。作为一种教学模式，和常规的具体措施提问相比，两者的不同在于以下方面：

第一，出发点不同。作为模式的提问，是以提问为联系方式，启发学生边思考边读书，使言语训练与思维训练更紧密地结合起来；作为常规方法，一般是引起学生的有意注意，提醒学生注意某一个知识点。

第二，问题的组合和指向不同。作为模式，强调整体效应，它必须根据课文的重点、难点、特点，设计出一组问题，问题之间前后相连，环环相扣，系列性很强；而常规提问则往往是针对课文的局部内容或形式发问，要求比较单一，不强调系列联系的紧密性。

第三，问题的来源不尽相同。提问模式中，问题可由教师提出，也可由学生提出。而且教师要有意识地传授发问的方法，鼓励学生提出有价值的问题，以培养学生"善问"的能力；作为常规的方法，在大多数情况下，是由教师提出，学生回答的。

2）提问教学模式的步骤。提问教学的具体模式在实施过程中是千差万别的，但大体上有这么三个步骤：质疑设问—讨论答问—小结评问。

第一，质疑设问：要求学生在初读课文的基础上，教师启发学生提问，或设立问题情景，引导学生发疑。

第二，讨论答问：在教师的组织下最大限度地发挥学生认知的可能性和学习的积极性，引导学生通过各种方法和途径，研究解决问题的方法，培养创造性学习态度。

第三，小结评问。这一步有三方面的内容：一是评问题提出的质量，哪些问题提得好，能抓住课文的重点；二是评哪些问题解决得好，使学生得到启发；三是整理出哪些问题并未解决，然后由教师指导学生解决那些疑难问题，并小结整个过程。

3）提问教学模式须注意的问题。运用提问教学模式，须注意以下问题：

第一，对学生提出的问题，教师要去芜存精，分出主次；对一些涉及重点的内容，学生还没有提出相应的问题，教师要启发学生提问题或由教师补充提出。

第二，解决问题的次序要遵循学生的学习思路，或抓住主要问题，切中肯綮，其余便迎刃而解。

第三，在讨论答问时，要发挥学生的积极性，让学生自己开动脑筋，自行解决问题，让学生尝试解决问题的喜悦，激发学生的兴趣。只要答准问题的实质，不必强求词句的一致。重在培养学生的思维能力，提高思维品质。

（3）情景教学模式。情景教学模式是教师根据课文所描绘的内容，利用言语或其他辅助手段，再现课文所描绘的情景氛围，使学生如见其人、如闻其声、如临其境，从而更深切地体验作者的思想感情，理解课文的思想内容和表现形式。情景教学对培养学生情感、启迪思维、发展联想和想象能力有着特殊的作用，是传统语文教学方法所不能比拟的。

1）情景教学模式的一般过程。情景教学模式的一般过程是：设境—理解—深化。

第一，设境：就是根据课文内容，创设情景，引导学生进入情景，形成表象，变静态的文字描述为动态的景物表象，让学生在真切的氛围中感知课文。情景创设的方法和手段有言语描述、实物演示、音乐渲染、表演体验、影视播放、深入社会生活等。

第二，理解：就是在深入情景之中，让学生以境悟文，把文章与情景融为一体，教师以景导文，让学生仔细体会课文与创设情景的相通之处，从而达到领悟课文的文字情景与体验创设情景相融合的理想境界。

第三，深化：就是教师引导学生展开联想或想象，深入体验课文中所蕴含的作者感情，深化对文章主旨的认识与理解。在这一阶段，教师着重开拓学生的联想和想象能力，引导学生把文字描述与创设情景沟通起来、与现实生活沟通起来，这就要联想、想象思维发挥作用。既要让学生通过创设的情景，领悟文字描述的准确性，又要让学生根据文字提供的内容去想象新的情景，这样，就能达到既理解、领悟"文义"，又体验、感受"情趣"，从而达到透彻理解课文的目的。

2）情景教学模式的注意事项。运用情景教学模式要注意以下方面：

第一，从教学对象看，情景教学一般用于小学阶段和初中低年级。

第二，从教学内容看，适用于记叙性文章和诗歌、剧本的教学。特别是用在诗歌、剧本的教学方面，效果更好。也适用于写作教学时激发写作情感阶段。

第三，从教学目的看，情景教学重在激发感情，但语文基础知识的教学、哲理性内容的讲解、听说读写能力的全面培养，还必须依靠其他方法。

（二）单篇自读课文的教学设计

1. 单篇自读课文在阅读教学中的地位与作用

自读课文就是学生在老师的指导下，把在教读课文中所学到的知识和读书方法，运用到自读课文的过程中去，借以巩固所学知识、练习运用方法，从而培养独立阅读文章的能力。

自读课文还有一个调节作用，不同地区、不同学校，可以根据学生的不同情况对自读课文进行增删抽换，给学校、教师的教学工作以更多的主动权和灵活性，从而加强教学的针对性。

2. 单篇自读课文的教学设计要点

自读课文的"自读"，并非一般意义上的完全自学形式的阅读，这是因为，从内容上看，它有特定的对象——规定自读的课文；从目的上看，它有特定的目的，即巩固相应单元中所学的知识和能力；从时间上看，学生必须在教师规定的时间内完成阅读任务；从阅读过程上看，是在教师的组织和指导下的阅读活动。因此，这里的"自读"，是一种有组织、有计划、有目的的阅读行为。语文教师对自读课文的处理，决不能放任自流，使自读课文丧失了它的独特作用，而是要加强自读课文的教学研究，促使学生通过自读课文的阅读训练，将知识及时地转化为能力。自读课文的设计要注意以下方面的准备工作：

（1）确定训练目标和形式。

1）训练目的的确立。从内容上考虑，是巩固和运用知识，主要根据单元的总体要求和自读课文的本身特点来决定；从能力上考虑，以阅读为主，带动写、听、说的其中一个内容来训练。如以读带读（读同类文章）、以读带写（写作文或读书笔记）、以读带说（讨论）。

2）训练形式的确立。根据课本编者的安排，学生自读课文的指导，一般安排在课堂内，利用一节课的时间完成。因此，要考虑自读的效率，就必须考虑恰当的形式，在实践中，一般是采用学生课外自习，教师课内点拨的形式。点拨的方法最重要，关键是指导读书方法。

（2）指导学生运用读书方法。对于一般的读书方法，教师在进行教读课文的教学设计时，就要考虑与自读课文相配套，这样，学生能及时运用，加深理解，促进转化。但是自读课文毕竟与教读课文在内容或形式上有所区别，所以，教师要针对自读课文的特点设计教学步骤和方法。如提示回忆相关知识、启发学生运用某种方法完成练习，按照哪些步骤读书等。不过，自读课文着重指导学生使用在教读课文时所学的方法，而不是由老师直接答疑问难。

（3）确定评价方法。教师对自读课文阅读结果的评价，实质上是对学生自学能力的检查。而自学能力的检查，又是通过对具体知识的掌握情况和能力运用的结果中分析出来的。因此，从评价内容方面，仍然要涉及字、词、句、篇；从评价方式方面，仍然要采取诸如写读书笔记、仿写文章、口头答题、综合测验等，但这与教读课文的练习目的不尽相同。教读课文的练习重在对新知识的理解和掌握，而自读课文的练习则重在对知识的巩固和运用；教读课文重在对读书方法的理解和记忆，自读课文重在模仿、运用读书方法，最终能独立地、综合地运用读书方法，形成稳定的阅读能力。因此，教师在设计检测方式方法时，一般应考虑以应用性、综合性的练习为主，不能单纯设计那些记忆性、理解性的练习。

3. 单篇自读课文的设计模式

（1）"六步自学"模式。"六步自学"模式的具体环节是：定向—自学—讨论—答疑—自测—自结。

1）定向：即确定教学的主要目标，重点和难点，控制信息的接收范围，排除学习重点外的干扰性，学习多余信息。

2）自学：学生依据教学目标、重点和难点自学课文，独立思考。基础差的学生完成部分自学内容，基础好的学生向深度和广度开拓，一般学生能自己解决百分之六七十的问题，不同水平的学生各有所得。

3）讨论：前后左右每四人一组，把在自学过程中遇到的不懂的问题提出来，互相讨论；在讨论中仍不懂的问题，留待下一步解决。

4）答疑：也是立足于学生自己去解决疑难问题，由每个学习小组承担回答一部分，各小组之间彼此交流、讨论，各组讨论仍未解决的或有分歧问题，教师可稍加点拨或给予提示。

5）自测：根据定向中提出的重点和难点，以及学习后的自我理解成果，由学生拟出一般可在 10 分钟内完成的自测题（也可由教师出），学生相互检测，相互评分，自己检测学习效果。

6）自结：下课前几分钟，每个学生在自己座位上口头总结一下这节课的收获，再从各类学生中选一两名学生单独总结，使各类学生接收信息的质和量得到及时的反馈。

"六步自学"模式充分发挥了我国传统语文教学中重视知、情、意、行相互作用的优点，唤起学生求知欲望，让学生找到自身的学习方向，并在了解自己的学习收获后得到欢乐和幸福，从而激发深入学习的意愿。在继承中有发展，正视"六步自学"法的优点。如果说这个模式还有不足的话，就是在六个步骤中，如何传授基础知识，进行听说读写能力的全面训练，还有待于教师辅以创造性的设计。

（2）"八步教读"模式。具体程序如下：

①默读课文，标节码（为自然段编号）、勾生字难词。

②查字典，查字、拼音、选义。

③分小组朗读课文，听写生字难词。

④个人钻研课文，写出分析草稿。

⑤分小组讨论课文分析。

⑥听老师分析课文。

⑦个人写出正式的课文分析作业。

⑧写读书笔记，熟悉或背诵课文。

"八步教读"模式的相关步骤中，分别设计了读书练习、写字练习和迁移练习，以求读得有效，学得扎实，不走过场。其中"读书练习"有九个项目：①查找工具书认字解词，弄清背景知识；②编写节（自然段）、段提纲，掌握课文基本内容；③分析课文各部分内容的练习；④归纳课文中心的练习；⑤分析写作方法的练习；⑥从课文中提出问题进行论述的练习；⑦记叙文浅析练习；⑧说明文浅析练习；⑨议论文浅析练习。

"八步教读"模式的特点：学生的学习活动构成了主体，教师的作用在于主持和引导、为学生作示范而不是包办。"学什么"在很大程度上是由学生自行决定（除第六步"听老师分析课文"可能会影响学生的正式课文分析作业外）。这样，学生被"逼"得只有通过细读课文才能领悟文章是什么内容，哪些东西该学，怎么去学。这类似于"发现学习法"。长期训练学生便能做到"无师自通"，适应终身教育的需要。但这一模式也有值得商榷之处，如没有统一的目标，须凭学生自己"发现"，一开始学生或许不能适应；再说，整个模式花时不少，节奏慢，不利于学生阅读量的增加。

（3）"八字"教学模式。八字教学模式不是语文教学的独有模式，语文学科的具体做法如下：

①读读：是指学生读课文，初步了解课文内容。基本做法：对于新课文，要求学生上课时阅读。阅读时根据课文内容提出具体要求，使学生带着问题阅读，这样可以激发学生的求知欲，调动学生的学习主动性和积极性。阅读时教师巡回指导，及时了解学生的阅读情况。不要硬性规定学生在课前预习新课，若各科目都布置课前预习，就会加重学生的负担，学生课外也没有时间钻研自己喜欢的功课了，不利于学生的个性发展。

②议议：是指课堂上学生之间的议论和交流。学生阅读课文后，个人的理解和领悟会有所不同，"议"就是让学生在课堂上各抒己见，相互交流，明辨是非，以求得正确的结

论。同时，养成主动读书、主动探索问题的良好习惯。教师对学生提出的议题要有所引导。如果学生提出的议题不是教材要求的或者就学生现有知识水平还不能够解决的，教师应及时做出交代，待课后做个别指导，避免课堂空议。

③练练：是让学生将在课堂上学到的知识通过练习进行消化和巩固，通过练习发现问题回头再读再议，务必达到熟练和深化。不主张布置大量的课外作业，要求当堂完成一定数量的作业。在练习形式上偏重于写书评、杂记及少量的命题作文，并要求学生相互之间批改作业。

④讲讲：讲是指教师的点拨、讲解、解惑，是贯穿在各个环节中的，但也有学生的讲。其中教师的"讲"是根据学生在读、议、练中产生的问题做有的放矢、画龙点睛失的点拨。学生的"讲"则重在交流意见和看法。

在这个教学模式中，"读"是基础，"议"是关键，"练"是运用，"讲"贯穿始终，它能开阔学生的思路，发展学生的思维能力，调动学生的学习主动性。同时，改变了传统课堂上沉闷的气氛，使学生学得生动活泼。需要指出的是，读、议、练、讲的次序并非不可改变的，而是有一定的灵活性。

4. 单篇自读课文教学设计的步骤

单篇自读课文教学设计的步骤主要有以下方面：

（1）指导学生去阅读。阅读是准备，是基础。

科学的阅读方法是学生获得知识、形成能力、发展智力的重要手段。方法得当的话，读书可以少走许多弯路，节省时间、提高效率。阅读方法又分为朗读、默读、精读、略读、速读。简言之，朗读就是将书面语言转化为响亮的口头语言。朗读能增强文章的感染力，有助于学生理解课文，培养学生的语感。默读则是不出声地读，它有利于学生加快阅读速度，正确而深入地理解课文以及养成自觉阅读的态度和习惯。精读就是对课文逐句循诵、仔细揣摩、领会要旨的一种阅读方法，其有利于学生透彻理解文章的内容和形式，有助于提高阅读的深度。略读就是总揽全局，"观其大略"，剔除枝蔓，抓住要点的一种阅读，略读有利于学生扩大阅读的广度，开阔视野。然而，略读不只是让学生自己去读，教师也要给予他们一定的指导，这样才能纠正学生的学习误区，不要让他们把"略读"认为只是"粗略"的阅读，甚至是"忽略"的阅读，从而导致他们养成不良的阅读习惯。因此，教师的作用更是不容忽视的，要对学生提出学习要求：①随时控制注意力，保持注意力集中；②要善于抓住读物的关键，分清主次，有的放矢；③加强跳读训练。带着搜索特定内容的目的，快速翻阅，跳过某些文字，寻找重点内容。速读就是快速阅读文字，理解内容，获取信息。

自读课文的阅读，读什么，要先读学习目标、学习重难点，读自读提示，然后再去读课文，读练习，这样可以使学生更加明确目标，找准方向，能够排除自学的盲目性。当然，还要避免学生流于表面形式的阅读，或者只看粗枝末节，精彩的部分出现阅读的弊端和误区，鉴于此类现象，教师不仅要在思想上加强引导，更要在方法上给予指点。

（2）思考。思考是关键，是迁移知识形成技能的桥梁和纽带。把讲读课上所掌握的知识与技能进行整理，思考一下在自读课上应如何体现。可见，讲读课是积累，是举一，是"渔"；自读课是运用，是实践。

（3）归纳、总结。归纳、总结有助于学生思维能力的提高和完善，也是对学生语言运用能力的加强和锻炼，我们教师同样要给予相应的指导。写生字词、文章的提纲、中心思想、写作特色及读后感等，这一环节我们可以采用多种课堂形式去完成，例如，充分调动班级学习小组的作用。首先在小组内展开讨论，进行展示；然后在班级内去交流、展示；最后进行点评，根据学生的具体情况提出不同要求，因材施教。

（4）反馈。教师要适时地抓好这一环节，通过此环节，教师可以准确了解学生的学习情况，并及时做出调整，弥补学生在自学过程中的遗漏和误区。此环节也是学生能力的提高阶段，可以通过师查和自查的方式，反思个人的学习任务完成和掌握的情况。通过此环节还可以明确在自读过程中是否把讲读课上所学到的知识和技能进行归纳、类推和运用。因此说，自查习惯的养成还是很有必要的。在师查环节上，教师不仅要查学生的学习，更要查一查教师自身，自己的指导方法是否有利于学生的自学、总结经验和教训。通过此环节，我们师生都会有所改进、有所完善，并不断走向成熟。

在自读课文的教学中，教师首先要提出要求，让学生自学。学生通读课文，抓住重点，理清结构，分析重点语段。其次要鼓励学生大胆质疑问难，勇于探索，帮助学生树立自学信心，提高自学能力。

三、中小学语文阅读的单元教学设计方法

单元教学是以一个单元或一组课文为教学单位，依据教学大纲的要求和单元课文在教材中的地位、作用，从课文特点和学生实际出发，把读写听说训练和传授语文基础知识结合起来，总体设计并进行教学。另外，对于学生高效地掌握知识、培养能力、提高素质能起到单篇课文教学所不能发挥的作用。

（一）单元教学设计方法的特点

第一，从制定教学目的要求看，着眼于一组文章，而不是一篇文章。

第二，从教学设计环节看，把几篇课文视为一个整体，通盘考虑教与学、讲与练、读与写、听与说的具体内容和方法。

第三，从认识论的角度看，单元教学是从事物的联系中认识事物，从事物的若干侧面来认识事物的整体，或从对比辨析中认识事物的特征。

（二）单元教学设计方法的意义

第一，有利于引导学生学会用系统方法处理学习内容，既见树木，也见森林，便于知识的归纳、比较，从而掌握学习规律。在一个单元中，编者根据一定的意图将数篇课文组合在一起，内容和形式相近或相关。但是，每篇课文的内容、形式、表达方式等都有各自的特点，所体现的语文知识及能力训练是不可能全面的，往往只体现知识的某一方面。单元教学把各篇课文作为一个整体去理解，教师可引导学生将某一知识点的几方面放在一起进行比较、归纳，这样，就做到了"既见树木，也见森林"，既认识个性，又能把握共性。便于总结、掌握学习规律，有助于学生整体语文能力的提高。

第二，有利于培养学生的自学能力。在一个单元中，听说读写四项技能的训练组合在一起，有机配合，便于互相呼应、互相促进。在一个单元中，教读课文与自读课文基本上都属于同类文章（或有的内容相关、有的形式相关），这样，有利于学生将教读课文的经验、方法迁移到自读课文的阅读中去，以读带读，以读带写，以写促读，读中练听说，听说促读写，对培养学生的自学能力非常有利。同时，学生在综合训练过程中，通过课内外的联系，掌握规律，扩大知识面。

第三，有利于培养学生的创新能力。单元教学把指导学生质疑解疑当作一种教学常规，常抓不懈，直至学生养成自行质疑解疑的读书习惯，扩大了学生的阅读量，学生拥有更多的学习主动权，更能开发创新型学生的智力因素和非智力因素。另外，由于单元教学节省了学习的时间，可以腾出时间来开展语文的第二课堂活动。

第四，目标更明确，重点更突出，便于教学与检测。现行通用语文教材的基本结构是由单元组成的，每一单元提出了单元教学的整体教学目的。实行单元教学，教师可以单元整体目的为基础，根据单元中的各篇课文的特点，将目标予以分解，选择最能体现单元目的的内容予以精讲，其余内容可让学生自读训练或作略讲处理，这样，教学目标更明确，教学重点更突出。

（三）单元教学应注意的问题

第一，在落实单元教学目标时，要正确处理知识传授与能力训练的关系。随着教学改革的深入，广大教师逐渐意识到光有知识还不能符合 21 世纪人才的要求，必须培养学生的能力。因为知识并不等于能力，知识和能力并不是线性关系，学生掌握的知识多并不等于能力强。教师必须注重在教学中让学生获得知识的同时提高能力，尤其要重视学生的听、说、读、写能力的综合训练，因为它最能发展学生思维的变通性和独创性。例如，听讲时提出不同看法，在讨论时说出新颖、独特的见解，阅读时对材料进行比较、联想和鉴别，作文时灵活运用各种方式表达自己的思想等，这些都是培养创新型学生的主要方法。

第二，注意突出重点，讲究效率。单元教学设计尤其要注意突出重点，不能每篇课文都要求"讲深讲透"。例如指导阅读，教师可从一个单元里选择一至两篇课文作为自学的指路篇，指导学生自学本单元的自读课文，让学生在教师的指导下反复认读，渐渐领悟，在自读、讨论、争辩中获得知识，提高能力；在单元总结中，让学生自我复习、自我总结，在总结中发现规律，掌握共性，区分个性，由知识转化为能力。复习练习，要精选典型的练习题让学生当堂完成，既检查一个单元知识的掌握情况，也检测出学生知识的迁移程度。

单元教学的作用并不是每篇课文教学效果的简单相加，而是作为语文教学的一个子系统与整个语文教学大系统相关联的。系统内各种因素互相作用、互相促进、互为影响，其整体作用应比单一的操作要大得多。从理论上分析，单元教学是阅读教学的发展方向。语文教师不应该固守单篇教学一方阵地，而是要大胆探索，勇于实践，逐步掌握单元教学的规律，把语文教学能力提高到一个新的水平。

第三节　中小学语文阅读与作文教学方法的有效整合

中小学生的写作技巧想要得到不断的提高，首先就要提高学生的语文阅读能力。在中小学语文教学中培养学生的阅读能力，还可以让中小学生通过阅读，加强自己对课文的掌握程度，了解课文中所采用的主要描写手法和写作技巧。学习课文中好的写作技巧，提高学生自己的写作能力，让自己语文成绩在整体上得到提高。同时，语文老师要注重课堂的质量，转变教学方式，帮助学生明确目标，为学生指明前路，做好学生的引路人，让学生在语文成绩得到质的飞跃。

一、精心准备教学，通过提问提升学生阅读能力

提问是课堂中老师和学生交流最好的方式，所以，语文老师在平日的语文阅读课堂教学中要利用好提问这一方式，在课前做足功课，准备好每一节课，在课堂上为学生提出一些有意义的问题，让学生独立自主地去思考问题。通过提问的方式，帮助学生理解课文的内容，从而帮助学生提高兴趣，积极投入课堂中去，提高课堂的教学质量，由问题让学生产生思考，在问题中融入写作技巧，引出学生对写作的兴趣，最终由兴趣促进学生的学习，这样循序渐进，一环套一环，帮助学生提高语文阅读能力和写作技巧。老师通过提问所要传递给学生的是真诚的话语、信任的目光以及和蔼的微笑，跟孩子建立起一种平等互助的良好关系，学生的思考能力和创造能力才能被发挥到极致，让学生在轻松愉悦的氛围中体会阅读学习的乐趣。

二、增添教学内容，通过阅读提升学生学习兴趣

现在很多学校都有自主阅读的时间，让学生自己去阅读自己喜欢的文章，大都是在早上的时候，也就是我们常说的早读，早读的时间大都是在 40 分钟左右，早读是学生的阅读天堂，教师可以对阅读内容进行布置，也可以让学生独自进行阅读，去阅读自己喜欢的文学作品，让学生自觉想去阅读。同时，老师也可以安排读当天课堂上将要讲到的课文内容。让学生去阅读，不仅是让他们进行了提前预习，也能保证课堂效率的提高，这就要求教师通过适当的方法营造出和谐宽松的教学环境，留给学生充分的阅读时间，让学生能够自行地创造一种阅读的氛围，自然而然地也就可以对文章加深理解，使得阅读成为个人化的行为，只有让学生进行积极主动地阅读，才能在其中形成自己独特的阅读感受。给了学生一个良好的阅读氛围，自然而然地，学生就更加喜欢阅读，提高了学生的阅读兴趣。老师也可以利用多媒体，在多媒体上投影学生的阅读内容，让学生进行赏析，赏析阅读内容中好的写作手法，倡导学生们去学习，提高自己的写作水平。

三、开展朗读活动，提升中小学生的写作技巧

中小学语文老师在平日的课堂学习中，可以依据所学文章内容的不同，让小学生采取不同的阅读方法进行学习，在学习具有丰富情节的语文课文时，老师可以让学生分小组划

分角色，每个人在文中扮演不同的角色，然后以小组为单位学习文章。同时，也可以反复朗读，可以变换角色，增加学生对课文的熟悉度，让学生体会到作者写作时的思想感情，发现文中角色的优秀品质，让学生去学习文章的写作技巧，通过朗读总结出属于自己的写作思路。这样的教学方法，可以加深小学生对角色的印象，让文章中人物的思想对小学生以后的学习和生活产生深刻的影响。分角色朗读课文可以使小学生感受到语文阅读学习的魅力，会使小学生积极参与到小学语文阅读课堂中来，从而促进学生对语文写作能力的提高，从而很好地提高学生的语文阅读能力。

综上所述，语文老师在平日的阅读课教学中，要注重自己的教学方法，要让自己的教学方法跟上时代的步伐，要适合小学生的心理，符合新课改的要求，改变传统的教学方式方法。老师也要不断提高自身素养，以身作则，让自己成为小学生学习的优秀榜样。同时，小学教师在进行趣味阅读教学时，还应该注意学生写作技巧的培养，吸引小学生能够参与到语文写作的学习中来，提高学生的语文写作能力。

第七章 中小学语文素养与阅读教学融合的实践研究

第一节 中小学语文阅读教学方法的优化与创新

一、中小学语文阅读教学方法的优化

阅读教学的方法是一个复杂的系统。在不同的教材中，所讨论的阅读教学的方法是不尽相同的——其内涵与外延都不完全一致。所谓阅读教学的方法，可以指阅读教学课堂结构设计的各种类型——较宏观（或中观）的教学方法，也可以指课文不同层次内容的学习或指导方法，还可以指不同阅读活动的指导方法、不同教学环节完成特殊教学任务的方法。较宏观（或中观）的教学方法，即各种阅读教学课堂结构模式，前面已介绍过。下面仅探讨课文不同层次内容（词、句、段、篇）、不同阅读活动与不同教学步骤的教学方法。

（一）不同层次内容的教学方法

不同层次内容的教学方法主要包括：词、句、段、篇，以下具体分析：

1. 词的教学方法

词是最小的语言单位，理解词语是理解全文的基础，因此词语教学是阅读教学的重要内容。

（1）明确需要教学的词语与教学时机。课文中需要引导学生理解掌握的词语应根据课文与学生实际精心分析确定。一般而言，应重视如下类型词语的教学：口语中不常用、较难理解的词语；易用错的词语；表现中心的关键词语；富有表现力、用得贴切的词语。词语教学要注意时机。一般说来，对于那些足以妨碍对课文的理解的词语，应在阅读前的准备工作中讲解。如课文中主要人物的名字、主要地名、现代语言已不使用的某些词语、专

门名词和科学术语以及一些必须懂得才能理解作品情节的词语。有些词语离开课文不易讲解清楚，可放在分析课文的过程中去讲。有些词语儿童已初步理解但还需要进一步巩固或加深其理解的，可放在阅读之后来说明。带有生字的词语可在初读课文阶段教学；由熟字组成的新词或表现中心的重点词语宜结合课文讲读进行教学；含义深刻的词语总结时要注意强化。

（2）注意词语理解的层次与步骤。词语理解有不同的层次与步骤。美国阅读心理学家史密斯把阅读心理过程分为四个逐步深入的层次：字面的理解；解释；批判性阅读；创造性阅读。我国《义务教育语文课程标准》（2011 年版）在学段教学目标中，对不同学段的词句教学也提出了不同要求，体现了对词语理解的层次性，其一、二、三学段逐步提出的要求包括："结合上下文和生活实际了解课文中词句的意思"；"联系上下文，理解词句的意思，体会课文中关键词句表达情意的作用。能借助字典、词典和生活积累，理解生词的意义"；"能联系上下文和自己的积累，推想课文中有关词句的意思，辨别词语的感情色彩，体会其表达效果"。

（3）选择词语理解的合适方法。词语的教学方法很多。就教的方法而言，可以采用的方法：语言描述（讲解）、提供直观（实物、模像——注意利用插图）、引导联想（联系上下文、联系生活实际、换位思考）、示范表演等。就学法而言可以采用的方法：说一说（字源、词义、举例，联系生活实际、联系上下文）、查一查（字词典）、画一画、做一做、演一演、换一换、比一比（词义比较、新旧联系）、找一找（某个或某类词）、分一分（归类）、用一用（用词造句、概括与复述）等。

（4）注意词语的巩固积累与运用。前面的说一说（字源、词义、举例、联系生活实际、联系上下文）、画一画、做一做、演一演、换一换、比一比（词义比较，新旧联系）、找一找（某个或某类词）、分一分（归类）、用一用（用词造句、概括与复述）等词语学习方法，既可检验和促进学生对词语的理解，也可促进学生对词语的巩固、积累与运用，因此也是词语巩固、积累与运用的好方法。另外，在词语巩固积累与运用中还要注意培养与激发学生的兴趣，例如，可以结合词语教学介绍一些古今中外名家炼词的故事，采用游戏与竞赛活动等。

2. 句的教学方法

句子是语言运用的基本单位。它由词、短语或词组构成，能表达一个完整的意思，理解句子是理解段与篇的基础。因此，句子教学是阅读教学的重要内容。阅读教学中的句子教学应注意以下方面：

（1）明确需要教学的句子。阅读教学中应重点抓住以下几类句子引导学生研讨：中心句或含义深刻的句子；对表现中心作用较大的句子；内容距学生生活较远、较陌生的句子；结构复杂的句子；生动形象或表现力强的句子。

（2）注意理解的层次与步骤。像词语的理解一样，句子的理解也有不同的层次要求。就高年级句子理解而言，一般也应该从低层次到高层次经历三个步骤：字面理解—理解含义—体会效果。

（3）采用合适的教学方法。理解句子有多种方法，如：从理解字词着手；了解时代背景；联系生活实际；结合上下文；直观演示；缩句；改变句式等。句子理解还要注意朗读，句子的情感与特殊意味只有通过朗读才能体会出来。

（4）重视句子的积累与训练。在阅读教学过程（特别在练习积累环节）中，要注意加强各种句式的训练。常见的句子练习方式包括：背诵、抄写典型的句子；仿写、补全、扩句、缩句、改写句子；加标点、加关联词语、修改病句等。

3. 段的教学方法

文章的段分自然段（小段或小节）和意义段（逻辑段或结构段），这里的段指的是自然段。自然段是文章中表达意思的基本单位，它有明显的"换行空格"的标志。理解自然段是理解意义段与理解篇的基础，因此阅读教学中必须重视自然段的教学。自然段的教学应注意以下方面：

（1）尽早让学生认识自然段。低年级还掌握不了段与篇的概念，但低年级已开始了一篇篇课文的学习，当然也看到了成篇的文章中有一个个自然段的现象。让学生知道这样（具有自然段的标志）的一段文字叫一个自然段并不难；让学生知道一个自然段表达的往往是与相邻的自然段不同的人物、时间、地点、意思等，也是有利于对课文每个部分与整体内容的理解的。因此，低年级的阅读教学就可以让学生数一数课文有几个自然段，也可以启发学生通过不同的自然段了解课文中讲到了哪几个人物，有哪些时间、地点、意思等。

（2）指导学生理解自然段。自然段教学的重点是指导学生理解句与句之间的关系和概括自然段的意思。操作步骤：让学生看一看有几句话；理解每句话的意思；理清各句话或段内层次之间的关系（如总分、承接、并列、因果、对比等，要注意适时归类）；概括自然段的主要意思。当然，后两步主要是对中年级的学生开始提出来的要求。概括自然段的主要意思要提示学生首先看有无中心句、总起句、总结句、过渡句等，如果有，这样的句子的意思一般就是自然段的意思。如果没有这样的句子，就要根据以下一般规律去找重点句：因果关系的几句话中，表示结果的句子一般就是重点句；递进关系的几句话中，最后的句子一般就是重点句；对比关系的几句话中，被衬托的句子一般就是重点句。找到了重点句，也就抓住了自然段的段意。如果自然段中每句话之间是并列关系，就要看它们同属于怎样的内容，从而归纳出自然段的意思。归纳表述自然段的意思，可以用段中的语句，也要注意鼓励学生用自己的话来表述。

（3）重视自然段的朗读与背诵训练。与句子一样，自然段的情感与特殊意味也只有通过朗读才能体会出来；精彩段落的背诵是积累语言、学习写作的有效途径与手段。因此，自然段的教学不宜过多分析，而应特别注重朗读与背诵的指导。当然也可以进行仿写的训练。

4. 篇的教学方法

篇与段有密切的联系。所谓篇的教学内容主要包括：给课文分段（理清课文条理或结构），归纳段落大意，概括课文主要内容，概括课文中心思想，体会课文的思想感情等。

（1）给课文分段。段是指意义段或结构段、逻辑段。是文章中意思比较完整、但又相对独立的单位，由一个或几个自然段组成。分段就是指把文章划分成意思比较完整、相对独立、但又具有某种逻辑联系的几个部分。指导学生分段是阅读教学的一个难点。因此，在中小学阅读教学中，还应该尽量以学生能够接受的方式逐步指导学生学习分段。

指导分段要注意循序渐进，要注意鼓励学生求异、求佳，要注重实践。指导学生分段要注意逐步教给学生分段的方法。分段是一个复杂的思维过程，它需要在了解各自然段内容的基础上，站在整篇的角度看出各自然段之间的联系与区别，从而把整篇划分为几个意义段（或结构段）。

分段有一定规律，但真正掌握分段的规律与方法确实有一定难度。其实分段不是阅读的目的，分段主要是为了理清课文内容之间的关系，抓住要点，全面理解课文；只要理解了课文内容之间的关系，形式上的段落分得粗一点或细一点（意义段），甚至有些段落的分界点到底在哪个地方（特别是叙事的课文）都是次要的。

（2）概括段落大意。概括段落大意，就是在理解段内各自然段的内容以及它们之间关系的基础上，对整个段的内容进行归纳概括的过程，它几乎与分段同时进行。指导学生概括段落大意要鼓励学生实践，要指导学生逐步掌握概括段落大意的规律与方法。分段要在理解段内各自然段内容及关系的基础上进行。各自然段之间的关系，与自然段内句子或层次之间的关系一样，不外乎总分、承接、并列、因果、对比等关系。明确了各自然段之间的关系，一般也就可以确定段意所在的自然段或部分，段意也就不难归纳了。一般而言，总分关系的内容，段意在"总"的部分；因果关系的内容，段意在表示结果的部分；递进或承接关系的内容，段意在最后的部分；对比关系的内容，段意在被衬托的部分；如果各自然段或部分之间是并列关系，就要看它们同属于一个怎样的内容，从而归纳出段意。段意的表述，可以用段中的语句（摘句法），也要注意鼓励学生用自己的话来概括表述，但语言要简练。

（3）概括主要内容。概括主要内容，就是把文章的基本情节或要点用简洁的语言概括出来。它需要在理解各段内容及各段内容之间关系的基础上进行，它是进一步理解文章内涵、领会中心思想的基础。概括文章主要内容有助于理解能力与概括能力的提高。对于概括主要内容的方法，不难找到有关资料。如江洪春、李家栋、张献辉编著的《精编文章阅读分解新典》，结合例子介绍了概括课文主要内容的三点要求和七种具体方法。三点要求包括：从课文的整体去把握，力求内容的完整；从课文的内容上去概括（是"主要意思"，而不是"中心思想"）；语言要做到简明扼要，但要防止过于简单。七种方法包括：联结段意；归并要点；合并要素；提出问题；扩充重点段段意；借助课后问题；借助课题。不同类型课文主要内容的概括可以采用不同的方法，但概括主要内容的最基本要求却是一样的，其要点主要有两点，这就是内容要明白，语言要简洁。

（4）概括中心思想与体会思想感情。概括中心思想是在理解课文主要内容的基础上对课文更高层次的理解，是对作者写作意图的分析探究过程。进行概括中心思想的训练，可以提高学生阅读水平，提高认识水平，提高分析问题的能力。小学课文的中心思想一般可以用下面的形式来表述："课文通过……（课文主要内容），表现了（或说明了、赞扬了、批评了、揭露了、表达了）……（道理、精神、现象、问题、感情等）。"

中心思想在文章中的表现形式是不一样的。概括中心思想，要根据文章特点，采用不同的方法。从许多材料中可以找到概括中心思想的方法。例如，李保初、刘辉著的《知识·方法·效率：和青少年朋友谈语文学习》一书，针对各种类型的文章分别提出了概括中心思想的方法。其中提到的七种课文：开宗明义，一开头就提出中心思想的；篇末点题的；多次点题，反复强调的；主题由几个小论点或几个小意思构成的；文艺性作品（文中并不直接说出某种思想、感情、倾向等）；中心思想更加隐蔽的（某些哲理诗、寓言、杂文等）；中心思想与作者写作时的处境、心情，与时代背景有着密切关系的。

从表达中心的方式上来分，课文其实可分两类：一类是明确表达出中心的课文（通过标题或文中人物的语言、作者议论或抒情的语句等点明或透露中心）；另一类是中心暗含在内容背后的课文。概括中心思想的具体方法有两种：一是找中心语句法，即从标题或文中人物的语言、作者议论或抒情的内容中寻找表达中心的语句，找到中心语句，也就明确了课文的中心；二是推想作者写作意图法，即结合课文内容、写作背景等，推想作者的写作意图。

引导学生概括中心思想，一方面，教师本身要掌握并运用概括中心思想的规律与方法，引导学生理清文章思路，抓住中心语句，联系写作背景与作者情况等，由表及里、由浅入深地对文章进行分析；另一方面，教师要注意引导学生总结概括中心思想的规律与方法，加强概括中心的训练，提高学生概括中心的能力，提高学生的认识水平。

体会思想感情与概括中心思想有密切的联系，它们都是对课文内容阅读理解较高层次的要求。但它们又有区别，概括中心思想侧重于理性分析，注重理解、读懂，体会思想情感则侧重于情感体验，注重动心动情。体会思想感情的方法主要包括：从关键词语中去体会；从重点句子去体会；从对人物的语言、动作、神情以及心理活动的描写中去体会；从对景物的描写中去体会；从标点符号中去体会。最重要的方法是培养学生在阅读的时候，把心放到课文中去，设身处地地像作者那样去想，仿佛自己身临其境。还要启发学生联系自己的思想生活实际，使他们跟课文表达的思想感情产生共鸣。此外，有感情地朗读也是体会课文思想感情的重要方法。

（二）不同阅读活动的教学方法

阅读活动多种多样，如朗读、诵读、默读、精读、略读、速读、背诵、复述等，其最基本的形式是朗读与默读。阅读的能力就是指朗读的能力和默读的能力。人们的日常生活中，大约百分之九十的阅读是默读。而在学习上，朗读是默读的基础，默读能力的养成是阅读教学的最终要求。背诵与复述是促进理解、积累语言、规范语言、学习表达的重要手段与有效形式，因此，阅读教学必须重视朗读、默读、背诵与复述的指导。

1. 朗读的教学方法

朗读与朗读指导首先应该明确朗读的要求。有感情地朗读是朗读的最高要求与难点。指导感情朗读要注意重音、停顿、语调、速度与节奏等技巧的指导与训练，更应注意朗读兴趣的培养。如何调动学生朗读的兴趣，指导学生认真有效地朗读主要有以下重要方面：

（1）要给学生充分的朗读机会。朗读兴趣与技能是在朗读的实践中形成的，阅读教学应该把朗读作为重要的目标，给学生充分的朗读机会，让他们在朗读中感受朗读的乐趣，学会朗读。读是阅读教学里最重要的工作。读的活动可以贯串在各个教学环节中。开头教时可以读，字词教学时可以读带有生字生词的句子，分段讲读时可以分段读，总结时可以全篇读，讲解某些修辞手段时可以把用那些修辞手段的词语挑出来读，讲解某些重要段或某些重要词语时也可以把这些挑出来读，等等。

（2）与理解内容、体会感情紧密结合。表情朗读不是单纯运用技巧的问题，必须在深刻理解课文的基础上，领会作品的思想感情、人物性格，对其中的人物和事件有了正确的态度，朗读才能有适当的感情。学生只有理解了课文内容，入情入境，进入角色，才可能读出感情，才能享受朗读。因此，朗读指导应注意指导学生对朗读内容的理解，注意朗读与体会感情紧密结合。

（3）要注意变换朗读形式。单一的活动形式，往往使学生失去兴趣。因此，朗读指导要注意变换朗读的形式，如自由读、指名读、齐读、"开火车"分段读、男女生轮读、分角色读，等等。值得注意的是，感情朗读、包括分角色朗读，应注意感情的自然流露，避免造作。分角色读应该和表演区别开，分角色读，主要是读，不可依靠动作表情，把朗读变成表演。当然，表演也是理解课文内容、体会感情的很好方式，但那与分角色朗读不是一个概念。

（4）要注意投其所好，正面引导。要多让学生读自己喜欢的部分，用自己喜欢的方式读；对学生的朗读要注意多肯定鼓励，多表扬；还要注意鼓励学生对自己或别人的朗读进行评价。

（5）要重视教师的范读。朗读方法与技巧的指导是必要的，但方法与技巧的指导要与老师的示范朗读相结合。模仿是儿童的天性，范读才是朗读指导最有效的方法。

2. 默读的教学方法

默读练习一般从第一学年第二学期开始。默读的要求是不出声，不指读，有一定的速度。小学高年级应能达到默读一般读物每分钟不少于300字。指导默读应注意以下方面：

（1）任务带动。默读应提出任务，让学生边读边思考。有教材提出，默读作业的内容可有多个方面：准备回答教师口头或书面提出的问题；准备作详细的或扼要的复述；准备分析课文内容；准备指出人物的性格特征；准备挑选课文中的某些语句；准备进行表情朗读；准备进行分段，编写段落大意或编写小标题、提纲。从中年级起还要指导学生在读书时学习圈点，边看书边圈点、批注，养成"不动笔墨不读书"的习惯。带着任务读，边读边划，学生的默读才有效率，才能够专注地进行下去。

（2）控制动作。开始练习默时可以允许儿童用手指指着课文读，但要求儿童闭上嘴，不出声；然后逐步要求学生不指读。

（3）轻声带读。刚开始学习默读时是有一定难度的，这时可以在教师慢慢朗读之下，让儿童看着书、跟着默读。

（4）限制时间。默读速度是考查默读的重要指标，因此，必须重视默读速度的训练。限制时间，在规定的时间内按要求看完文字材料，是默读训练常用的方法。

3. 背诵的教学方法

背诵是学习语文的重要途径与方法。指导学生背诵应特别注意以下方面：

（1）要重视背诵。要让学生认识到背诵的意义；阅读教学中，对于优美的文字，要指导学生欣赏并背诵；还要鼓励学生在课外阅读中自觉背诵积累名段、名篇。

（2）要教给学生科学的背诵方法。如要在理解的基础上背诵；要多种感知器官协同活动；整体与部分结合；加强背诵；及时复习等。

背诵还可以用吟诵的方法。吟诵是古代汉语言作品主要的表达方式、诵读方式、传承方式。吟诵是吟咏和诵读的合称。两者的区别在于，吟咏有曲调，诵读没有曲调。朗诵和吟诵相比，吟诵才是汉语言的原生态形式。吟诵既然传承了几千年，曾经是最流行的流行歌曲、最通行的教育手段，现在在海外也照样传承不衰，那么完全有可能重新回到教育体系，回到中国人的生活中。只有吟诵才能还原诗、赋的活态。吟诗咏赋，曲水流觞，是为我国之文化。因此，吟诵之传习尤为重要。所以，阅读教学中，对于古代诗词歌赋，也可以尝试吟诵的方法。

4. 复述的教学方法

目前的阅读教学中，复述这种学习形式似乎已被淡化。其实复述是很重要的阅读学习方式。复述有助于发展儿童的思维能力和口头语言表达能力，并可以提高儿童的阅读兴趣。通过复述，教师可以了解学生对作品的理解程度。因此，复述在阅读教学中应该得到重视。复述有详细复述、简要复述和创造性复述三种形式。指导学生复述课文要注意以下方面：

（1）由易到难。详细复述、简要复述和创造性复述三种复述形式的难度较大，应随着年级的升高逐步提出这三种复述的要求：第一，只进行详细的复述；第二，进行简要的复述和创造性的复述；文学作品可多做创造性的复述。短文大都做整篇复述，篇幅很长的课文可挑选主要部分来复述。

（2）要给学生以具体的指导。要指导学生在理解课文内容的基础上进行复述；要注意指导学生理清课文思路，列出要点再复述；要求学生尽量用自己的语言复述，但要鼓励学生复述时使用课文中有特色的语言；复述时可以给学生做必要的词语或问题提示。

（三）不同教学步骤的教学方法

教学过程中每个环节、每个步骤都是为了达成某一层次的目标或完成某一特定的教学任务。达成这些不同层次的目标的方法显然是复杂多样的，但也一定是有规律的。以下按照阅读教学的一般过程，说明不同教学环节、步骤或不同层次教学任务的教学方法。

1. 导入激趣方法

（1）导入的方法。在中小学语文教学设计导入的方法有许多，但导入新课应简单而有启发性。一般的导入方法当然也适用于阅读教学，阅读教学的导入当然也应简单而有启发性。

阅读教学导入方法的选择要注意以下方面：

第一，选择媒体时思路要开阔。学生的联想能力是很强的，因而能够创设情境的媒体实际上是很丰富的，只要与课文有点联系的事物，都可能营造出有利于学习的情境。教师在选择媒体时思路要开阔，或者考虑与文章背景有关的事物，或者考虑与作者有关的事物，或者考虑与文章内容有关的事物，或者考虑与文章的文体有关的文章。

第二，选择的媒体要尽量形象直观或是学生熟悉的。如展示实物、播放影视作品、出示图画、播放音乐、讲述有关知识资料；让学生回忆有关情景、体验，或说一说自己知道的有关知识等。让学生说一说自己所知道的有关知识，是最简便易行而又十分有益的——这对说的学生是一个鼓励，对听的学生也是一个鞭策，能够激励学生平时多学习，做有心人。由此可见，这是一种"经济实惠"而好用的方法。如教学《柳树醒了》等课文，展示春天景色的视频、图画、实物，或猜谜语等，都是可以的，其实让学生回忆并说说往年清明节或最近与爸爸、妈妈一起到河边玩耍时的情景，也能迅速使学生进入早春的情境。

第三，导入要能引起学生的注意与兴趣。导入主要是为了引起学生注意，创设与新课内容有关的学习情境，激发学习兴趣，只要能达到这一目的，导入越简单越好。当然，为了激发学生兴趣，适当"扯"得远一点，有时会收到意想不到的效果。

（2）解题的方法。"解题"可以依次做四项工作：板题，读题，析字，设疑。

第一，"板题"，即板书课题。随着课题的导出，教师把课题写在黑板上，提醒学生注意老师的书写笔顺，可以提醒学生跟老师一起书写。漂亮的板题可以给学生或听课教师留下很好的第一印象。当然课题也可以让学生板书。

第二，"读题"，即让学生读一读课题。

第三，"析字"，即提示或分析题目中音、形、义、笔顺等方面需要特别注意的字。

第四，"设疑"，即引导学生就课题进行联想或猜测，激活有关知识，产生阅读期待。

2. 整体感知方法

引导学生理解课文，应该从主动的整体感知开始。通过初读感知，迅速地抢占制高点，在脑海中形成一个知觉整体，尽管此时可能是混沌而朦胧的，然而，却是极有意义的。整体感知如何实现，一般由教师读，阅读篇幅不长、内容较浅显的作品，开始可以让朗读技巧好的学生朗读。在第一次朗读作品的时候，最好让儿童把书合起来，以免分散他们的注意。如果作品相当长，如高年级的长课文，可由教师做简单介绍后再由儿童默读，默读前可提出默读提纲，帮助儿童掌握作品中主要的情节。

阅读全文后，教师根据课文中主要的人物事件，提出几个主要问题叫学生回答，这是从初读到分析作品的过渡阶段，问题提得太细，代替了作品的分析是不对的，通过初步阅读，让学生感知课文内容的做法是可取的。但不一定要由教师读，已经有了前面的导入激趣，这里还是让学生尝试着自读更有利于培养学生的自学能力。可以采用提出问题让学生带着问题自学、讨论，最后检查质疑的方法。可以按以下两步进行：

（1）提出要求自学。自学的要求低年级一开始要由教师提出，以后逐步让学生记住并能自觉按要求自学。一般可提出以下自学要求：

第一，读文画字。读课文，画出生字、新词。

第二，自学生字。借助拼音或查字典读准字音；查词典或联系上下文想一想新词的意思；想办法记住生字字形。对生字能够读准字音，巧记字形，理解字义。

第三，归纳内容。思考课文所讲的内容，捕捉主要信息。

第四，质疑交流。对于疑问，向同桌或同小组的同学请教；小组长汇集大家都不懂的问题。

（2）检查自学效果。主要有以下方面：

第一，检查识字。主要有三个方面：①字音检查：可按以下顺序逐步提高认读难度：带拼音的词语认读—去掉拼音的词语认读—单字认读—打乱顺序认读；②字形检查：让学生说说字形特点或记住字形的方法。要注意引导学生总结识记字形的常用方法：笔画分析法，结构分析法，联系比较法，字理识字法（形、义结合），谜语、歌诀、联想法等（见识字教学相关内容）；③字义检查：阅读中的字义教学应特别注意在语境中理解。低年级阅读教学中的识字教学，应重点检查巧记字形情况，激发识字兴趣；注意音、形、义结合，应特别注意渗透汉字造字方法有关知识，培养学生对汉字文化的兴趣。

第二，读课文。可以采用指名读、"开火车"读等形式。对学生的朗读情况要注意引导学生纠错与评价。

第三，了解内容。检查学生对课文内容的初步了解情况，对不同课文、不同年级要用不同的问法。引导学生初步了解课文内容，锻炼学生从课文中提取主要信息的能力，不必要求学生用一句话准确概括主要内容。

第四，质疑交流。让学生提问题，确定教学重点。对学生的问题可适当板书，要尽量让学生解答。

3. 理解感悟方法

（1）梳理结构的指导。梳理结构，即梳理课文的结构及思路，这是分步解读的前提，具有重要意义。引导学生梳理课文结构，应根据学生与课文实际，提出适当的引导性问题。主要有以下三组问题，由易到难，指导学生梳理课文结构时可选择参考：

第一，读课文，数一数共有几段或几句话；画一画有哪几个人物、几次对话、几个时间点、几个地点；找一找相同的语句重复了几次等。

第二，提出某段意或某情节、某方面内容，让学生找一找对应的段落或语句；或提示学生分析某些段落之间的关系（总分、并列、因果）等。

第三，让学生说说课文的顺序、结构以及内容。梳理结构要注意适当板书，通过板书帮助学生建立文章的内部联系。

简练的文字或符号板书实际就是使用所谓的符号标志技术，符号标志技术既可以用来引起注意，也可以用来促进学生对新知识内部联系的建立，使文本的结构更加清晰，因而有助于学习者发现新知识内部的联系。为此，可以采用小标题突出文本的结构，采用序数词表明论述的次序，采用"总之""因此"等关联词指出文本中各句之间的逻辑关系。

（2）分步解读的方法。分步解读即按照一定的思路，一步步或一部分一部分对课文进行研讨，抓住有关语言文字，理解其意思、体会其含义、情感与作用等。

①整体思路与切入点的确定。分步解读，首先应该明确哪些部分需要解读或详细解读，哪些部分应该简略解读或不解读；然后确定从哪一部分切入（或入手）、各部分之间学习的顺序怎样。主要包括三个方面：

第一，确定主次详略。对于课文的各部分内容要有抓有放，以点带面；注意由扶到放，或先放后收。特别是几部分内容之间有相似之处的课文，如《富饶的西沙群岛》《美丽的小兴安岭》，可以详细指导学生学习其中的一两段，其余类似的段落可以让学生自学或合作学习。又如《"精彩极了"和"糟糕透了"》中，妈妈与父亲评价"我"的诗的时候的动作、神态、语言以及"我"的心理、表现，只引导讨论一两个细节，其余让学生自己找找、想想、说说就可以了。

第二，确定整体思路与切入点。整体思路与切入点，可以称作整体"教路"。对此有许多人曾研究过，如有的人总结出"逆序教学法""跳跃教学法""切入教学法"。形形色色的"教路"可以概括为以下三种：

首先，顺序推进式。即以文章开头部分为切入点，按照作者思路或文章线索，逐段或逐步推进。大部分文章，特别是按事情发展的顺序写的文章大多可以采用这样的"教路"。

其次，变序研讨式。即以能带动全文内容的问题为切入点，按照各问题之间的某种联系（而不是文章的思路）逐个探讨。如《凡卡》《田忌赛马》可以从结果切入逆向探究原因，《草船借箭》可以从"神机妙算"逆向寻找依据（逆序教学）。"整体入手，直奔中心"是变序教学常用的教学方法，适用于中心思想比较明显的课文。"直奔中心"即一开始就抓住课文主要内容（中心词、句、段）或中心思想，然后围绕中心思想理解重点词、句、段。

最后，随机点拨式。即以学生感兴趣的问题为切入点，按照学生提出的问题顺序，随机逐个讨论。写景状物或并列结构的文章内容多可采用这样的教路。如《爬山虎的脚》，可以按学生兴趣先研究爬山虎的脚的样子，再学习其他部分；《晏子使楚》《将相和》都可以按学生的兴趣或问题逐个讨论有关故事或情节。

分步解读无论采用哪种"教路"，都要注意各部分或各步之间的内在联系，都要有明确的目标指向，应注意由语言文字指向思想内容，指向文章的"中心"。即使随机点拨式，也不是任意发挥，教师要发挥好主导作用，恰当点拨引导。

② "部分"内思路与生发点的确定。在深入阅读中，也应"凭借对整体的层次的把握，再把各个部分当作次一级整体，做进一步的分割……再做进一步的组合……如此在不同层面上的双向往复，使阅读更深刻、细致、准确"。因此，像一篇文章的教学需要考虑段落或部分的取舍、详略一样，要讲读的某个部分或段落内部也应考虑其需要讲读的问题或生发点，并要确定好处理这些问题或生发点的顺序。

任何生发点，都要有明确的指向。一般而言，最终的指向是文章的中心。但不同文体的指向是不同的。此外，教师要加强不同文体功能定位的研究，对不同文体采取不同的教学策略，认为说明文、叙事性文章与文学创作有不同的功能：说明文的"知识目标"，培养学生逻辑、理性思维；叙事性文章的"思想主题"，培养学生归纳、推理、判断（概括）、思辨（聚焦）思维；文学创作的"审美情感"，培养学生感觉、感受、直觉、发散、审美思维。散文学习的最终目的就是感悟文本的情感内涵。因此，分步解读，不宜孤立解词析句，而应有明确的指向。

"部分"教学的"教路"主要有以下方面：

第一，从形式入手（归纳或综合法）：文字→内容，这种"教路"适合前后联系并不十分密切、相对独立的段落或部分，如写景、状物类的文章中各部分内容的教学，这种"教路"又可分为：整体→部分→整体：读全段，看看有几句话，有没有中心句，有没有不懂的问题；解读重点字词句；归纳段意、再读全段。部分→整体：解读重点词句，由理解词句到理解整段意思，这种情况适合低年级或比较简单的段落的教学。

第二，从内容入手（分析或演绎法）：内容→文字→内容，这种"教路"适合前后联系密切的叙事性文章的段落或部分的教学。

第三，从朗读入手：朗读→分析→朗读，这种"教路"适合看似文字浅显但包含一定道理或表达丰富情感作品的教学。一般先让学生朗读；针对朗读出现的问题进行指导，对语速、重音、停顿、语气等做适当的说明与示范朗读；再让学生反复朗读，在朗读中体会感情。

③引导学生理解体验词句段的通用方法。真正的理解是特定语境中的理解。狭义的语境，就书面语而言指的是上下文。作者写作时的思想感情倾向，社会或自然环境是全文的语境。因此，引导学生理解体验词句段的根本方法就是为学生创设并引导学生利用好语境。具体的教学方法有许多，如有人曾总结出"课文精彩片段教学十法"：朗读法、分层法、绘图法、对比法、填表法、嚼词法、析句法、补充法、扩展法、扩写法。有教材指出，"儿童的感情是在具体而清晰的想象和具体而明确的理解的基础上产生的，所以教师必须多方引起儿童的想象，要让他们把文字所描写的在头脑里想象出一幅幅图画来，就是要使跃然于纸上的形象跃然于脑中"。教师要善于利用范读的音调，并提出一定问题以引导、激发儿童的感情，或启发儿童回忆他们自己的生活，诱导儿童体会作品中优美的语句，这里提到了教师范读、引起儿童想象与回忆自己生活的重要性等。通用的方法可以归纳为以下五类：

第一，范读描述。范读描述即教师通过感情投入的描述、范读，引导学生对有关内容进行理解体验。在分析时，教师的语言应当清晰，而且要富有思想感情。特别要注意使自己的思想感情和作者的感情融为一体，进而使学生的思想感情与作者的感情融为一体，这样才能充分发挥文章的思想性来感染学生。

第二，提供直观。提供直观即通过提供一定的直观（实物、音像）材料，帮助学生理解有关内容。对于学生陌生的事物，提供直观材料是非常必要的。例如贾老师执教《那片绿绿的爬山虎》，黑板上写着四个词语——"推荐、融洽、楷模、窗棂"，前面三个，让学生自己揣摩意思，讲到"窗棂"时，老师直接在黑板上画起了窗棂的简笔画，一边画一边说："这个窗棂，现在不大看得见，农村里面，把窗户用木块隔成图案，这种木条就是窗棂。"[1] 简笔画加上教师的说明，学生就会明白"窗棂"的含义。又例如教学《笋芽儿》一课，如果学生没见过笋芽儿，没见过竹妈妈给笋芽儿穿的衣服，也没有机会去看竹林、找笋芽儿，那就得让学生看看笋芽儿与竹子的影像资料或图片，用课件演示笋芽儿的生长过程等，这对于理解这篇课文会有很大的帮助。再如教学《歌唱二小放牛郎》，播放歌曲、录像，可以帮助学生迅速进入情境，很好地理解课文内容。课文的插图是最好的直观材料，教学中要特别注意充分利用课文插图，让插图帮助学生理解并给学生留下终生难忘的印象。

第三，联系生活。联系生活即引导学生回忆、联想自己的相关经历或相关事物，与所学内容进行联系比较，从而更好地理解有关内容、体会感情。"分析时，联系实际，才能使儿童更清楚地领会课文的思想内容，并贯彻到生活中去。""分析时，还要多方引导儿童想象课文中描写的情景以加深儿童的感受。"

第四，启发思考。启发思考即引导学生对有关内容（词、句、段、甚至标点）的深层含义、表达的感情、表达效果等进行深入的思考和探究。分步解读，不能只停留在某个词义或某个句意上，这还是浅层次的。教师应当引导学生去寻觅课文异乎寻常的安排、领悟作者立意的高超、构思的精妙和遣词造句。

第五，朗读表演。朗读表演即指导学生通过朗读、表演等形式，加深对有关内容的理解与体验。朗读，既是阅读教学的目标，也是加深理解、体会感情的重要手段；表演，有助于学生进入角色，加深体验，更好地体会感情。因此，对文本的解读应重视朗读、表演的方法。可以在分析的基础上朗读、表演，以加深理解与体验；也可以从朗读或表演的指导入手，通过指导朗读与表演，促进理解。朗读表演的内容可以是某句话、某段话，也可以是全篇，还可以联系实际进行创造性的表演。

（3）指导感悟拓展的方法。"感悟拓展"一般可按四小步进行：质疑；谈体会（感想、认识或联想）；教师重点提示；朗读欣赏，这四小步当中"谈体会"当然是最重要的。谈体会对低年级不必要求过高，只要让学生谈谈对文中具体人物的看法，或对文中某个人物说说想说的话，或说说自己应该怎样做就可以了。对中高年级，则应逐步引导学生

---

[1] 张静. 生本课堂, 警惕教师主体性的沦陷 [J]. 小学语文教学（会刊），2013（11）：6.

掌握概括中心思想的方法（具体方法见前面"概括中心思想"部分）。指导学生谈体会或概括中心还应注意两点：第一，可以适当拓展补充相关内容（类似文章、相关事例等），以使学生的概括更准确、体会更深刻；第二，要注意适时板书体现中心的词语，以丰富学生的语汇，提高他们的认识水平与概括能力。

（4）指导领悟写法的方法。指导学生领悟写法，是阅读教学"从思想内容再到语言表达"的"回趟"，是阅读教学的重要步骤，是连接读写的重要"关节"。阅读教学中"领悟写法"这一步的指导应注意以下方面：

第一，要鼓励学生发现与自悟。与其他知识、技能的获得相比，写作的知识、技能更需要学习者的自学自悟。无数作家的成长之路正说明了这一点。阅读教学中，直接告诉学生课文的写作方法与特点，很难引起他们的兴趣，不会产生多大的效果；在"从语言文字到思想内容"、亦即阅读教学的"去趟"中，已经"渗透"了某些文字或"写法"的作用，此时让学生再回过头来说说课文中写得好的地方，应该不会感到很难；而如果他们能有一点新的发现，那成就感当然更具有意义。因此，"领悟写法"应鼓励学生发现与自悟，要给学生充分发现与发言的机会。教师对学生的发现应积极肯定与鼓励。

第二，要适时适当引导点拨。在学生充分发现、发言的基础上，教师要注意进行适当的引导、归纳。品评写法不宜空谈，而应结合课文内容；只有与体会作者情感或意图相联系，才能切实领悟写法的妙处。

第三，要适时强化与训练。对于课文体现"单元重点写作训练项目"的内容或精妙之处，要鼓励学生进一步品读，甚至背诵，让它深深地印在学生的脑海里；还要注意跟进适当的模仿应用训练，以促使其转化为写作技能。

4. 练习积累方法

阅读教学的练习积累形式多种多样，如各种字词训练（抄写字词、组词、造句）、复述与背诵、拓展阅读、小练笔（仿写、续写、扩写、改写、写体会）等。指导练习积累要注意激发学生兴趣，注重互评互改与交流，适当采用竞赛方式等。练习积累要扎实而突出重点：对于低年级而言，要注重写字训练；中高年级则要注意拓展阅读与练笔；各年级都要注意词语的积累与运用，注意朗读与背诵训练。

（1）指导写字的方法。每个字的指导可按以下步骤进行：观察、示范、练习、评议、再练。

（2）语言积累与巩固的方法。可以进行词语抄写、词语默写、用词造句、词语搭配、选词填空、列举反义词或近义词等形式的训练；鼓励学生复述与背诵课文。

（3）练笔的指导。要注意读写结合，针对课文表达方面的特点进行写的训练，最好做到每课一练。可以仿写、续写、扩写、改写、写体会等。可以采用说一说、写一写、评一评的步骤进行指导。课堂练笔要尽量当堂完成。

5. 反思总结方法

课堂小结不应只是由教师说，学生被动地听，而应调动学生积极性，引导学生主动反思，查漏补缺，总结知识要点与学习方法，提升学习效果。具体操作步骤有以下方面：

（1）反思。鼓励学生再就学习内容进行质疑；对本课学习内容要点进行归纳，对学习方法进行梳理；让学生谈一谈自己的收获。

（2）抽查。教师可以就本节课的教学重点、难点对学生进行适当的检查。

（3）总结。教师对本课学习内容要点与重点、学生学习情况等做简要总结。

6. 作业延伸方法

阅读课应该给学生留有适当的作业。阅读课的作业主要有两种类型：第一，巩固与技能训练性作业。如适当的字词句段篇写的训练，段篇的背诵等；第二，扩展性作业。如课外阅读、观察或参观活动等。

二、中小学语文阅读教学方法的创新策略

（一）读写结合促进阅读教学有效性

"读写结合的教学模式是通往写作的桥梁，通过阅读和写作教学的结合，更利于深化学生理解，促进其写作能力和阅读理解能力协同提升"[①]。另外，可以结合仿写教学方法的应用做出如下分析，如在课文《搭船的鸟》的阅读教学活动中，按照文章写作思路做出讲解，先是描述翠鸟的外形特征，主要抓住"彩色"来观察，运用了"翠绿""蓝色""红色"等颜色词；而在描述翠鸟捕鱼动作时运用了"冲""飞""衔""吞"等动词，我指导学生抓住关键词，通过各种方式的朗读，一只外形靓丽、动作敏捷的翠鸟跃出纸面，给学生留下深刻的印象。教师可以再播放小鸡啄食的录像片段，让学生仔细地观察，运用本课描写翠鸟的方法，描述小鸡。在教师的引导下，学生逐步打开写作思路，这样的教学过程不但体现了阅读教学的有效性，更落实了"用课文教语文"的课改理念。

---

① 刘瑞芬. 小学语文阅读教学方法的优化与创新分析 [J]. 中国校外教育，2019（13）：104.

（二）培养良好的阅读预习习惯

练习阅读的最主要阶段是预习。可见，良好的阅读习惯是有效阅读教学和自主阅读的支撑，教师有意识地帮助学生养成阅读习惯是促进小学语文学科教学有效性提升的前提和基础，这就要求教师在小学生进行常规阅读训练的过程中，了解清楚学生的阅读基础水平和行为习惯，有针对性地纠正学生的不良阅读习惯，重新给予正确的方法指引。在开展阅读教学之前，我们要针对阅读的课文给学生制定相应预习提纲，做到有的放矢，避免学生在课堂上陷于被动状态，从而更好地发挥学生在课堂上的主体性。当然课前预习只是学生阅读习惯养成的一方面，正确的阅读方法、积累习惯、课后总结等都是中小学语文教师需要关注的问题。例如，在学习《手术台就是阵地》这篇课文时，考虑到今天的小学生都生活在和平年代，从小生活的环境比较优越，缺乏相应的生活经验。如果不提前对这篇课文的写作背景进行了解，学生在课堂上就无法理解文章的表达情感。因此，首先让学生结合教师的备课进行预习，在课前布置学生查找有关白求恩的资料；其次，在这篇课文开篇教学时，播放视频资料，了解文章创作的时代背景，了解革命年代危险的战争环境以及白求恩同志伟大的国际主义精神，让学生带着认知和情感进行本课的学习，学生轻松自然地进入了状态。

（三）开展合作学习提高学生阅读积极性

新课改要求中小学语文阅读教学中，教师要重视合作探究教学模式应用，培养学生的合作学习意识，促进和谐师生关系建立，同时积极发挥自身的引导作用，提升学生的合作学习效率。此外，教师在指导语文阅读教学活动过程中，需要紧密结合学生特点，就合作学习而言，教师需要提供必要的引导，如在《秋天的雨》文章阅读中，选择问题导向方式促进小组合作学习模式优化，"秋天的雨有什么特点？文中是通过哪些方面来写秋天的雨？分别写了哪些景物？"学生的小组合作方向和重点一下子被确立，学生即刻进入阅读和交流，有效实现小组合作学习模式构建。由于小组合作方式淡化了教师的权威，对学困生而言，放在小组合作中能帮助其消除顾虑，减轻心理压力，更好地调动其参与学习的积极性，小组探究合作学习是学生成为学习的主人的有效途径。因此，教师要根据本班实情，制定各项措施，落实好学习合作小组的建设，充分发挥小组合作、探究的带动作用。

（四）表演展现童真童趣并升华阅读情感

基于学生在课堂教学活动中的主体地位，我们在组织语文阅读教学活动中，要致力于开展参与式教学活动，调动学生的课堂参与积极性，深化学生的情感体验，优化教学效果。这就要求中小学语文教师可以合理定位教学目标，选择合适的教学方法激发小学生的课堂参与积极性。例如，在教学《在牛肚子里旅行》一文时，课文中涉及两只小蟋蟀，青头和红头的对话，情节性很强，因此，我就组织学生结合主人公多次对话的情境参与表演，学生依照角色进行分组，小组间进行讨论和分角，气氛活跃，学生结合自己的理解和想象开展表演活动，体现了对其语言、思维能力的培养；学生在独立思考和互动学习过程中得到了情感体验和深化，体现了语文阅读教学工具性和人文性的统一。

综上所述，中小学语文学科在小学教育阶段的重要性不容忽视，尤其是关乎学生的语言和思维能力培养，我们作为学科教学活动的组织者和指导者，应该利用语文教学的桥梁作用，体现语文学科教学活动组织的价值和意义。优化和创新小学语文阅读教学课堂，要求中小学语文教师可以结合新部编教材的编写理念，创新教育方法，不断总结教学工作经验，在实践工作中积极探索新型教学方法，力求为学生提供更高质量的教学服务，使学生乐学、爱学，体现学生的主体地位。

第二节 中小学语文素养与教学实践的融合构想

语文素养以语文能力为核心，是语文能力和语文知识、语言积累、思想情感、思维品质、审美情趣、学习方法、学习习惯的融合。语文素养不仅表现为有较强的识字写字能力、阅读能力、作文能力和口语交际能力，而且表现为有较强的综合运用能力——在生活中运用语文的能力以及不断更新知识的能力。此外，在教学实践中对中小学语文素养与教学实践的融合做以下构想：

一、中小学语文教学实践"以人为本""以本为本"

"学生语文素养的形成和提高主要靠语文教师的有效指导，因此，语文教师必须转变观念，立足新课标精神，教学实践要围绕以人为本、以本为本展开。"[1]

中小学语文课堂教学必须"以人为本"，这一教学理念是当今素质教育的核心思想，也是开展语文教学的立足点和落脚点，要求我们在教育教学过程中，做到尊重人、理解

① 黄道荃，李德新. 语文素养与教学实践相融合的构想 [J]. 语文学刊, 2015 (20): 156.

人、发展人、提高人，充分发挥人的主体作用；要求我们在课堂教学中体现语文丰富的思想内涵，塑造学生完美健全的人格，拓展青少年儿童纯洁美好的心灵，从而培养他们学习语文的主动性、创造性，在此基础上，提升语言文字能力，完成语文教学各项任务。

中小学语文课堂教学要"以本为本"，即要求我们根据语文学科的特点和规律，指导学生在大量的、丰富多彩的语文实践中感悟、习得，逐渐掌握运用语言文字的规律。语文教学要注重听说读写整合、重实践、重积累、重熏陶，在反复实践中，不断提高综合运用的能力和人文素养。

二、中小学语文教学实践以抓好学生语言积累习惯为基石

《义务教育语文课程标准》（2011 年版）指出"语文教学要重视积累、熏陶和培养语感"，讲究"厚积而薄发"，可见语言积累在语文教学中的重要性。语言积累包括字、词、短语、句式，更重要的是成块成段成篇的语言材料的读背识记。因此，要抓好中小学生语言积累的习惯培养，诵读、品析、积累和运用。

（1）日积一句。以积累古诗句、歇后语、成语典故、名言警句、谚语箴言等为主，并写上对句子的理解，试着运用。

（2）举办朗诵会。以诗朗诵和经典文本朗诵为主，要求学生熟读成诵，并形成感悟和见解，积淀人文素养。

（3）开展活动。不定期开展一些集知识性、趣味性为一体的活动，如成语趣谈、成语接龙、成语表演、巧填成语的活动；围绕故事进行的故事沙龙、故事新编活动等。

总而言之，通过对字词句的读背识记和赏析运用形成良好的语感，获得语言积累。

三、语文教学实践以提升学生听说读写能力为重要核心

新课标中指出"语文是实践性很强的课程，应着重培养学生的语文实践能力，而培养这种能力的主要途径也应该是语文实践"，主要体现为语文知识的综合运用、听说读写能力的整体发展。在中小学语文教学实践中，我主要通过指导学生学会阅读积累的方法和写作实践活动提高学生的听说读写能力。

（一）教会学生阅读积累的方法，拓宽课外经典阅读的资源

课堂阅读教学我们构建了"读""品""悟"的教学框架；课外阅读我们进行了圈点勾画阅读积累的方法传授，结合课内外阅读积累的方法，归纳如下：

（1）画读。在阅读中边读边准确地画出有关内容，有重点地掌握阅读中需要重视的内容。

（2）摘读。教学生分门别类摘录自己需要的有关内容。或字词句篇语法修辞逻辑，或知识哲理，或问题答案，并注记何时何刊作者。

（3）注读。就是在课文的书页空白处，进行批注，发表个人评论意见，提出质疑。培养中小学生敢于质疑、评论、明辨是非曲直的能力。

（4）改读。即以"取其精华，去其糟粕"的态度，抱着分析、研究、探索的态度，将正确的东西经过消化变成自己的知识，并对错误的、消极的东西提出改动意见让学生学会阅读方法，沟通课堂内外，充分利用学校、家庭、社会等教育资源，拓展学生的学习空间，从课本走向生活。在阅读中积累知识，拓宽课外经典阅读的资源，积淀人文素养，并运用到写作中去，在写作中体现语言积累、审美情趣、思想道德、思想品质等。

（二）在写作实践中，利用教材进行梯度写作训练

（1）仿写改写补写。仿写，抓重点词语联想练写，如抓住"红装素裹"词，展开想象，运用修辞手法，描写雪后天晴的美丽景象；改写，如教学《只有一个地球》创设情境想象地球被破坏了，我们别无去处，从而号召学生改写如何保护地球、保护环境；补写，在教学中，可以让学生补写文中省略的部分，可以是省略号省去的部分，也可以对文章的内容进行续写。总而言之，教师要善于挖掘教材，适时地引导学生练习，培养学生的创造性思维和写作能力。

（2）建立素材库，编写随笔文集。引导中小学生多捕捉经典素材，多关注生活中的素材，随时简明扼要地记录下来并归类入档，经常做些转述素材、组合素材、变式表述素材等"语言体操""思维体操"式的小训练。自编随笔文集，自定文集的专辑，如"家庭亲情""校园生活""社会瞭望""与名人（名作）对话""心灵独语""人生感悟"等等，结合积累的素材，确立角度，确定主题，自拟题目，写一写或长或短的随笔。

（3）创办班级文学社团。定期组稿并举办班级主题征文、现场作文大赛等活动营造"生活语文""社会课堂"的氛围，激发学生学习语文的兴趣，优化校园文化；发展学生个性特长，培养学生的听说读写能力、探究性学习能力、搜集和处理信息的能力以及自我管理、自我组织的能力。

四、语文教学实践以优化高效的语文课堂为追求

新课标"倡导自主、合作、探究的学习方式"，合作、讨论、探究、对话、积累、整

合等都是建立在"学"的基础上。在教师引导下，学生逐渐形成一套个性化的科学、高效的学习方法，主要包括预习的方法、听课的方法、讨论的方法、复习的方法、自学的方法以及诗歌鉴赏的方法、小说阅读的方法等微观和宏观的方法。学法指导旨在使教与学形成合力，促进学生语文素养的发展。

总而言之，新课标的核心就是要"培养学生的全面发展和个性发展"，具体体现在推进教学方法和学习方式的转变。语文教学实践要以"以人为本""以本为本"；以抓好中小学生语言积累的习惯为基石；以提高学生听说读写能力为核心；以优化高效的语文课堂为追求；做到以人为本，开放课堂，教学相长，气氛和谐，自主参与，个性发展，合作探究，培养学生的语文素养。

第三节　基于阅读教学的中小学语文核心素养的培养方法

在小学教育阶段，学生的主要任务是学会理解、学会阅读，并在此基础上学会将阅读与理解结合起来，提升思维能力，学会思考解答问题，通过一定的训练，帮助学生具备一个良好的语言基础和交流能力，可以更好地融入社会、融入生活。在新课程改革的推动下，小学语文教育的方法要求变革，教师要紧跟时代潮流，改革教学方式，有效培养学生的语文阅读核心素养。

中小学学生语文核心素养的培养对学生的长远发展有着重要的影响，对于学生树立正确的是非观以及待人接物的能力有着重要的影响。另外，学生只有具备良好的语文核心素养，才能有效地进行语文学习，帮助学生在学习的道路上越走越远，提升学生的自主学习能力。

基于阅读教学的中小学语文核心素养的培养方法主要有以下方面：

（1）教师要转变教学思想、创新教学设计。有句话说得好，思想有多远我们就能走多远，教师的教学观念是教育的关键因素，转变教师的教学思想，创新教学设计有助于更加确切地落实语文核心素养的培养。这需要老师能够以更加积极、包容的心态对待课堂教育，接受新思想，抛弃原先照本宣科的固化教育模式，以更加创新的教学理念将自主学习、开放性学习融入课堂中，将学生作为教学的主体。

（2）学生要重视阅读与积累。强大的语言能力和文学素养都是经过大量的阅读与知识积累才慢慢培养形成的，阅读是提升语言能力最基础的手段，所以无论是课上阅读还是课外阅读都要十分重视。在课堂上，老师会将课本上的文章对学生进行细致的讲解，课本上的文章都是经过多年大浪淘沙留存下来的经典，文章的质量自是不在话下，老师在教学的过程中要悉心指导，帮助学生品味消化，形成自己的知识，培养学生的自主阅读的能力，带着疑问和思考去阅读文章。同时，中小学生也要重视课外阅读，当代信息化发展速度飞快，课外读物浩如烟海，许多经典的文学作品都可以通过电子书的形式广为传播，学生可以借助电子优势不断阅读文学书籍，加强阅读能力和阅读积累。

（3）鼓励学生表达和思考。学生的语言表达能力分为两种，一种是书面表达能力，另一种是口头表达能力。两种能力都是语文学习的必备素养，因此，在中小学语文课堂教学中，教师要重视对学生两种能力的培养，并且要注重将阅读教学与写作教学结合起来，只有积累的素材足够丰富，写作才能凸显文采。在锻炼写作能力的过程中，要注重平时的随笔写作，这是一种灵感的记录，只有平时多积累，学生在运用时才会信手拈来。当然在语文教学课堂上，教师也要鼓励学生多多发言，让学生养成敢于表达的习惯，正确引导学生的表达方式与内容。

（4）对学生进行有方向的思维训练，提升学生思维能力素养。在课堂上，教师经常会运用问题式导向来进行思维训练，培养学生的语文核心素养。通常教师会找一个有趣的问题展开，让学生们进行自由发挥，一些同学会提出非常好的创意和想法，教师要鼓励和表扬，如果一些同学对于这个问题有一些错误的认识，教师需要进行适当的指正并加以鼓励。当然，教师在设置问题时，应当多注意学生们的思考程度，根据实际情况一步步走，逐步培养学生的思考兴趣，激发学生的探索能力，培养学生思维发散的兴趣。

综上所述，中小学时期的语文阅读核心素养教学是非常重要的，阅读能力是培养学生核心素养的关键所在，当然教师的教学水平与素质高低也起着很大程度的作用，并且，语文核心素养的形成是一个长期的过程，教师在努力提升自己教学素养的同时，也应该从学生的实际情况出发，针对学生的实际情况来安排相应的教学任务，帮助学生养成良好的阅读习惯，提升学生的语文核心素养，让学生在语文学习中不断探索语文学习的规律，养成更加高级的学科核心素养。

第四节　基于语文学科核心素养的中小学语文群文阅读教学实践

一、基于语文学科核心素养的中小学语文群文阅读教学的认知

"群文"之"群"，为多、聚之意。"群文"之"文"，为文章、文本之意。因此，"群文"有多文本之意。整体观之，群文阅读教学指多文本的阅读教学方式。群文阅读是群文阅读教学的简称，有广义和狭义之分。广义的群文阅读是一种阅读形态，它是在传统媒体与新媒体相互交融的背景下，阅读者通过多种途径和方法，在复杂的资源中进行知识信息的提取和聚合，从而实现个人自我或社会意义上的建构。狭义的群文阅读是指教师选择一个或多个议题，围绕这个议题选择一组文章，尔后师生围绕议题进行阅读和集体建构，最终达成共识的过程。此处的群文阅读就是狭义的群文阅读，是基于新课改逐渐深入发展的背景下所产生的一种具有创造性的新型阅读教学实践。

群文阅读作为一种新的阅读形态，是对新课标中提出的"多读书，好读书，读好书，读整本的书"教学理念的一种尝试与实践，有助于培养学生广泛的阅读兴趣、扩大阅读面、增加阅读量、提高阅读品位，促进学生阅读能力的发展，有利于提升学生的语文学科核心素养。

当今社会是知识迅速增长的信息社会，知识的更新换代让人应接不暇，传统的阅读模式很难获取到足够多的知识和信息，无法适应呈几何增长的知识量的发展速度。要在有限的时间里吸取更多的信息，需要我们的阅读能力得到有效的提升，学会快速而广泛的阅读，如默读、浏览、跳读等阅读方式，这一需求在语文教学中显得尤为重要。群文阅读的出现弥补了现行单篇阅读教学的不足，有助于增加学生的阅读量，扩大学生的阅读面，提高学生的阅读速度，促进学生思维能力以及阅读能力的发展，以适应当前社会飞速发展的需求。

核心素养需要具体落实到各个学科上，其在语文学科的具体体现对语文教学有着重要的影响，有关该内容的研究在近年来成为研究人员所关注的热门领域。语文学科核心素养主要包括"语言建构与运用""思维发展与提升""审美鉴赏与创造""文化传承与理解"这四个方面，对学生在语言、思维、审美和文化上提出了相应的要求。语文学科核心素养的构建以培养学生适应个人终身发展和社会发展的必备能力和品格为目标，这与核心素养

强调培养全面发展的人的目标是一致的。

随着教育事业和社会的发展，核心素养已经成为我国教育改革的趋势和方向，以核心素养为本逐渐成为语文课程研究的重心。群文阅读教学作为一种具有创造性的语文阅读课程，对提升学生的语文学科核心素养起着重大的作用。以提升学生语文学科核心素养为目的而开展的群文阅读教学成为阅读教学发展的必然趋势。提升和发展学生的语文学科核心素养应当成为群文阅读教学的目标，帮助学生在"语言建构与运用""思维发展与提升""审美鉴赏与创造""文化传承与理解"这四个方面打下良好的基础并获得发展。

二、基于语文学科核心素养的中小学语文群文阅读教学实践策略

（一）议题设置要紧扣核心素养

在群文阅读教学中，确定一个有价值的议题是进行群文阅读的首要步骤也是关键之处。教师想要提升中小学生的语文学科核心素养，首先在议题设置上就要紧紧聚焦语文学科核心素养，明确学生在课堂上所要达成的语文学科素养教学目标。新课标指出语文学科核心素养主要包括"语言建构与运用""思维发展与提升""审美鉴赏与创造""文化传承与理解"四个方面，因此，议题的设置也应紧紧聚焦在这四大构成要素上。

1. 议题聚焦语言建构与运用

语言建构与运用是语文学科核心素养的基础，语言建构与运用是指学生在语言实践中，通过积极主动地学习，逐渐掌握祖国语言文字的特点以及运用规律，从而形成自己的语言经验，并能在具体的语言环境下准确有效地运用母语进行沟通交流的能力。语言建构与运用这一素养所指向的课程教学目标主要包括语言的积累建构、语言的表达交流以及语言的梳理整合三个维度，议题的设置应聚焦这三个方面，从而帮助学生形成良好的语感，积累丰富的语言材料，提升语言表达交流能力。想要有效提升中小学生在语言建构与运用这一语文学科核心素养的能力，教师在议题设置上可采取以下教学策略：

（1）聚焦语言积累建构。语言的积累建构能力主要体现在，学生在语文课程中能够积累丰富的语言文字材料，如好词佳句、名人名言等，从而形成良好的语感，能够在已经积累的语言文字材料中建立起一定的联系，从而理解并掌握祖国语言文字运用的基本规律。在中小学语文群文阅读教学中，议题要做到聚焦于语言的积累建构，则须遵循多元原则。因为只有尽可能地丰富议题的形式，尽可能地拓展议题所涉及的内容，才有利于学生积累丰富的语言材料，从而建构起良好的语感以及对世界万物的认知。教师可以把阅读策略作

为议题，如"抓住诗歌里的矛盾读懂诗歌"这一议题就是用到了阅读策略，也可以把作家、体裁、观点、表达方式、人文主题等作为议题。丰富多元的议题可以扩展学生的视野，从而积累丰富的语言文字材料，积极建构起自身的语言运用能力。

（2）聚焦语言表达交流。语言的表达交流能力是指学生在语文学习中，能够不断发展语感，正确把握对语言的运用规律，根据不同的情境和对象，能够运用书面语或者口头表达的方式，文明得体地与他人进行表达与交流的能力。同时，在文学作品的学习中，能够根据当时的历史文化情境与社会背景进行分析判断、理解和评价的能力。

要想积极促进中小学生语言表达交流能力的提升，教师在议题的设置上，应关注学生的需求，选择能够激发学生学习兴趣的议题，鼓励学生多交流多表达。如教师在执教群文阅读课《泰戈尔笔下的儿童诗》中时，议题在充满童趣、想象丰富的儿童诗中选取，能够极大地激发儿童的阅读兴趣，让学生们在入情入境的言语实践中，感受儿童诗带来的乐趣，让课堂活跃起来。

（3）聚焦语言梳理整合。语言的梳理整合目标指向于学生能够将学习到的语文知识和积累的语言文字材料通过梳理与整合，进行知识建构和结构化，从而转变为具体的学习策略和方法，并运用于具体的语言实践中。

语言的梳理整合离不开一个具备可议论性、开放性、关键性和贯通性这些特征的议题。可议论性是指议题必须能够引发大家的议论与思考，开放性是指能够对议题进行多元理解，关键性是指议题应涉及群文文本中最为关键的内容或要点，贯通性是指所有的选文的议题必须是贯通一致的。例如，议题"不一样的'小红帽'"，这个议题抓住"不一样的结局"这一关键要素，选取了不同版本的四篇选文《小红帽》《小红斗篷》《小女孩与大野狼》《走出森林的小红帽》，并在群文阅读教学中利用填写表格的方式让学生梳理出每篇故事的起因、经过和结局，提炼出改变故事结局的诀窍。学生在多篇选文中，将获取的各种信息进行整合归纳，有助于增强学生的语言梳理整合能力，帮助学生形成一个清晰的理解结构。

2. 议题聚焦思维发展与提升

思维发展与提升是语文学科核心素养的重要组成部分，语文教育的开展必须密切关注学生思维的发展与提升，只有优秀的思维品质和思辨能力，才能造就适应新世纪发展的人才。思维的发展与提升是指学生在语文学习过程中，通过运用语言，从而获得思维能力的发展和思维品质的提升。思维发展与提升这一素养所指向的课程教学目标主要包括增强形象思维、发展逻辑思维和提升思维品质三个方面，因此，议题的设置也应紧紧聚焦在形象思维、逻辑思维与思维品质上。想要有效提升中小学生在思维发展与提升这一语文学科核心素养的能力，教师在议题设置上可采取如下教学策略：

（1）聚焦形象思维。新课标指出学生在语文学习中的形象思维主要体现在，学生可以获得对文学形象、语言文字、绘本插图等的直观感受和体验，同时能在语文学习活动中展开想象，丰富自己的感受与体会，提升自己的语言表达和形象思维能力。

由于中小学生思维发展的特点是以具体形象思维为主，因此，议题应注意围绕学生的形象思维来设置。尤其在低中段的群文阅读教学，切忌选择难度大、需要抽象逻辑思维思考的议题，这样会打击学生的阅读兴趣，反而起不到促进学生思维能力发展的作用。例如，教师在一年级的《小学生群文读本》中，设置了许多有趣形象的议题，这些议题紧密联系儿童的生活实际，生动形象有趣，让学生在快乐有趣的阅读中，形象思维也得到发展。

（2）聚焦逻辑思维。学生在语文学习中所需掌握的逻辑思维主要体现在，学生通过语文课程的学习，能够根据具体的语言情境，做到有理有据地、有逻辑性地表达自己的观点和看法，学会批判性思维审视文学作品，并能对其进行分析、比较、整合等高级抽象的逻辑思维活动。例如，小学阶段的学生，进入中高年级学习之后，思维的发展逐渐往以理性经验为主的抽象逻辑思维发展。因此，在中段的群文阅读教学中，应有意识地设置一些需要学生辩证思考的议题，引发学生的思考，为高段的群文阅读教学做好衔接工作。而在高段的群文阅读教学，更应注重培养学生的逻辑思维与创造能力，让学生学会用辩证的眼光、批判性的思维来对待不同的文学作品。

（3）聚焦思维品质。学生在语文学习中的思维品质体现在，学生在分析和反思自己的语文实践活动的经验中，可以提高语言运用的能力，促使思维品质往独创性、灵活性、深刻性、批判性等发展，从而提升学生的思维品质。

在促进中小学生形象和逻辑思维发展的同时，也应注意提升中小学生的思维品质，这就要求教师在议题的设置上，不能想当然地把所有觉得可以拿去思考探讨的问题都拿到课堂探究，而应考虑到问题的设置，是否是高质量的思维品质，是否能够让学生有所启发，是否是在正确的价值观里进行合理科学的思考。

3. 议题聚焦审美鉴赏与创造

审美教育从古至今一直在语文教育中占据着重要的地位，不论是古代的六艺教育还是近代教育家蔡元培先生所提出的美感教育，都凸显着审美教育的重要性。审美鉴赏与创造作为语文学科核心素养的重要组成部分之一，要求学生在语文学习过程中，能通过审美体验、审美评价等活动，逐步在审美情趣上健康向上，在审美意识上正确科学，在鉴赏品位上积极健康，并在语文学习过程中逐步掌握表现美、创造美的方法。审美鉴赏与创造这一素养指向的课程教学目标的达成具体由增进美感体验、鉴赏文学作品、表达与创造美这三个方面来实现，因此，议题的设置也应紧紧聚焦在增进美感体验、鉴赏文学作品与表达与创造美上。教师想要有效提升中小学生在审美鉴赏与创造这一语文学科核心素养的能力，可以在议题设置上采取以下教学策略：

（1）聚焦美感体验的增进。美感体验体现在学生在语文学习中，在文章中以及各种语言表达交流中能够感受到祖国语言文字独特的美，产生热爱祖国语言文字的感情。要增进学生的美感体验，首先群文阅读的议题要体现美感，议题里不要出现网络语言以及不规范的用语，引导学生正确规范使用语言，不仅在优美的选文中感受到了美感，而且在议题中就率先感受到了美感。

（2）聚焦文学作品的鉴赏。文学作品的鉴赏体现在学生在语文学习中可以体验感受文学作品在语言、人物形象、情感等方面的美感，能用正确的价值观欣赏、评鉴不同风格、不同时代的作品。要促进中小学生鉴赏文学作品的能力，在议题设置上就要丰富体裁、丰富作者。在体裁上，议题上可以涉及诗歌、童谣，如群文议题"好玩的连锁词""有意思的颠倒歌"和"折柳送别诗"，也可以涉及故事、寓言、小说，如群文议题"不同故事中的狐狸""中外同主题的寓言故事"和"微型小说的意外结局"。在作者上，可以把著名作家的文学作品或写作风格作为议题，如"老舍幽默的类型""冯骥才的俗人俗世"以及"天才作家'谢尔大叔'"等群文议题。学生有了大量阅读文学作品的机会，其鉴赏能力才能得到提升与发展。

（3）聚焦美的表达与创造。美的表达与创造体现在学生能运用语言文字充分表达自己的审美体验，表达自己的情感、态度、价值观，能创新性地表现和创造自己心中的美好形象，讲究语言文字表达的美感。议题也应聚焦美的表达与创造，提升学生创造美的能力，让学生在阅读和鉴赏文学作品时，能够表达自己心中所思所悟，并学会自己创造，如写作、画图、编童谣等，都是创造美的一种有效方式。如群文议题"有趣的问答歌"，学生在阅读完这些有趣的问答歌之后，在老师的引导下逐步发现问答歌的特点，问答可以一问一答，可以连问连答，也可以一人发问，多人对答。当学生发现了这些问答的小技巧后，教师再设置课内小练笔，让学生自己创编一首问答歌。通过这种方式，不仅让学生学会了哪些是问答歌，同时也学会了自己创编问答歌。

4. 议题聚焦文化传承与理解

语言文字既是文化的载体，也是文化的重要组成部分，因此，语文教育一直承担着传承与发扬文化的责任与义务。文化的传承与理解作为语文学科核心素养的重要构成要素，要求学生在语文学习中，能够热爱、继承和弘扬中华优秀文化，同时理解不同地区、不同国家的多样文化，剔其糟粕，取其精华。文化传承与理解这一素养所指向的课程教学目标包括传承中华文化、理解多样文化和关注当代文化三个方面。所以，议题的设置须聚焦在中华文化的传承、多样文化的理解和当代文化的关注这三个要素上。教师在议题设置上可采取以下教学策略来有效提升中小学生的文化传承与理解素养：

（1）聚焦中华文化的传承。中华文化博大精深，源远流长，培养学生的文化传承意识是教师义不容辞的责任。在群文阅读教学实践中，可以寻找体现中华优秀传统文化的议题来培养学生的文化传承意识。众所周知，李白的诗篇是我国古代诗词中的瑰宝，因此教师在李白经典的古诗里，选取了《夜宿山寺》《早发白帝城》《秋浦歌（其一）》《望庐山瀑布》作为阅读文本，把"李白的诗真'夸张'"作为议题，让学生在读中理解，在读中感悟，充分的体验李白诗歌中的浪漫主义的创作风格。又如"民间爱情故事里的秘密"这一议题聚焦中华文化中的民间爱情故事，选取了民众们耳熟能详的《牛郎织女》《孟姜女哭长城》《梁山伯与祝英台》《白娘子》这些民间爱情故事作为阅读文本，让学生在阅读中感受民间文学的魅力。

（2）聚焦多样文化的理解。不同区域、不同国家拥有不同的文化。教师应在群文阅读中，正确引导学生尊重和包容不同文化，理解多样文化，并能吸收人类文化中的精华。因此，在议题的设置上，不仅要关注到中国优秀的传统文化，也要关注到外国优秀文化。例如，议题"不一样的'小红帽'"，文本选自不同国家的版本，有利于帮助学生理解多样文化。

（3）聚焦当代文化的关注。教师在群文阅读中还应引导学生积极关注并参与当代文化传播与交流，坚持中华文化自信，增强使命感。在当代社会，出现了大量的非连续性文本，如说明书、地图和车票，等等。例如，教师设计了一个议题"有趣的非连续性文本"，通过让学生阅读《寻找食物》《太空漫步》这些图文结合的非连续性文本，让学生学会看高铁票，了解制作食物盒子的实验步骤，掌握宇航员穿太空衣的步骤，这些信息的获取和技能的获得都是作为当代人们所应关注和了解的，因此，此种议题的设置有助于中小学生关注当代文化，及时了解当代文化发展的新动向。

（二）文本组合体式要丰富多元

文本的选取与组合在群文阅读教学中，是非常重要的一关，选文的好坏在一定程度上决定了教学质量的好坏。因此，围绕议题选取体裁与形式丰富的优秀文本，注重选文的内在关联和规律所在，有助于在群文阅读课中增加中小学生的阅读量、发展语言建构能力、培养创造性思维、提高审美鉴赏和文化传承能力。

1. 丰富文本体式，走进经典文学

群文阅读的选文主要涉及单篇文本的选择和文本的组合这两个问题。在文本的选取上，首先要精心挑选单篇文本，要想提升学生的语文学科核心素养，应大力丰富文本的体式。

（1）文本的来源要尽可能的广泛。不仅可以选择课内教材，也可以把目光转向课外，例如，蒋军晶老师编写的《小学生群文读本》；同时，也可以选自实用性文本，如广告、新闻报道、说明书等，甚至还可以选择影视资料，如电影、纪录片等。

（2）文本的体裁要尽可能的丰富。可以涉及童话、诗歌、小说、散文、说明文、神话、寓言、儿童诗、传记、非连续性文本等适合中小学生阅读的文本。例如，议题"不一样的'小红帽'"选自童话体裁，再如议题"个儿大的草莓能不能吃"，教师选取了四篇来自新闻报道的文章，让学生在阅读非连续性文本中练习比较、整合等阅读策略，感受信息的多元复杂，从而提升学生的语言建构与运用能力，活跃思维。

（3）文本的作者要尽可能的丰富。不同的作家有不同的写作风格，同一个作家也有可能有不同的创作特点。因此，我们要走进各种各样的作家创作的文学作品里，帮助学生增长见识，提升语文学科核心素养。

经典文学是指在世界历史浪潮中脱颖而出，具有极大的阅读价值的文学作品，是文学作品中的瑰宝。教师带领学生走进经典文学，有助于提升学生的审美意识，培养学生形成高雅的审美情趣，积累丰富的语言。例如，议题"《昆虫记》中的对比"，教师带领学生走进著名的法国昆虫学家法布尔的《昆虫记》，去发现昆虫世界的美丽与神奇；再如，学习唐代著名诗人王维的四首诗《鸟鸣涧》《山居秋暝》《辛夷坞》《竹里馆》，从中体会王维"诗中有画，画中有诗"的创作风格，体会诗中表现出来的美学特征；又如学习老舍的经典文学作品《衣》《胡同中的路》《在青岛唱戏》《什么是幽默》《写字》，去感受老舍幽默的写作特色，提升学生的文学鉴赏能力。

此外，中华文化源远流长，悠久的历史给我们留下了许多经典的传世之作，有诗词歌赋、国学经典、寓言故事、神话传说……学习这些经典的文学作品可以加深学生对中华优秀传统文化的理解，提升学生文化传承和理解能力，有助于提高学生对文学作品的鉴赏水平。例如，教师在课堂上设计了"折柳送别诗"的群文议题，选文均选自古代著名经典的诗词篇章，如国学经典《诗经》中的《采薇（节选）》、隋朝民歌《送别》、唐代著名诗人王维的《送元二使安西》和张九龄的《折杨柳》，通过学习这些折柳送别诗，理解折柳这一举动在古代送别中的独特意义，从而传承中华传统的送别文化。

2. 作品文质兼美，贯通古今中外

文质兼美的选文有助于熏陶感染学生的审美意识，让学生在耳濡目染中增进审美体验，积累丰厚的文化底蕴和丰富的语言文字。教师应意识到"近朱者赤，近墨者黑"，选文质量的好坏直接影响着学生的审美意识是否健康。因此，教师要选取一组文质兼美的作品来引领学生阅读，帮助学生在文本中感受美、体会美和创造美。例如，教师引领学生学习几首近现代诗歌——顾城的《星月的来由》、金晓玲的《夜晚》、臧克家的《星星》和林焕彰的《夜晚的天空》，这四首诗语言优美，想象丰富，学生通过比较阅读，体会星星在不同的诗人眼里像什么，在不同的想象里，感受不一样的审美体验。

社会一直在向前发展，要想提升中小学生的语文学科核心素养，不仅要求现在的中小学生要学习先进的知识文化，而且要学习古代优秀的传统文化。只有贯通古今，做到古为今用，才能真正提升中小学生的文化传承与理解能力。此外，现代社会是全球化的时代，要求学生不仅要热爱中华优秀的传统文化，也要了解外国优秀的文化，尊重理解外国的文化差异，拓宽国际视野。所以，在文本选取上，我们可以穿插不同地区、国家的作品。例如，议题"不一样的'小红帽'"，把生活在不同国家、不同时代的作家写的"小红帽"的故事拿来比较、欣赏和品味，这些寓言故事国家不同、时代不同，学生在阅读中探索故事的奥秘，理解优秀的中外文化。又如，议题"一个都不能少"，设计者选取了捷克艾·彼齐什卡的《六个娃娃七个坑》、南斯拉夫民间故事的《十一头驴》和中国民间故事《包袱、雨伞、文书和我的故事》，虽然这三篇故事的国家不同、时代不同，但故事里的主人公都数错了数，学生在阅读比较中发现故事情节的共同之处，这样的文本拓展，有利于中小学生了解中外差异、开阔文化视野和激发阅读兴趣。

3. 内容富有童趣，便于发现规律

在群文阅读课中，要想全面提升中小学生的语文学科核心素养，课堂应尽量避免选取应用文、说明文等枯燥无味的文本，而应考虑到中小学生的兴趣爱好，选取富有童趣的文章，激发学生的阅读兴趣和学习兴趣。例如，教师在设计六年级的群文读本中，为了让学生学会读出故事中的象征意义，提升阅读能力，选取了美国威廉·乔伊斯的《神奇飞书》、日本佐野洋子的《活了一百万次的猫》、法国安东尼·德·圣艾克修佩利的《小王子（节选）》和德国于尔克·舒比格的《当世界年纪还小的时候（节选）》作为群文阅读文本，这些文章都是知名的儿童文学作品，富有童趣。虽然学习象征的表现手法与作用是个困难且枯燥的学习过程，但教师可以通过选取富有童趣、贴近学生实际生活的故事文本，激发学生学习的兴趣，降低学习的难度。

同时，教师在短短的一节课中，要想让学生有水平较高的研究性阅读，促进学生思维能力的发展，就需要在议题下选取一些有明显异同点、便于发现规律的文本来组合。如教师在"'三'的奇妙作用"这个议题下，选择了《田鼠太太的项链》《明锣移山》《狗鼻子》《犟龟》这四篇在结构上非常相近的儿童文学作品，这四篇文章中的故事情节都一波三折，有三次反复出现的情节，故事曲折，结局出人意料，教师紧紧扣住"三"这一共通点，让学生在阅读中充分感受"三"的作用，提升学生的思辨能力。

4. 选文矛盾强烈，注重比较联结

拥有强大的矛盾张力的文本由于观点相悖，存在着强烈的认知冲突，因此，可以激发学生强烈的好奇心和探索欲望，在彼此冲撞的观点中不断进行思考，进行辨析、理解、批判或认同等思维活动。例如，教师设计了议题"改变还是坚持"，选取了《井底之蛙》《愚公移山》《郑人买履》《邯郸学步》四篇文章，让学生在讨论对比《愚公移山》《郑人买履》两则故事中的人物成功或失败的原因这一环节中，思考为何我们面对愚公的坚持是赞赏他的坚持不懈，而面对郑人的坚持是嘲笑他的固执古板。教师旨在通过阅读这几篇在故事结局中存在矛盾差异的寓言故事，引导学生在比较、讨论、辨析中发现故事人物背后改变或坚持的原因，并联系生活实际，思考当自己面临选择时，是改变还是坚持。在这样有着明显认知冲突和思考空间的群文阅读课中，学生积极地调动着自己的思维，认真地去思考，建构起自我新的认知。另外，文本组合除了要形成强大矛盾，也要注重文内的比较联结，要强调群文之间的互文性。互文性强的文章是指文章与文章之间的关系是辩证统一的，既有对立又有统一。

（三）集体建构学生的语文素养

群文阅读教学强调解放思想，提倡集体建构知识，注重集体的力量，反对教师一言堂的课堂阅读教学。集体建构以对别人意见的倾听、认同和接纳为核心，以教师与学生的不同意见为基础，以达成共识为目标。在集体建构中，通过师生之间良好的合作和学生之间的合作学习，突出学生的主体地位，绽放学生的智慧，有利于促进中小学生语言表达交流能力的提升和思维能力的发展，逐步构建学生的语文学科核心素养，增进中小学生在语言、思维、审美和文化素养的全面发展。

1. 以学生为主体，扩充学生开放探究空间

集体建构既强调学生要学会自我建构，形成自己独立的智慧，也要求学生在与他人的分享中获取他人的智慧，从而在视域融合中收获智慧的增长。群文阅读教学的集体建构过程应以学生为主体，积极关注学生的需求，改变教师教、学生听的传统阅读教学模式，引导学生主动地学习，主动地思考问题，这样才有助于提升学生的语文学科核心素养。

另外，教师要扩充学生开放探究的空间，是因为开放的空间为学生思维的发展与提升提供了生长的土壤。在开放的学习空间里，学生有尽情思考的空间，有激烈讨论的氛围，还有最终达成共识后所形成的集体的智慧。在这种氛围中，每个人都有发言的机会，每个人都积极地投入思考，学生有主人翁意识，有助于激励学生的学习动机，给学生思辨、批判和反思的空间。

2. 任务驱动思维，加强学生阅读策略训练

教师可以通过布置阅读单、思考单等任务单的形式，来对群文进行问题设计，将多个问题、多篇文章融合在一张表格或图表中，这样有助于学生对文本的梳理整合，同时避免问题太多、太杂。通过阅读单来呈现问题还有助于学生培养在单位时间内获取信息的能力，让学生学会提取和筛选有用的信息，提高学生的阅读速度和阅读能力。因为好的阅读单，不仅有深度，还有创意，可以发挥延伸思考的作用，驱动学生思维的发展。

教师教会学生阅读策略是提升学生思维能力的一种非常有效的方式，如浏览、默读、跳读、略读、速读等阅读方法，再如求同、比异、整合、判断等阅读策略，加强学生关于阅读方法和策略的训练，有利于提升学生的阅读速度，增强学生的阅读能力，加强学生在复杂情境中思考问题的能力。

3. 渲染课堂语言，积极营造优美阅读意境

语文教师的课堂语言水平对课堂教学的质量和效果起着非常重要的作用，不仅关系到学生语言的规范化，也关系到学生审美能力的培养。所以，教师首先要规范课堂用语，使用标准流利的普通话进行授课，做到声音响亮、吐字清晰、用词得体；其次，教师要积极渲染课堂语言，让自己的语言富有感染力和激情，增强课堂语言的趣味性，吸引学生的注意力，让学生情不自禁地陶醉在课堂学习的氛围里；最后，教师要重视课堂语言的激励作用，要善于发现每位学生想法上的闪光点，用热情洋溢的语言鼓励他们不断进取，积极

思考。

教师在课堂中营造优美的阅读意境，把学生置于意境优美的文本中，可以有效提升学生的审美能力。其中，语文课堂教学的意境是指教师与学生在教学内容和教学环境中一同创设与体验的精神空间与情感氛围。教师开展古诗词群文阅读教学以及散文群文阅读教学都很容易把学生带入优美的意境中，如群文议题"读古诗，想画面"中选取了《江南》《咏雪》《春游湖》《登山》等群诗，教师引导学生边读古诗边想象画面，并把脑海里呈现的一幅幅美丽画卷通过画图的方式画下来，让学生充分感受诗人所描绘的美好画面，在优美的意境中享受文字与美学的交织带来的美感。

4. 强化合作学习，提供学生自主表达平台

在群文阅读教学中采用合作学习的方式，强化学生合作学习的氛围有利于提升中小学生在语言建构与运用上的能力。合作学习的方式给了学生一个进行集体建构良好的平台，因为在与同桌或小组成员互相交流的时候，每位学生进行自我的思考，通过倾听交流，整合大家的意见，从而建构起自己的认识。合作学习鼓励每一位学生表达出自己的观点见解，在沟通交流合作中，通过集体建构，不断提升学生的语言建构与运用能力。

在群文阅读教学中，教师要减少课堂的讲授，让学生充分表达见解，各抒己见。

教师为提供学生自主表达的平台，鼓励学生自主表达、讨论交流，在学生读、说、议、论的过程中增强学生与学生之间、学生与教师之间沟通交流的能力。只有在充分大量的言语实践中，才能不断加强学生的语言建构与运用素养。

综上所述，为了帮助教师在中小学语文群文阅读中更好地融合语文学科核心素养进行教学，本书结合群文阅读教学案例，在议题设置、文本组合和集体建构这三个方面，提出了体现语文学科核心素养的具体教学策略。在实际的群文阅读教学中，首先，语文学科核心素养是一个逐渐培养的过程，非一朝一夕便能全面提升学生的语文学科核心素养，所以教师切勿急功近利，需要持之以恒地贯彻实施所建议的教学策略。其次，由于语文学科核心素养包含的要素广泛，涉及语言、思维、审美和文化素养，教师应明确每一节课所要达成的教学目标，细化每一节课所指向的核心素养目标，如在语言提升课、思维发展课、审美赏析课或者文化传承课等课程内容中进行选择，切忌眉毛胡子一把抓，在教学目标上未分清楚主次，反而会让学生在课堂中竹篮打水一场空。最后，要根据中小学生的实际情况进行体现小学语文学科核心素养的群文阅读教学，做到因材施教。

参考文献

［1］陈秀征. 语文课堂教学意境创设的路径分析［J］. 天津师范大学学报（基础教育版），2018，19（03）：44-48.

［2］陈雪晴. 基于语文学科核心素养的小学语文群文阅读教学实践研究［D］. 重庆：重庆师范大学，2019：51-62.

［3］陈永晶. 谈阅读教学中小学语文核心素养的培养［J］. 新课程·上旬，2018，（8）：174.

［4］程先国. 语文核心素养的核心是什么［J］. 语文教学通讯·B刊，2016（5）：11.

［5］奉洁. 阅读教学中小学语文核心素养的培养［J］. 语文课内外，2019，（6）：240.

［6］高检容. 视觉素养在小学语文写作教学中的价值与运用研究［J］. 学苑教育，2020（31）：21-22.

［7］黄道荃，李德新. 语文素养与教学实践相融合的构想［J］. 语文学刊，2015（20）：156.

［8］黄韵秋. 浅谈现代小学语文教育的特点［J］. 陕西教育（高教版），2007（08）：48.

［9］江玉安. 小学语文课程与教学导论［M］. 长沙：湖南师范大学出版社，2018.

［10］李国霞. 小学语文核心素养的构成与培养路径［J］. 新课程，2021（26）：10.

［11］李玉山. 浅析中小学语文教学视觉素养教育［J］. 课程教育研究，2014（7）：49.

［12］林崇德. 21世纪学生发展核心素养研究［M］. 北京：北京师范大学出版社，2016.

［13］刘建双. 中小学语文人文素养有效性教学［J］. 才智，2016（18）：147.

［14］刘瑞芬. 小学语文阅读教学方法的优化与创新分析［J］. 中国校外教育，2019（13）：104.

［15］卢碧云. 浅谈阅读教学中小学语文核心素养的培养［J］. 考试周刊，2018，（7）：42-43.

［16］卢星. 探析小学语文教学过程中的创新［J］. 亚太教育，2015（33）：25.

［17］卢月秀. 语文教学中学生自主阅读能力的培养摭探［J］. 成才之路，2021（29）：76 －78.

［18］马笑霞. 语文教学心理研究［M］. 杭州：浙江大学出版社，2001.

［19］莫莉. 新课程小学语文教学的理论与实践［M］. 昆明：云南大学出版社，2015.

［20］饶满萍. 小学语文教学设计与实施［M］. 成都：西南交通大学出版社，2019.

［21］尚继武. 新课程背景下的小学语文学与教［M］. 济南：山东教育出版社，2008.

［22］申晓辉，赵翠明. 小学语文课程标准与教学［M］. 苏州：苏州大学出版社，2015.

［23］侍兴超. 课堂总结是语文教学必不可少的环节［J］. 青少年日记（教育教学研究），2017（09）：63.

［24］苏月红. 小学语文阅读教学有效导入策略［J］. 新课程，2014，（11）：131.

［25］谭海湘. 阅读教学中小学语文核心素养的培养分析［J］. 语文课内外，2018，（23）：216，320.

［26］王洪梅. 小学语文阅读教学与作文教学的有效整合［J］. 课程教育研究，2019（45）：107-108.

［27］《现代汉语辞海》编辑委会员，现代汉语辞海［M］. 北京：中国书籍出版社，2003.

［28］王荣生，宋冬生. 语文学科知识与教学能力［M］. 北京：高等教育出版社，2011.

［29］王文彦，蔡明. 语文课程与教学论（第2版）［M］. 北京：高等教育出版社，2006.

［30］王馨. 现代教育技术与小学语文教学［M］. 北京：高等教育出版社，2011.

［31］王宗芳. 现代教育技术与小学语文课堂教学的融合［J］. 科技资讯，2018，16（02）：170+172.

［32］魏薇. 小学语文教学法［M］. 济南：齐鲁书社，2002.

［33］韩作黎. 新华词典（第4版）［M］. 北京：商务印书馆，2013..

［34］闫超. 阅读教学中小学语文核心素养的培养方法浅谈［J］. 散文百家（新语文活页），2019（08）：244.

［35］于宝生. 农村小学语文阅读教学的限制因素与提升对策［J］. 读与写，2014，（05）：85.

［36］于洪利. 关于强化小学语文阅读教学有效性的对策思考［J］. 才智，2016，（32）：54.

［37］中国社会科学院语言研究所. 现代汉语词典（第5版）［M］. 北京：商务印书馆，2005.

［38］张静. 生本课堂，警惕教师主体性的沦陷［J］. 小学语文教学（会刊），2013（11）：6.

［39］周立珍. 对现代小学语文阅读教学的思考［J］. 初中生优秀作文，2015（17）：28.

［40］朱庆华. 小学语文阅读教学有效策略初探［J］. 语文学刊，2014，（18）：98.

［41］范新阳. 中学语文核心素养教育论［M］. 苏州：苏州大学出版社，2019.

［42］杨秋玲. 语文阅读教学反思［M］. 成都：电子科技大学出版社，2017.

［43］孙衍明. 中小学特级教师专著：语文阅读教学"三步曲"［M］. 北京：首都师范大学出版社，2016.

［44］沈素玲. 在语文教学中提高学生人文素养的目标和策略［D］. 石家庄：河北师范大学，2005：37.

［45］李林华. 中学生语文素养的现状与对策［D］. 延安：延安大学，2014：14.

［46］韩齐齐. 小学生语文素养现状及培养问题研究［D］. 徐州：江苏师范大学，2017：11.